Kommunalrechtliche Studien

herausgegeben von

Prof. Dr. Christoph Brüning,
Christian-Albrechts-Universität zu Kiel

Prof. Dr. Thorsten Ingo Schmidt, Universität Potsdam

Band 9

Marc Petit

Der kommunale Mindestausstattungsanspruch im Verfassungsrecht von Bund und Ländern

Nomos

Onlineversion
Nomos eLibrary

Die Deutsche Nationalbibliothek verzeichnet diese Publikation in der Deutschen Nationalbibliografie; detaillierte bibliografische Daten sind im Internet über http://dnb.d-nb.de abrufbar.

Zugl.: Kiel, Univ., Diss., 2020

ISBN 978-3-8487-6749-6 (Print)
ISBN 978-3-7489-0821-0 (ePDF)

1. Auflage 2020

Mein Dank gilt

Prof. Dr. Brüning für die wertvolle Betreuung der Arbeit sowie

Prof. Dr. Becker für die Mühen der Zweitbegutachtung.

Inhaltsverzeichnis

A. Fragestellung

Bekenntnisse zur Existenz eines verfassungsrechtlich verbürgten kommunalen Anspruchs auf „Mindestausstattung“ finden sich in der Rechtsprechung so gut wie jedes mit dieser Materie befassten Landesverfassungsgerichts und auch in der Rechtsprechung des Bundesverfassungsgerichts sowie in der rechtswissenschaftlichen Literatur. Bei näherer Befassung mit den einschlägigen Entscheidungen und Veröffentlichungen wird jedoch recht schnell klar, dass die verschiedenen Gerichte und Wissenschaftler mit dem Schlagwort des „Mindestanspruches“ stark unterschiedliche rechtliche Konzepte bezeichnen.

Nimmt man hinzu, dass die einfachgesetzliche Materie – der Kommunalfinanzausgleich – bereits für sich selbst hochgradig komplex ist, wird die Gemengelage endgültig verwirrend. Exemplarisch sei insoweit der Umstand benannt, dass alle Kommunalfinanzsysteme naturgemäß aus einem vertikalen Element (Verteilung der Finanzmittel zwischen Landes- und kommunaler Ebene) und einem horizontalen Element (Verteilung der Finanzmittel unter den Kommunen) bestehen und der Begriff der Mindestausstattung zu beiden in Beziehung gesetzt werden muss – oft aber nicht wird.

Als weitgehend ungeklärt muss weiter die dogmatische Verortung der gesamten Materie bezeichnet werden. Ob – und wenn ja mit welchem Ergebnis – etwa die Kern- und Randbereichsdogmatik zur Klärung des Konzepts des Mindestanspruchs einen Beitrag leisten kann, darf als weitgehend unklar bezeichnet werden.

Die hier entworfene Arbeit soll den Versuch unternehmen, die verschiedenen Aspekte, die zur Klärung des Begriffes des kommunalen Mindestanspruches beitragen können, zu strukturieren, zueinander in Beziehung zu setzen und derart Existenz und Inhalt dieses Rechtssatzes auszuleuchten. Gegenstand der Untersuchung soll einerseits die Struktur und Inhalt des einschlägigen Verfassungsrechts aus Art. 28 Abs. 2 GG sein sowie – exemplarisch – die landesverfassungsrechtliche Rechtslage (einschließlich der Rückwirkungen des Art. 28 Abs. 2 GG auf selbige) im Verfassungsraum Schleswig-Holsteins. Ergänzt wird die Arbeit durch eine kritische Analyse der Rechtsprechung der Landesverfassungsgerichtsbarkeit einiger weiterer Bundesländer.

In der einschlägigen Rechtsprechung und Literatur sind die aufgeworfenen Fragen bislang noch keiner vergleichbaren Untersuchung zugeführt worden. Die vorhandene Rechtsprechung geht oft recht apodiktisch mit den entsprechenden Begrifflichkeiten um, und die oft anzutreffende dogmatische Unterlegung der präsentierten Ergebnisse mit der Kern- und Randbereichsrechtsprechung zu Art. 28 Abs. 2 GG stiftet regelmäßig mehr Verwirrung, als dass sie zur Klärung beiträgt. Die rechtswissenschaftliche Befassung wiederum erschöpft sich zu großen Teilen in der Rezeption und Besprechung der entsprechenden Urteile bzw. vertieften Erörterung einzelner Elemente, bleibt aber bislang eine kohärente Zusammenführung der verschiedenen Strukturelemente schuldig. Diese Lücke möchte die vorliegende Arbeit schließen.

B. Untersuchung

I. Definition des Untersuchungsgegenstandes und Begrifflichkeiten

Gegenstand der vorliegenden Untersuchung ist der kommunale Mindestausstattungsanspruch. Es handelt sich bei diesem Rechtsinstitut um ein originär verfassungsrechtliches Konstrukt, dessen Existenz, Anwendungsbereich und Ausgestaltung entsprechend auf verfassungsrechtlicher Ebene beantwortet werden muss. Eingelöst – oder eben nicht hinreichend eingelöst – wird der Mindestausstattungsanspruch hingegen über die jeweiligen Finanzausgleichssysteme der Bundesländer, mithin über einfachrechtlich ausgestaltete, komplexe Verteilungsmechanismen. Gegenstand der vorliegenden Arbeit ist entsprechend, welche *verfassungsrechtlichen Anforderungen* an diese *einfachgesetzlichen Verteilungsmechanismen* unter dem Blickwinkel des bis jetzt nur als Schlagwort eingebrachten Begriffs der „Mindestausstattung" zu stellen sind. Zwecks näherer Bestimmung des damit umrissenen Untersuchungsgegenstandes sollen im Folgenden die zum Verständnis der Materie unerlässlichen Grundzüge der einfachgesetzlichen Kommunalausgleichssysteme skizziert werden (1.) um sodann den auf diese Systeme anzuwendenden *verfassungsrechtlichen* Begriff der „Mindestausstattung" zumindest für die vorliegende Arbeit verbindlich zu definieren (2.).

1. Einfachgesetzlicher Hintergrund: Grundzüge des kommunalen Finanzausgleiches

Sämtliche bundesdeutsche Kommunalfinanzausgleichssysteme bestehen aus einer überschaubaren Anzahl von Kernelementen, die im Folgenden – soweit für den Gang der vorliegenden Untersuchung erforderlich – im Überblick dargestellt werden sollen.

a) Der vertikale Finanzausgleich

Zum ersten muss jedes System definieren, welche finanziellen Mittel aus dem Landeshaushalt über das jeweilige Ausgleichssystem an die Kommunen fließen sollen. Zu beantworten ist insoweit die – politisch in Zeiten knapper Kassen oft brisante – Frage nach der Mittelverteilung zwischen Landesebene und kommunaler Ebene und damit des sog. *„vertikalen Finanzausgleiches“*. Die Beantwortung dieser Frage nach der Bemessung der sog. *Finanzausgleichsmasse* geht der Verabschiedung der entsprechenden Kommunalfinanzausgleichsgesetze naturgemäß voraus. Dementsprechend findet sich in den Gesetzen stets nur eine Legaldefinition, welche dem Zugriff des Landes unterliegende Steuerarten in das Finanzausgleichssystem einbezogen werden (Verbundgrundlage) sowie ein bestimmter Prozentsatz, welcher definiert, wieviel hiervon den Kommunen zur Verfügung gestellt wird (Verbundsatz). *Aus welchem Grund* gerade die sich aus Verbundgrundlagen und Verbundsatz ergebende konkrete Höhe der Finanzausgleichsmasse gewählt wurde (und nicht mehr oder weniger), ergibt sich nicht aus dem Gesetz selbst, sondern – bestenfalls – aus den vorbereitenden Unterlagen (insbesondere im Gesetzgebungsverfahren eingeholte Gutachten, Begründung des Gesetzentwurfes etc.).

b) Der horizontale Finanzausgleich

Im zweiten Schritt muss jedes System die Frage beantworten, wie die so definierte Finanzausgleichsmasse unter den verschiedenen kommunalen Akteuren (Gemeinden, Kreise, kreisfreie Städte, ggf. weitere Akteure wie die Landschaftsverbände etwa in Nordrhein-Westfalen) verteilt wird. Dies erfolgt über ein in den verschiedenen Bundesländern recht heterogen ausgestaltetes Verteilungssystem, das üblicherweise mit dem Begriff des *„horizontalen Finanzausgleiches“* bezeichnet wird.

aa) Bildung von Teilschlüsselmassen

Zentrales Element des horizontalen Finanzausgleiches ist regelhaft die Aufteilung eines großen Teils der zur Verfügung stehenden Finanzausgleichsmasse auf verschiedene Gruppen kommunaler Akteure. Regelungstechnisch erfolgt dies durch die Definition der entsprechenden Gruppen und der Zuweisung eines bestimmten – prozentual oder betragsmäßig definierten – Teils der Finanzausgleichsmasse an selbige (sog. „Teilschlüsselmassen“).

Hinsichtlich der Definition der vorgenannten Gruppen sind in Deutschland verschiedene Modelle verbreitet, die sich im Wesentlichen darin unterscheiden, ob von den Aufgaben (Kreisaufgaben vs. Gemeindeaufgaben) her gedacht wird (sogenannte „Zwei-Ebenen-Modelle"[1]) oder von den *verschiedenen Körperschaften* (Kreise, kreisfreie Städte, Gemeinden) ausgegangen wird („Drei-"[2] bzw. „Zwei-Säulen-Modelle"[3]). [4]

Hinsichtlich der Zuweisung von (prozentual oder betragsmäßig definierten) Teilbeträgen der Finanzausgleichsmasse auf die so definierten Teilgruppen muss sich der Gesetzgeber dem Zweck des Finanzausgleiches entsprechend von den Bedürfnissen der gebildeten Gruppen leiten lassen. Leitfrage in einem nach dem Zwei-Ebenen-Modell konzipierten Finanzausgleichssystem ist entsprechend, welcher Finanzbedarf für die Erfüllung der Kreisaufgaben bzw. der Gemeindeaufgaben im Land besteht. Leitfrage in einem nach dem Drei-Säulen-Modell konzipierten System wäre, welchen Finanzbedarf alle Gemeinden im Land bzw. alle Kreise und kreisfreien Städte haben. Insoweit muss der Gesetzgeber entscheiden, nach welcher Methodik er diese Bedarfe feststellen will. Daher sind in Deutschland verschiedene Methoden in praktischer Anwendung.[5] Die Frage, wie die gesetzlich determinierten Teilschlüsselmassen ihrer Höhe nach bestimmt werden, erschließt sich auch hier nur aus der Hinzuziehung der Gesetzesbegründung und der weiteren vorbereitenden Materialien.

bb) Bestimmung der Ansprüche jeder einzelnen Kommune

Zuletzt muss das jeweilige Gesetz für die horizontale Verteilung der Mittel Regelungen zu der Frage enthalten, welchen konkreten Zuweisungsbetrag die einzelnen Kommunen aus den gebildeten Teilschlüsselmassen erhalten. Dies erfolgt über einen gesetzlich determinierten Mechanismus, welcher regelt, nach welchen Parametern die Steuermittel verteilt werden. Abgebildet werden diese Parameter regelmäßig über sog. „Messzahlen". Regelhaft einbezogen werden dabei insbesondere die Steuerkraft[6] einer Kommune und ihre Einwohnerzahl. Diese Kriterien werden in verschiedenen

---

1 Baden-Württemberg, Brandenburg, Niedersachsen, Schleswig-Holstein, Thüringen (seit 2012).

2 Hessen, Sachsen, Sachsen-Anhalt.

3 Bayern, Mecklenburg-Vorpommern und Nordrhein-Westfalen. Nicht ohne weiteres in die obigen Kategorien einordnen lassen sich Rheinland-Pfalz und das Saarland.

4 Weiterführend etwa: Schiller und Cordes, Gutachten zur Fortentwicklung des kommunalen Finanzausgleichs in Schleswig – Holstein, 2013, S. 21 ff.

5 Weiterführend etwa: Schiller und Cordes, a.a.O., S. 28 und 29.

6 Vgl. zu den sich hierbei stellenden Problemen: Droege, VBl NRW 2013, S. 41 ff.

Bundesländern um weitere für relevant erachtete Kriterien ergänzt.[7] In Schleswig-Holstein etwa wird die Teilschlüsselmasse für Kreisaufgaben um einen Parameter ergänzt, der die jeweilige Belastung des Kreises bzw. der kreisfreien Stadt mit Sozialausgaben abbildet.

cc) Weitere Elemente der Finanzausgleichssysteme

Neben dem oben skizzierten Kernelement jedes kommunalen Finanzausgleichssystems enthalten die entsprechenden Gesetze noch eine Reihe weiterer Instrumente, mit denen Finanzmittel zugewiesen werden.

Als besondere Teilelemente der Finanzausgleichsgesetze sind etwa die kommunalen Umlagen zu nennen, mit denen Mittel von verhältnismäßig wohlhabenden (sog. „abundanten") Kommunen auf verhältnismäßig „ärmere" Kommunen umgelenkt werden sowie die sog. zweckgebundenen Zuweisungen. Für letztere wird regelmäßig ein Teil der Finanzausgleichsmasse verwandt, um bestimmte Schwerpunkte kommunalen Handelns gesondert und direkt zu fördern, beispielsweise etwa Bibliotheken, Straßenbau oder Frauenhäuser.

Weitere Mittelzuflüsse erfolgen jedoch regelmäßig auch außerhalb des Rahmens der Finanzausgleichsgesetze.[8] Zu nennen sind hierzu insbesondere die in Art. 106 Abs. 5 ff. GG geregelten finanzverfassungsrechtlichen Garantien zugunsten der Kommunen, mögliche vom Bund finanzierte Sonderprogramme der Länder nach Art. 104 b und c GG, sowie Zuweisungen für gesetzlich neu zugewiesene Aufgaben zur Übernahme der hieraus erwachsenen Mehrkosten durch die Landesebene.[9]

Erst aus der Zusammenschau aller Elemente ergibt sich letztlich, welche Finanzmittel einer Kommune insgesamt zur Verfügung gestellt werden.

---

7 Vgl. hierzu weiterführend etwa Henneke, NdsVBl 2013, S. 121 ff.

8 Vgl. zu weiteren Einzelheiten etwa Gatzer und Schweisfurth 2015, 542 f.

9 Vgl. etwa Art. 97 Abs. 3 LV Brandenburg, Art. 72 Abs. 3 LV Mecklenburg-Vorpommern, Art. 57 Abs. 4 LV Niedersachsen, Art. 78 Abs. 3 LV NRW, Art. 49 Abs. 5 LV Rheinland-Pfalz, Art. 87 Abs. 3 LV Sachsen, Art. 87 Abs. 3 LV Sachsen-Anhalt, Art. 57 Abs. 2 LV Schleswig-Holstein, Art. 93 Abs. 1 LV Thüringen.

2. Verfassungsrechtlicher Untersuchungsgegenstand

Gegenstand der vorliegenden Untersuchung ist – wie oben bereits angesprochen – nicht die nähere Analyse der verschiedenen einfachgesetzlichen Ausformungen des einfachgesetzlichen kommunalen Finanzausgleiches, sondern vielmehr die Frage, welche Anforderungen sich an diese Systeme in *(verfassungs-) rechtlicher Hinsicht* aus der *Garantie der kommunalen Mindestausstattung* ergeben.

a) Unschärfen der vorzufindenden Begrifflichkeiten

Vorab ist festzustellen, dass der Begriff der „kommunalen Mindestausstattung" erheblich klärungsbedürftig ist.

In Wissenschaft und Rechtsprechung sind eine ganze Reihe von Termini in Verwendung, deren jeweiliger Inhalt sowie deren Verhältnis zueinander als weitgehend ungeklärt bezeichnet werden muss. Neben dem Begriff des Anspruchs auf „kommunale Mindestausstattung"[10] finden sich etwa – exemplarisch – die Begriffe des Anspruches auf „angemessene finanzielle Mindestausstattung"[11], der Begriff der „Finanzausstattungsgarantie"[12] oder etwa der „garantierten angemessenen Finanzausstattung"[13].

Diese terminologische Vielfalt wäre für sich betrachtet nicht weiterer Erörterung wert, würden die jeweiligen Verwender die genannten Begrifflichkeiten entweder weitgehend synonym und mit einheitlichem Verständnis des Gemeinten verwenden oder wenn Konsens bestünde, welches jeweils inhaltlich unterschiedliche Konzept mit welchem der verschiedenen Begriffe bezeichnet werden soll. Beides ist jedoch – und zwar oft unausgesprochen – nicht ansatzweise der Fall. Vielmehr zeigt eine nähere Befassung mit den jeweiligen inhaltlichen Ausführungen, in deren Kontext die Begrifflichkeiten verwandt werden, dass die Autoren teilweise sehr un-

---

10 Vgl. etwa VerfGH Bayern, Urteil vom 28. November 2007 – 15-VII 05 –, VerfGHE BY 60, 184 ff., Juris Rn. 203; StGH Baden-Württemberg, Urteil vom 10. Mai 1999 – VerfGH 2/97 –, LVerfGE 10, 5 ff., Juris Rn. 86. Kritisch zur bayerischen Judikatur insb. Schmitt Glaeser und Horn, BayVBl 1999, S. 353 ff., S. 355.

11 Vgl. etwa StGH Niedersachsen, Urteil vom 07. März 2008 – StGH 02/05 –, Nds MBl, Juris Rn. 54 und 62.

12 Vgl. etwa VerfGH Nordrhein-Westfalen, Urteil vom 19. Juli 2011 – VerfGH 32/08 –, DVBl 2011, 1155 ff., Juris Rn. 55.

13 Vgl. etwa LVerfG Mecklenburg-Vorpommern, Urteil vom 26. Januar 2012 – VerfGH 33/10 –, Juris Rn. 101.

terschiedliche normative Konzepte zugrunde legen (diese aber entweder einheitlich oder zumindest zum Verwechseln ähnlich bezeichnen) oder aber bzgl. der Begrifflichkeiten weitgehend indifferent und wechselhaft agieren.

Exemplarisch kann dies etwa anhand der Rechtsprechung des Verfassungsgerichtshofes Nordrhein-Westfalen und des Staatsgerichtshofes Niedersachsen gezeigt werden.

Der Verfassungsgerichtshof Nordrhein-Westfalen verfolgt in terminologischer Hinsicht kein erkennbares Konzept. In mehreren Entscheidungen werden innerhalb desselben Prüfungsabschnittes etwa die Begriffe „angemessene Finanzausstattung“, „Finanzausstattungsgarantie“, „aufgabengerechte Mindestausstattung“, „angemessene Finanzausstattung“, „aufgabenangemessene Mindestausstattung“[14] soweit ersichtlich synonym und zufällig verwandt. Inhaltlich bezeichnet der Verfassungsgerichtshof mit diesen Begriffen (vorläufig vereinfacht ausgedrückt)[15] die Kernanforderung seiner Rechtsprechung zur Bestimmung der Finanzausgleichsmasse, welche in einer im Ergebnis gerechten *Balance* der Finanzausstattung von Land einerseits und Kommunen andererseits besteht, und die im Hinblick auf die angespannte Haushaltslage im Bundesland insgesamt explizit keine absolute Untergrenze der kommunalen Ausstattung kennt.[16]

Abweichend hiervon formuliert der Staatsgerichtshof Niedersachsen. Hier wird der Begriff der „finanziellen Mindestausstattung“ in einem vom konzeptuellen Grundansatz her anderen Sinn verwandt, nämlich als Gebot, eine „offensichtliche Disproportionalität“ von kommunal zu erledigenden Aufgaben und hierfür zur Verfügung stehenden Finanzmitteln zu vermeiden.[17] Diese *isoliert die Auskömmlichkeit der kommunalen Haushalte* in den Blick nehmende Begriffsbestimmung kontrastiert der Staatsgerichtshof sodann erst in einem zweiten Schritt mit dem ebenfalls der Verfassung entnommenen Begriff der „Verteilungsgerechtigkeit“, der – insoweit ähnlich dem nordrhein-westfälischen Grundansatz – die Notwendigkeit einer gerechten Lastenverteilung zwischen Landesebene und kommu-

---

14 Vgl. etwa VerfGH Nordrhein-Westfalen, Urteil vom 06. Mai 2014 – VerfGH 14/11 –, DÖV 2014, 758 ff., Juris Rn. 41, 42, 50.

15 Siehe vertiefend unten S. 129 ff.

16 Vgl. etwa VerfGH Nordrhein-Westfalen, Urteil vom 06. Mai 2014, a.a.O., Juris Rn. 42, 50.

17 Vgl. etwa StGH Niedersachsen, Urteil vom 25. November 1997 – StGH 14/95 u.a. –, DÖV, Juris Rn. 97; StGH Niedersachsen, Urteil vom 16. Mai 2001 – StGH 6/99 u.a. –, DVBl. 2001, 1159 ff., Juris Rn. 136.

naler Ebene bezeichnet.[18] Dabei soll das Zusammenspiel (wohl) derart ausgestaltet sein, dass der Anspruch auf „Mindestausstattung" unter dem Vorbehalt der Verteilungsgerechtigkeitserwägungen steht. [19]

b) Begriffsklärung

Bereits die obigen – mehr oder weniger willkürlich ausgewählten – Beispiele verdeutlichen, das eine Vereinheitlichung der verfassungsrechtlichen Begriffsbildung in der Diskussion um „den Mindestbedarf" im bundesdeutschen Finanzausgleichsrecht an der Zeit ist. Es ist weder der Verständlichkeit von Wissenschaft und Rechtsprechung noch der Fortentwicklung des einschlägigen Rechts dienlich, wenn Aufsatz für Aufsatz, Urteil für Urteil durch (mitunter mühsame) Exegese erforscht werden muss, ob mit dem jeweils postulierten oder abgelehnten Anspruch auf „Mindestausstattung" oder „angemessene Ausstattung" dasselbe – oder eben etwas völlig anderes – bezeichnet wurde als im benachbarten Bundesland oder in der vorangegangenen Fachpublikation.

Als Ausgangspunkt einer allfälligen Begriffsklärung bietet sich dabei eine Sortierung der verschiedenen Diskussionsstränge und Denkansätze entsprechend der einfachgesetzlichen Grundkategorien „vertikaler" und „horizontaler" Finanzausgleich an.

aa) Begriffe für die verfassungsrechtliche Kontrolle des vertikalen Finanzausgleiches

Im Hinblick auf die verfassungsrechtlichen Anforderungen an den *vertikalen Finanzausgleich* (mithin an die Höhe der Finanzausgleichssumme insgesamt, siehe oben S. 15 f.) zeigen dabei bereits die obigen Beispiele aus dem vorangegangenen Abschnitt auf, um welche Frage es bei der Diskussion um verfassungsrechtliche Ausstattungsanforderungen tatsächlich geht.

Unter der Überschrift der verfassungsgemäßen Ausstattung kann man entweder nur die Kommunen – und dort die kommunalen Haushalte –

18 StGH Niedersachsen, Urteil vom 25. November 1997, a.a.O., Juris Rn. 101; StGH Niedersachsen, Urteil vom 16. Mai 2001, a.a.O., Juris Rn. 132.

19 StGH Niedersachsen, Urteil vom 25. November 1997, a.a.O., Juris Rn. 100; StGH Niedersachsen, Urteil vom 16. Mai 2001, a.a.O., Juris Rn. 135. Kritisch insb. zur Kontinuität dieser Rechtsprechungslinie: Henneke, DÖV 2008, S. 857 ff., 862 ff.

untersuchen und die Frage stellen, ob die Kommunen hinreichend in die Lage versetzt werden, ihre Aufgaben angemessen zu bewältigen und ihre verfassungsrechtlich verbürgte Selbstverwaltungsgarantie auch tatsächlich zu leben. Man kann aber auch die Landesfinanzen insgesamt in den Blick nehmen und die Frage stellen, ob die Kommunen – gemessen an ihrer Bedeutung – hinreichend an den Steuermitteln beteiligt werden. Bei dem ersten Ansatz wird isoliert die finanzwirtschaftliche Fähigkeit der kommunalen Ebene, ihre Aufgaben (einschließlich eines Mindestmaßes an freiwilligen Aufgaben) zu erfüllen betrachtet, bei dem zweiten die Verteilung der Finanzmittel zwischen Landes- und kommunaler Ebene im proportionalen Verhältnis zueinander. Diese *voneinander grundverschiedenen* Herangehensweisen bedingen dabei im analytischen Vorgehen, in der dogmatischen Feinausarbeitung und im praktischen Ergebnis höchst unterschiedliche Resultate.

Die erste Betrachtungsweise fokussiert auf die Aufgaben- und damit korrespondierende Ausgabenbelastung der Kommunen. Leitfrage ist hier, ob hinreichende finanzielle Mittel zur Verfügung stehen, mit denen die Kommunen neben den pflichtigen Aufgaben noch ein Minimum an freiwilligen Aufgaben erbringen können.

Die zweite Betrachtungsweise nimmt hingegen die verhältnismäßig gerechte Beteiligung der kommunalen Ebene an den zur Verfügung stehenden Gesamtmitteln in den Blick. Leitfrage ist hier, ob eine adäquate Beteiligung der Kommunen an den finanziellen Möglichkeiten des Landes vorgesehen ist, gemessen an dem Aufgabenbestand der Kommunen und an der Leistungsfähigkeit des Landes.

Zum Zwecke transparenter Begriffsbildungen – sowie zur weiteren Verwendung im Rahmen dieser Arbeit – soll hier vorgeschlagen werden, diese unterschiedlichen Denkansätze auch mit jeweils eigenen Begriffen zu benennen. Soweit in einem konkreten Verfassungsraum die Frage nach einem kommunalen Anspruch auf ausreichende Ausstattung zur Erfüllung der eigenen Aufgaben – einschließlich eines Mindestmaßes an freiwilligen Aufgaben – gestellt wird, bietet sich der Begriff der „Mindestausstattung" bzw. des „Mindestausstattungsanspruches" an. Wird hingegen die gerechte Beteiligung der Kommunen mit Blick auf die Landesfinanzen insgesamt adressiert, kann der Begriff der „angemessenen Ausstattung" bzw. des „Anspruches auf angemessene Ausstattung" verwandt werden.

Zu betonen ist dabei, dass an dieser Stelle nur unterschiedliche Konzepte und Fragestellungen benannt werden sollen, ohne damit bereits dogmatische „Weichenstellungen" vorzunehmen. Ob in einem konkreten Verfassungsraum mit Blick auf den vertikalen Finanzausgleich etwa nur ein Mindestausstattungsanspruch, nur ein Anspruch auf angemessene Ausstattung, keines von beiden oder aber eine Kombination aus beiden besteht, ist jeweils für den Verfassungsraum zu klären. Vermieden werden soll lediglich, dass in einem Verfassungsraum zwar verbal ein Anspruch auf „*Mindestausstattung*" proklamiert, in der Sache aber (nur) ein Anspruch auf „*angemessene Ausstattung*" (im obigen Sinne) gewährt wird – ohne dass dies ohne eingehende Analyse transparent gemacht würde.

bb) Begriffe für die verfassungsrechtliche Kontrolle des horizontalen Finanzausgleiches

Im Hinblick auf den *horizontalen Finanzausgleich* stellen sich andere Abgrenzungsfragen.

Der Schwerpunkt der Diskussionen über den horizontalen Finanzausgleich liegt zwar regelmäßig im Bereich der Anforderungen des interkommunalen Gleichbehandlungsgrundsatzes an die Mittelaufteilung – und damit außerhalb des Spektrums der vorliegenden Arbeit. Es liegt jedoch in der Natur der Sache, dass auch im Rahmen des horizontalen Finanzausgleiches regelmäßig das Schlagwort „Mindestausstattung" fällt. Der Einwand einer oder mehrerer Kommunen, „am Ende" der Verteilungskette in verfassungsrechtlich erheblichem Maße „zu wenig" erhalten zu haben, ist naheliegend.

Unter Anknüpfung an die oben gewählte Terminologie wird deutlich, dass es sich im Rahmen des horizontalen Finanzausgleiches nur um den Einwand der Verletzung eines etwaigen verfassungsrechtlichen Anspruches auf „Mindestausstattung" im obigen Sinne handeln kann – also um den Einwand „zu wenig" zur Erfüllung des jeweiligen Aufgabenbestandes einschließlich der freiwilligen Selbstverwaltungsaufgaben erhalten zu haben. Kein Bezug besteht hingegen zu dem wie oben definierten Begriff der „angemessenen Ausstattung". Denn naturgemäß ist im Rahmen von Konflikten unter den einzelnen Kommunen und kommunalen Gruppen bezüglich der horizontalen Verteilung ein Vergleich mit der Ausstattung der Landesebene insgesamt nicht sinnvoll. Eine Diskussion über eine verfassungsrechtlich „angemessene" Finanzausstattung kann es daher in diesem Kontext nicht geben. Entsprechend sollte im Kontext der verfassungsrechtlichen Prüfung von Normen des horizontalen Finanzausgleiches auch nur von einer (möglichen) Verletzung des „Mindestausstattungsanspruches" ausgegangen werden.

Dabei lässt sich der Begriff der „Mindestausstattung" im Kontext des horizontalen Finanzausgleiches noch weiter ausdifferenzieren. Zu nennen ist insbesondere die Frage, ob ein etwaiger „Mindestausstattungsanspruch" nur der kommunalen Ebene insgesamt – und damit nur in vertikaler Hinsicht – zusteht, oder ob auch ein Mindestausstattungsanspruch jeder einzelnen Kommune besteht – und wenn ja, wie dieser im Rahmen des horizontalen Finanzausgleiches Berücksichtigung finden muss. Begrifflich ist hiermit die Frage nach dem Mindestanspruch jeder einzelnen Kommune im Gegensatz zum institutionellen Mindestanspruch adressiert.[20]

c) Eingrenzung des Untersuchungsgegenstandes

In der Zusammenschau sind damit im Kontext von „Mindest-" Ausstattungsfragen im kommunalen Finanzausgleich – jedenfalls nach dem dieser Arbeit zugrunde liegendem Verständnis – die folgenden verfassungsrechtlichen Themenfelder zu unterscheiden:

- Frage nach der kommunalen **Mindestausstattun**g im Sinne einer Betrachtung der kommunalen Fähigkeit zur Aufgabenerledigung, verbunden mit der Unterfrage, ob ein eventueller Mindestausstattungsanspruch jeder einzelnen Kommune zusteht, oder nur den Kommunen in ihrer Gesamtheit.
- Frage nach der **angemessenen Ausstattung** im Sinne einer Land-Kommunen-Verteilungsgerechtigkeit

Gegenstand der vorliegenden Arbeit ist den obigen Begriffsklärungen entsprechend die Frage nach Existenz, Inhalt und Ausgestaltung eines kommunalen *Mindestausstattungsanspruches* auf Ebene der Bundesländer sowie für Art. 28 Abs. 2 GG – und zwar im Hinblick auf dessen institutionelle Seite im vertikalen Finanzausgleich sowie im Hinblick auf dessen versubjektivierte Seite aus der Perspektive einzelner Kommunen.

Nicht Gegenstand der Arbeit soll hingegen die oben angesprochene weitere Dimension der „angemessenen Finanzausstattung" sein. Ob ein solcher Anspruch auf Ebene des Grundgesetzes bzw. einzelner Bundesländer besteht – und wenn ja, wie dieser im Detail ausgestaltet ist, wird hier offengelassen. Behandelt wird der Themenbereich der „angemessenen Ausstattung" allerdings in einer Annexbetrachtung am Schluss der Arbeit, in der möglichen Wechselwirkungen zwischen den Aussagen dieser Arbeit

---

20 Siehe hierzu unten S. 94 ff.

und dem Themenkreis der „angemessenen Finanzausstattung“ nachgegangen wird.

II. Der Mindestausstattungsanspruch aus Art. 28 Abs. 2 GG

Naturgemäß bedarf der oben skizzierte Untersuchungsgegenstand einer jeweils gesonderten Analyse für das bundesdeutsche Verfassungsrecht des Grundgesetzes sowie für die entsprechenden Bestimmungen auf Landesebene. Sowohl die Frage nach der Existenz eines Mindestausstattungsanspruches als auch nach dessen Inhalt und Ausgestaltung kann zwischen diesen grundsätzlich voneinander getrennten Verfassungsräumen abweichen[21] – wobei allerdings die Durchgriffswirkung des Art. 28 Abs. 2 GG auf die landesrechtliche Ebene zu beachten ist (siehe hierzu unten S. 103 ff.). Maßgeblich für die Auslegung sind dabei die üblichen Kriterien aus Wortlaut der einschlägigen Norm, dessen individuelle Entstehungsgeschichte, dessen systematische Stellung im jeweiligen Verfassungsgefüge sowie teleologische Aspekte. Im vorliegenden Kapitel soll zunächst der Frage nachgegangen werden, welcher Aussagegehalt Art. 28 Abs. 2 GG in Bezug auf die Frage nach einem Mindestausstattungsanspruch zu entnehmen ist.

1. Vorab: Anwendbarkeit der Kern-/Randbereichsrechtsprechung?

In allen Verfassungsräumen – sei es auf Landes- oder Bundesebene – stellt sich die grundlegende Frage, wie die Analyse des jeweiligen Verfassungsrechts auf Existenz und ggf. Inhalt eines kommunalen Mindestausstattungsanspruches dogmatisch strukturiert werden kann. Es liegt nah, diesbezüglich Halt in der allgemeinen zu Art. 28 Abs. 2 GG entwickelten Dogmatik zu suchen und es erstaunt daher nicht, dass sich in der einschlägigen Rechtsprechung wiederholt Anklänge an die zu Art. 28 Abs. 2 GG entwickelte Kern- und Randbereichsrechtsprechung[22] finden lassen. Der Gedan-

---

21 Unkritische Rückschlüsse von der finanzverfassungsrechtlichen Ausgangslage in einem Bundesland auf jene in einem anderen Bundesland verbieten sich daher, vgl. insoweit exemplarisch zu einem entsprechenden Ansatz des VerfG Mecklenburg-Vorpommern: Laier und Zimmermann, NordÖR 2007, S. 232 ff., S. 233.

22 Für eine Übersicht über die entsprechende landesverfassungsrechtliche Rechtsprechung vgl. etwa Henneke 2012, S. 334 ff.

kengang ist dabei regelmäßig – verkürzt ausgedrückt –, dass ein Minimum an selbständiger Aufgabenerfüllung einschließlich der dafür erforderlichen Mittel Teil des Kernbereichs der kommunalen Selbstverwaltung sein soll und damit eine (an sich nicht zu rechtfertigende) Kernbereichsverletzung vorliegen soll, wenn diese Mittel nicht zur Verfügung gestellt werden. Exemplarisch hierfür sei im Folgenden etwa ein Auszug aus einer Entscheidung des Verfassungsgerichtshofes Thüringen zitiert:

> „Das Recht auf kommunale Selbstverwaltung ist jedenfalls dann nicht mehr gewahrt, wenn die Wahrnehmung freiwilliger Selbstverwaltungsaufgaben infolge einer unzureichenden Finanzausstattung unmöglich ist. Dies ist dann der Fall, wenn ein finanzieller Spielraum für diese Aufgaben, bei denen die Kommunen autonom entscheiden können, ob und wie sie wahrgenommen werden, gar nicht mehr besteht. (...) Die danach erforderliche Mindestausstattung ist als absolute Untergrenze nicht verhandelbar, unterliegt also keinen Relativierungen durch andere öffentliche Belange. Neben diesem **unantastbaren Kernbereich** kommunaler Selbstverwaltung zielt die Verfassung in einem **Randbereich** auf die Sicherung einer angemessenen Finanzausstattung der Gemeinden ab. Diese richtet sich einerseits nach der Aufgabenbelastung und der Finanzkraft der Kommunen, andererseits nach der Leistungskraft des Landes. (...)“ [23]

Diese Einordnung der Problematik in die Kern-/ Randbereichsdogmatik erscheint jedenfalls auf den ersten Blick nachvollziehbar. Sie wirft aber bei näherer Untersuchung mehr Fragen auf, als dass sie Antworten liefert.

a) Zur grundlegenden Struktur des Rechts der kommunalen Selbstverwaltung

Um sich einer konstruktiv überzeugenden und zielführenden Einordnung der Frage nach einem Mindestausstattungsanspruch in die bestehende Dogmatik der kommunalen Selbstverwaltung zu nähern, erscheint es zielführend, zunächst einige Schritte zurück zu treten und zunächst die dog-

23 VerfGH Thüringen, Urteil vom 18. März 2010 – VerfGH 52/08 –, DÖV 2010, 525 ff., Juris Rn. 34 f.; vgl. hinsichtlich weiterer Landesverfassungsgerichtsentscheidungen mit ähnlicher Grundlinie die Darstellung Henneke 2012, 335 ff; exemplarisch für eine derartige Gedankenführung für die Rechtswissenschaft etwa Hufen, DÖV 1998, S. 276 ff., 279, 282.

matische Grundstruktur des kommunalen Selbstverwaltungsrechts zu beleuchten.

aa) Selbstverwaltungsgarantien als kommunale Abwehrrechte

In Rechtswissenschaft und Rechtsprechung darf seit geraumer Zeit als geklärt gelten, dass das verfassungsrechtlich auf Bundesebene in Art. 28 Abs. 2 GG (aber auch in den Landesverfassungen verbürgte) Recht auf kommunale Selbstverwaltung in drei Garantien untergliedert werden kann, nämlich die sog. Rechtssubjektsgarantie, die Rechtsinstitutionsgarantie und die subjektive Rechtsstellungsgarantie.[24] Mit der Rechtsinstitutionsgarantie ist dabei der Grundsatz der Allzuständigkeit und das Recht der Eigenverantwortlichkeit umschrieben.[25] Die Gestaltungsbereiche, in denen diese Grundsätze mit Leben erfüllt werden, werden sodann üblicherweise als Gemeindehoheiten bezeichnet, namentlich etwa die Personalhoheit, die Organisationshoheit, die Satzungshoheit sowie die Finanz- und Haushaltshoheit.[26]

Hinsichtlich der dogmatischen Einordnung ist dabei vieles umstritten. Der Stand der rechtswissenschaftlichen Diskussion, aber auch die Rechtsprechung sind in beständigem Fluss. Im Zentrum des Streits steht dabei häufig die Frage, ob es sich bei den einschlägigen Garantien kommunaler Selbstverwaltung letztlich um grundrechtsgleiche oder zumindest -ähnliche subjektive Rechte handelt,[27] oder aber um sog. „institutionelle" (gera-

---

24 Vgl. etwa Dreier, in: Dreier, GG, 3. A. 2013 (Bd. I) bzw. 2015 (Bd. II), Art. 28 Rn. 91 ff. m.w.N.; Mehde, in: Maunz/Düring, GG, 80. A. 2018, Art. 28 II Rn. 39 ff. m.w.N.; Vogelsang, in: Berliner Kommentar zum GG, Stand Mai 2018, Art. 28 Rn. 94 ff.; Ehlers, DVBl 2000, S. 1301 ff., S. 1302 m.w.N.; Voßkuhle, JuS 2017, S. 728 ff., 729 ff.; Gebhardt 2007, S. 29.

25 Dreier, in: Dreier, GG, 3. A. 2013 (Bd. I) bzw. 2015 (Bd. II), Art. 28 Rn. 16 a; Nierhaus/ Engels, in: Sachs, GG-Kommentar, 8. A. 2018, Art. 28 Rn. 44; Ehlers, DVBl 2000, S. 1301 ff., S. 1302.

26 Dreier, in: Dreier, GG, a.a.O., Rn. 120 ff.; Mehde, in: Maunz/Düring, GG, 80. A. 2018, Art. 28 II Rn. 57 ff. ; Vogelsang, in: Berliner Kommentar zum GG, Stand Mai 2018, Art. 28 Rn. 118.

27 So zuletzt etwa wohl noch VerfGH Bayern, Entscheidung vom 27. November 2008 – Vf. 110-VI-07 –, BayVBl, Juris Rn. 18 zu Art. 1 Abs. 2 BV; vgl. auch Müller et al. 1982, S. 92.

de nicht grundrechtsähnliche) Garantien.[28] Für Ersteres spricht die vergleichbare Ausgangslage: so wie Grundrechte den entsprechenden Grundrechtsträgern primär Abwehrrechte gegen staatliche Übergriffe in einen geschützten Bereich zusprechen, ermächtigen die einschlägigen Artikel über die kommunale Selbstverwaltung die Gemeinden, einen ihnen zugewiesenen Autonomiebereich gegen Eingriffe der übrigen öffentlichen Gewalt zu schützen.[29] Für letzteres wird oft ins Feld geführt, dass die vorgenannten Garantien keine grundrechtliche Gewährleistung darstellen können, da Kommunen als „Teil des Staates" keine Grundrechtsträger sind.[30]

In Konsequenz dieser verschiedenen Grundansätze besteht Uneinigkeit auch darüber, wie die Überprüfung gesetzlicher Regelungen auszugestalten ist, die in die Garantiebereiche zu Lasten der Kommunen eingreifen – wie mithin die einschlägigen Selbstverwaltungsrechte in ihrer zentralen abwehrrechtlichen Funktion dogmatisch zu verstehen sind.

Betont man den institutionellen Charakter der Selbstverwaltungsgarantien, spricht einiges dafür, den abwehrrechtlichen Gehalt dieser Bestimmung „strikt von der grundrechtlichen [Sichtweise] abzuheben". Im praktischen Ergebnis führt dies vor allem dazu, einen weiten Gestaltungsspielraum des Gesetzgebers zu betonen und die (aus der Grundrechtsdogmatik bekannte) Verhältnismäßigkeitsprüfung stark zurückzunehmen.[31]

Betont man hingegen die strukturelle Ähnlichkeit zur Grundrechtsdogmatik, so liegt es nahe, die im Bereich der klassischen Grundrechte fest etablierte dreistufige Prüfungsabfolge, bestehend aus Schutzbereichsbestimmung, Eingriffsprüfung und Rechtfertigung,[32] auch hier strukturell weitgehend zu übernehmen[33] und entsprechend eine Prüfung der Einzelelemente Gewährleistungsgehalt, Beschränkung oder Begrenzung desselben

28 Hellermann, in: BeckOK GG, 39. A. Stand 15.11.2018, Art. 28 Rn. 32 m.w.N.; a.a.O., Art. 28 Rn. 78; Vogelsang, a.a.O., Art. 28 Rn. 91; Mehde, a.a.O., Art. 28 II Rn. 16.

29 Müller et al. 1982, S. 92; jedenfalls ebenfalls diese Strukturähnlichkeit betonend: Mehde, in: Maunz/Düring, GG, 80. A. 2018, Art. 28 II Rn. 97.

30 Vgl. etwa Dreier, a.a.O., Art. 28 Rn. 78; Mann, in: Bonner Kommentar zum GG, Stand Februar 2018, Art. 28 Rn. 148 m.w. umfangreichen Nachweisen.

31 Vgl. zu einer (kritischen) Darstellung insoweit ausführlich: Ehlers, DVBl 2000, S. 1301 ff., S. 1303 ff. m.w.N.

32 Vgl. nur statt vieler Kingreen/ Poscher, 32. A. 2016, Rn. 220 ff.

33 Voßkuhle, JuS 2017, S. 728 ff., S. 730; Jarass/Pieroth, GG-Kommentar, 15. A. 2018, Art. 28 Rn. 20; Hufen, DÖV 1998, S. 276 ff., S. 278 („*Demgegenüber bleibt zu betonen, dass (...) die kommunale Selbstverwaltungsgarantie einen durchaus grundrechtsähnlichen Schutzbereich umfasst (...), in den der Gesetzgeber nur nach ebenso grundrechtsähnlichem Rechtfertigungsmuster eingreifen darf*"); i.d.S. wohl auch Nier-

sowie etwaige Rechtfertigung vorzunehmen.[34] Nur exemplarisch für einen derartigen Ansatz kann etwa auf eine Entscheidung des Bundesverfassungsgerichts vom 7. Oktober 1980 verwiesen werden, aus der sich die strukturelle Ähnlichkeit zur allgemeinen Grundrechtsdogmatik unmittelbar erschließt (Hervorhebungen durch den Verfasser):

> „Der Bedeutung des Art. 28 Abs. 2 Satz 1 GG im Verfassungsganzen würde es jedenfalls nicht gerecht, die Reichweite der verfassungsrechtlichen Garantie im Einzelfall jeder beliebigen Willensentscheidung des Gesetzgebers zu überlassen. Wie das Bundesverfassungsgericht (...) bereits entschieden hat, sind die betroffenen Gemeinden derartigen Willensentscheidungen, die ihnen im Vergleich zu anderen Gemeinden ein Sonderopfer auferlegen, nicht schutzlos ausgeliefert. Vielmehr muss der Gesetzgeber dabei den aus Art. 28 Abs. 2 GG folgenden Beschränkungen für staatliche **Eingriffe** unter dem **Gesichtspunkt der Verhältnismäßigkeit** Rechnung tragen (...) und das aus dem Rechtsstaatsprinzip abzuleitende Willkürverbot im Verhältnis zwischen Hoheitsträgern beachten, das im Rahmen des Verfahrens über eine Verfassungsbeschwerde (...) als Prüfungsmaßstab für die Beurteilung von Eingriffen in die Selbstverwaltung heranzuziehen ist (...).“[35]

bb) Weitere Wirkdimensionen der Selbstverwaltungsgarantien?

Tritt man von der Diskussion über die dogmatischen Einzelheiten der fast durchweg im Fokus stehenden *abwehrrechtlichen* Konturierung der ein-

---

haus/ Engels, in: Sachs, GG-Kommentar, 8. A. 2018, Art. 28 Rn. 40 („*subjektives Recht mit verfassungsunmittelbarem Schutzbereich*“); Bethge, in: Maunz/Schmidt-Bleibtreu, BVerfGG, Stand 2018, 17 zu § 91; Mehde, in: Maunz/Düring, GG, 80. A. 2018, Art. 28 II Rn. 43; Schoch, Jura 2001, S. 121 ff.; Maurer, DVBl 1995, S. 1037 ff., S. 1042; Knemeyer und Wehr, VerwArchiv 2001, S. 317 ff., S. 332, die auf Strukturparallelen insb. zu Art. 14 GG hinweisen.

34 Explizit derart „in Übereinstimmung mit der Grundrechtsdogmatik“ prüfend etwa Mehde, in: Maunz/Düring, GG, 80. A. 2018, Art. 28 II Rn. 97 ff. und Rn. 112 ("in besonders enger Anlehnung an die Grundrechtsdogmatik"); ebenso "in Anlehnung und Fortführung der Grundrechtsdogmatik" ebenso „*in Anlehnung und Fortführung der Grundrechtsdogmatik*“ Mann, in: Bonner Kommentar zum GG, Stand Februar 2018, Art. 28 Rn. 246 ff.; vgl. i.d.S. auch: Voßkuhle, JuS 2017, S. 728 ff., 729 ff.

35 BVerfG, Beschluss vom 07. Oktober 1980 – 2 BvR 584/76 –, BVerfGE 56, 298 ff., Juris Rn. 45.

schlägigen Artikel über die kommunale Selbstverwaltung einen Schritt zurück, ist zunächst einmal festzustellen, dass neben der abwehrrechtlichen Dimension möglicherweise weitere Dimensionen stehen könnten.

Es ist an sich eine Selbstverständlichkeit, die es sich aber im Kontext von Grundrechten oder – wie hier – zumindest ähnlich strukturierten Normen nochmals zu vergegenwärtigen lohnt: Grundrechte, grundrechtsähnliche Bestimmungen, aber auch Staatsorganisationsrecht sind selbstverständlich zunächst vor allem einmal *objektives Recht*[36] – wenn auch im Bereich der Grundrechte und grundrechtsähnlichen Rechte mit stark abwehrrechtlicher Färbung.

Objektives Verfassungsrecht kann aber – je nach dem konkreten Inhalt der fraglichen Bestimmung – verschiedene Wirkdimensionen aufweisen.

Insbesondere dürfte als gesichert gelten, dass jedenfalls die klassischen Grundrechte mehrere Wirkdimensionen aufweisen. Die (klassische) Funktion von Grundrechten ist dabei die abwehrrechtliche, bei der der jeweilige Grundrechtsträger vom Staat verlangen kann, Eingriffe in seine Grundrechte zu unterlassen (sog. status negativus).[37] Im Einzelfall flankiert wird diese Wirkdimension von sogenannten Leistungs- und Teilhaberechten (status positivus). Dabei spricht man von Leistungsrechten, wenn das jeweilige Grundrecht die Zur-Verfügungsstellung einer staatlichen Leistung an sich überhaupt erst gebietet, von Teilhaberechten, wenn es um die chancengerechte Partizipation an einer bestehenden staatlichen Leistung geht.[38] Die Leistungsrechte werden dabei häufig noch weiter unterteilt, nämlich in Leistungsrechte im engeren Sinne, soweit es um staatliche Zuwendungen finanzieller oder sachlicher Art geht, und um Leistungsrechte im weiteren Sinne, soweit es um Aspekte wie Anspruch auf wirksamen Rechtschutz oder Grundrechtssicherung durch adäquate Gestaltung des Verfahrens geht.[39]

Aber auch über die Grundrechte hinaus ist anerkannt, dass Bestimmungen des objektiven Verfassungsrechts eine Leistungs- bzw. Teilhabedimension zukommen kann. So regeln etwa die Art. 106 und 107 GG (die Fragen des (Bundes-) Finanzausgleiches zum Gegenstand haben) ganz unverkenn-

---

36 BVerfG, Beschluss vom 06. Mai 1997 – 1 BvR 409/90 –, BVerfGE, Juris Rn. 29; vgl. auch: Jarass/Pieroth, GG-Kommentar, 15. A. 2018, Vorb. Vor Art. 1 Rn. 6; Müller et al. 1982, S. 85 m.w.N.; Dreier, in: Dreier, GG, 3. A. 2013 (Bd. I) bzw. 2015 (Bd. II), Vorb. Bd I, Rn. 94.

37 Vgl. statt vieler nur Dreier, a.a.O. Rn. 84.

38 Vgl. statt vieler nur Herdegen, in: Maunz/Düring, GG, 80. A. 2018, Art. 1 Abs. 3 Rn. 15.

39 Vgl. statt vieler nur Voßkuhle, JuS 2017, S. 728 ff., 411 ff.

bar Leistungsverhältnisse.[40] Ebenso ist anerkannt, dass etwa die Art. 101 Abs. 1 Satz 2 GG (Anspruch auf den gesetzlichen Richter), Art. 103 Abs. 1 GG (Anspruch auf rechtliches Gehör) oder Art. 104 Abs. 2 Satz 2 GG (Anspruch auf Entscheidung) eine leistungsrechtliche Dimension aufweisen.[41] Eine leistungsrechtliche Dimension weist etwa auch Art. 38 GG bezüglich des Abgeordnetenstatus auf. Genannt sei insoweit etwa das parlamentarische Informationsrecht aus Art. 38 Abs. 1 S. 2 i.V.m. Art. 20 Abs. 2 S. 2 GG.[42]

Wendet man vor diesem Hintergrund nun den Blick zurück zum Recht der kommunalen Selbstverwaltung, so spricht ausgesprochen wenig dafür, hier nicht ähnlich vorzugehen, d.h. zwischen einem (sicherlich gegebenen) objektiv-rechtlichen, einem (ebenso sicher gegebenem, wenn auch in der näheren Ausgestaltung streitbehafteten, siehe oben S. 27 ff.) abwehrrechtlichen Aspekt (*status negativus*) und (einem möglicherweise *zudem* gegebenen) Leistungs- und Teilhabeaspekt (*status positivus*) zu *unterscheiden*.[43] Ob es sich bei den einschlägigen Artikeln dabei um ein grundrechtsgleiches oder -ähnliches Recht handelt oder nicht, kann dahingestellt bleiben. Denn wie soeben dargelegt, hängt die Frage, ob einer Verfassungsbestimmung (auch) eine leistungsrechtliche Dimension zukommen kann, nicht entscheidend von deren Einordnung als Grundrecht o.ä. ab – das Grundgesetz kennt wie gezeigt auch an anderer Stelle außerhalb des Grundrechtskatalogs Bestimmungen mit einer Leistungsdimension.

Für diese Übertragung der Unterscheidung in objektivrechtlichen Gehalt, abwehrrechtlichen Gehalt und ggf. zudem bestehenden leistungsrechtlichen Gehalt spricht nicht nur der Aspekt begrifflicher Klarheit – also das Anliegen, Unterschiedliches auch unterschiedlich zu benennen –, sondern vor allem die Notwendigkeit, für sich strukturell unterscheidende Fragestellungen auch jeweils geeignete Analysewerkzeuge bereit zu stellen. Denn so wie sich Abwehrrechte und Leistungsrechte ihrer jeweiligen Na-

---

40 Müller et al. 1982, S. 92 f.

41 Müller et al. 1982, S. 124.

42 BVerfG, Urteil vom 14. Januar 1986 – 2 BvE 14/83 –, BVerfGE 70, 324 ff.

43 So auch ausdrücklich: Müller et al. 1982, S. 93: „*Hier wird also deutlich – was in der bisherigen Diskussion wenig beachtet worden ist – dass in der grundrechtlichen Garantie des Art. 28 Abs. 2 GG leistungsrechtliche Komponenten enthalten sind*". Ebenso: Faber, in: Denninger/ Hoffmann-Riem u.a., GG, 3. A. 2002, Art. 28 Rn. 29: „*[Die Gemeinden bedürfen] nicht nur des Schutzes vor Eingriffen, sondern staatlicher Sicherung und Förderung (...); der Bestand an quasi Negativ-Status (...) soll damit nicht in Frage gestellt werden, der Anspruch auf staatlichen Schutz tritt zum Abwehranspruch hinzu, nicht an seine Stelle*".

tur nach unterscheiden, unterscheidet sich auch notwendigerweise ihre rechtliche Behandlung. Geht es um den abwehrrechtlichen Aspekt einer Verfassungsbestimmung, ist die bereits angesprochene dreistufige Prüfung (Schutzbereich, Eingriff, Rechtfertigung) nicht ohne Grund fest etabliert. Ebenso geklärt ist jedoch, dass diese Herangehensweise für die Leistungs- und Teilhabeaspekte einer gegebenen Verfassungsbestimmung nicht sinnvoll ist. Dies folgt schon daraus, dass eine Vielzahl der im Rahmen der Eingriffsdimension erforderlichen Aspekte bei der Leistungsdimension keine oder nur eine untergeordnete Rolle spielen (etwa der Aspekt des Gesetzesvorbehalts, der Aspektes der Rechtfertigung) und sich andersherum viele maßgebliche Aspekte der Leistungsebene in dem klassischen Modell für Abwehrrechte nicht adäquat abbilden lassen (etwa der *zentrale* Aspekt der Ermittlung des Leistungsumfangs).[44]

b) Anwendbarkeit der Kern-/ Randbereichsdogmatik auf Leistungsansprüche?

Legt man eine derartige Strukturierung des Rechts der kommunalen Selbstverwaltung in Abwehr-, Leistungs- und Teilhabedimension zu Grunde, zeigt sich, dass die Anwendung des sog. Kern- und Randbereichsmodells mit der hier aufgeworfenen Frage nach Existenz und Inhalt von Mindestausstattungsansprüchen nichts zu tun hat und auch nicht sinnvoll ist.

Anlass für die Einführung der Kern- und Randbereichsdogmatik war eine verfassungsgerichtliche Rechtstreitigkeit über die Übertragung gewisser Aufgaben von der Gemeindeebene auf die Kreisebene. [45] Gegenstand war damit aus Sicht der klagenden Gemeinde ein *Aufgabenentzug* – also ein „klassischer" Eingriff in das Recht auf kommunale Selbstverwaltung. Auch im Folgenden wurde diese dogmatische Figur durchgängig anhand von Sachverhalten weiter- und fortentwickelt, denen eine klassische *Eingriffskonstellation* zugrunde lag:

> Gegenstand der sog. Rastede-Entscheidung war der Entzug der Abfallbeseitigung aus dem Zuständigkeitsbereich der Gemeinden und die Übertragung dieser Aufgabe auf die Kreisebene.[46] Gegenstand einer

44 Hierzu eingehend: Rüfner, in: HGR, 1. A. 2006, Bd. II, § 40 Rn. 1, 47 ff.; vgl. auch Schröder, JA 2016, S. 641 ff., S. 641.

45 BVerfG, Beschluss vom 23. November 1988 – 2 BvR 1619/83 –, BVerfGE 79, S. 127 ff.

46 BVerfG, Beschluss vom 23. November 1988, a.a.O., 127 ff.

Entscheidung aus dem Jahr 2002 war die zwangsweise Zuordnung von Gemeinden zu Verwaltungsgemeinschaften und der folgende Aufgabenentzug von der Gemeindeebene auf die Ebene dieser Verwaltungsgemeinschaften.[47] In seiner Entscheidung zu „Hartz-IV-Arbeitsgemeinschaften" hatte das BVerfG über den Entzug von Aufgaben im Bereich der Arbeitsmarktpolitik und deren Übertragung auf Arbeitsgemeinschaften gemäß§ 44 b SGB II zu entscheiden.[48] Im Jahr 2014 urteilte das Bundesverfassungsgericht über den Entzug der Standortplanung für allgemein bildende Schulen aus dem Aufgabenportfolio der Gemeindeebene und deren Übertragung auf die Kreisebene.[49] Die Liste ließe sich naturgemäß in erheblichem Umfang fortsetzen.

Auch ihrer dogmatischen Struktur nach ist die Kern- und Randbereichsdogmatik ersichtlich auf Eingriffskonstellationen zugeschnitten, folgt sie doch konzeptionell jedenfalls im Ansatz der oben bereits dargestellten Schematik bestehend aus Gewährleistungsbereich, Eingriff und Rechtfertigung, modifiziert lediglich um die Besonderheit der fehlenden Rechtfertigungsmöglichkeit im Falle eines Eingriffs in den Kernbereich – eine Besonderheit allerdings, die Art. 28 Abs. 2 GG mit anderen nicht unter Gesetzesvorbehalt stehenden Grundrechtsbestimmungen des Grundgesetzes teilt.

Es zeigt sich mithin, dass die (wie auch immer im Einzelnen ausgestaltete) Kern- und Randbereichsdogmatik ein geeignetes Analysewerkzeug für Eingriffskonstellationen sein mag, dass es hingegen für Fragen nach Leistungsansprüchen schlicht nicht geschaffen wurde und hierfür – wie auch die allgemeine Eingriffsdogmatik – auch nicht geeignet ist.[50] Bei der vorliegenden Frage nach dem Mindestausstattungsanspruch geht es aber ersichtlich nicht um einen Eingriff oder – in der Terminologie des Rechts der kommunalen Selbstverwaltung: um eine Begrenzung –, sondern ganz klar um Leistungsansprüche, also um den sog. *status positivus*. Bereits der Begriff des Mindestausstattungs*anspruches* weist hier den Weg: es geht um die Frage, ob einzelnen Kommunen oder die kommunale Ebene als solche (siehe hierzu unten S. 94 ff.) vom jeweiligen Land eine *Leistung*, nämlich

---

47 BVerfG, Beschluss vom 19. November 2002 – 2 BvR 329/97 –, BVerfGE 107, S. 1 ff.

48 BVerfG, Urteil vom 20. Dezember 2007 – 2 BvR 2433/04 –, BVerfGE 119, S. 331 ff.

49 BVerfG, Beschluss vom 19. November 2014 – 2 BvL 2/13 –, BVerfGE 138, S. 1 ff.

50 I.d.S. auch Volkmann, DÖV 2001, S. 497 ff., 503 ff.; Groh, LKV 2010, S. 1 ff., 7 ff.; Engels 2014, 294 f.

mehr staatliche Mittel zur Erfüllung eines jeweils bestehenden Aufgabenfeldes, verlangen können. Dies ist nicht nur in sich logisch, sondern im Übrigen auch empirisch nachweisbar. Analysiert man die rechtshängig gemachten Streitigkeiten zwischen kommunaler Ebene und Landesebene im Kontext des Kommunalfinanzausgleiches auf die jeweils verfolgte Zielrichtung hin, wird deutlich, dass es der kommunalen Ebene jeweils primär um *Mehrleistungen*, nämlich entweder eine bessere Dotierung der Finanzausgleichsmassen oder eine andere (für den jeweiligen Antragsteller vorteilhaftere) Verteilung selbiger geht (Teilhabeaspekt).

Eine Kommune, die ihren Mindestausstattungsanspruch geltend macht, begehrt mithin nicht die Abwehr eines Eingriffs, sie begehrt eine Leistung.

Nicht sinnvoll ist es im Übrigen, diese jeweils auf die einschlägige Grundrechtsdimension abgestimmten Analysewerkzeuge rhetorisch gegeneinander auszutauschen. Insbesondere die Vorstellung, dass jede verweigerte Leistung letztlich ein Eingriff sei,[51] stellt eine solche Vorgehensweise dar, die zwar auf den ersten Blick nicht unplausibel klingt, letztlich aber nur zur Konsequenz hat, Begehren, die ihrer Zielrichtung nach eindeutig auf Leistung gerichtet sind, unter Ausblendung aller vorgenannten Argumente sachwidrigerweise als Eingriff im hierfür nicht geschaffenen Eingriffsmodus zu prüfen. In der Sache ist hierdurch – außer Verwirrung – nichts gewonnen.

c) Kontrollüberlegungen

Es ist damit dogmatisch überzeugender, bei der Analyse von Art. 28 Abs. 2 GG bzw. der einschlägigen landesverfassungsrechtlichen Vorgaben auf die Verwendung der Kern- und Randbereichsrechtsprechung zu verzichten. Dies kann ergänzend anhand der nachfolgenden Kontrollüberlegungen belegt werden.

aa) Analoge Überlegungen im Recht der sozialrechtlichen Existenzsicherung

Erste Indizien für die Richtigkeit der obigen Erwägungen liefert ein Blick auf strukturell ähnlich gelagerte Sachverhalte – namentlich auf die verfas-

---

51 I.d.S. etwa VerfGH Thüringen, Urteil vom 21. Juni 2005 – VerfGH 28/03 –, LVerfGE 16, 593 ff., Juris Rn. 141; Borowski 2007, 353 ff.

sungsrechtlichen Aspekte des Rechts der Existenzsicherung im Sozialrecht. Im Recht der kommunalen Selbstverwaltung geht es bei der Frage nach einem Mindestausstattungsanspruch letztlich um Ansprüche auf finanzielle Zuwendungen zur Gewähr der Existenz der Kommunen. Eine zumindest im Ansatz vergleichbare Situation ist im Sozialrecht bezogen auf natürliche Personen vorzufinden. Auch dort stellt sich die Frage, ob sich unmittelbar aus der Verfassung Ansprüche auf finanzielle Leistungen herleiten lassen. Ohne dass es in diesem Kontext auf die inhaltliche Beantwortung dieser Frage ankäme, lässt sich im Hinblick auf die verwandte rechtsdogmatische Methodik zumindest eines feststellen: weder in Rechtsprechung noch Rechtswissenschaft wird diese Frage nach dem Ob und Wie eines entsprechenden Anspruches unter dem Blickwinkel der üblichen Eingriffsdogmatik diskutiert – vielmehr herrscht Konsens, dass es hier nicht um die Abwehr- sondern um die Leistungsdimension von Art. 1 Abs. 1 GG (ggf. i.V.m. Art. 20 Abs. 1 GG) geht.

> „Art. 1 Abs. 1 GG erklärt die Würde des Menschen für unantastbar und verpflichtet alle staatliche Gewalt, sie zu achten und zu schützen (...). Als Grundrecht ist die Norm **nicht nur Abwehrrecht** gegen Eingriffe des Staates. Der Staat muss die Menschenwürde auch positiv schützen (...). Wenn einem Menschen die zur Gewährleistung eines menschenwürdigen Daseins notwendigen materiellen Mittel fehlen, weil er sie weder aus seiner Erwerbstätigkeit, noch aus eigenem Vermögen noch durch Zuwendungen Dritter erhalten kann, ist der Staat im Rahmen seines Auftrages zum Schutz der Menschenwürde und in Ausfüllung seines sozialstaatlichen Gestaltungsauftrages verpflichtet, dafür Sorge zu tragen, dass die materiellen Voraussetzungen dafür dem Hilfebedürftigen zur Verfügung stehen. Dieser objektiven Verpflichtung aus Art. 1 Abs. 1 GG korrespondiert ein **Leistungsanspruch des Grundrechtsträgers**, da das Grundrecht die Würde jedes individuellen Menschen schützt (...) und sie in solchen Notlagen nur durch materielle Unterstützung gesichert werden kann."[52]

Bezogen auf existenzsichernde Leistungen an natürliche Personen darf mithin als geklärt gelten, dass sich die rechtliche Durchdringung dieses Themenfeldes sachangemessen mit der einschlägigen Dogmatik zur Leis-

52 BVerfG, Urteil vom 09. Februar 2010 – 1 BvL 1/09 –, BVerfGE 125, 175 ff., Juris Rn. 134; vgl. ferner BVerfG, Urteil vom 18. Juli 2012 – 1 BvL 10/10 –, BVerfGE 132, 134 ff., Juris Rn. 63 ff.; Jarass/Pieroth, GG-Kommentar, 15. A. 2018, Art. 1 Rn. 16 f. m.w.N.; Gröpl/ Windthorst/ von Coelln, 3. A. 2017, Art. 1 Rn. 31 ff.

tungsdimension (nicht aber zur Abwehrdimension) der einschlägigen Grundrechte bewerkstelligen lässt. Da die Frage nach verfassungsmäßig verbürgten existenzsichernden Leistungsansprüchen für natürliche Personen wesensmäßig strukturgleich ist mit der Frage nach existenzsichernden Leistungen für juristische Personen, namentlich Gebietskörperschaften, spricht viel dafür, insoweit auch das gleiche Analysewerkzeug zum Einsatz zu bringen.

bb) Untauglichkeit der Kern- bzw. Randbereichsrechtsprechung zur Beantwortung der Frage nach dem Leistungsfähigkeitsvorbehalt

Gegen die Übertragung der Kern- und Randbereichsrechtsprechung spricht des Weiteren auch, dass dieser Ansatz ungeeignet ist, die sich unter dem Begriff des „Leistungsfähigkeitsvorbehalt" diskutierten Aspekte adäquat einzubinden. Mit dem Schlagwort „Leistungsfähigkeitsvorbehalt" wird üblicherweise die Frage bezeichnet, ob ein eventuell aus Art. 28 Abs. 2 GG bzw. einer Landesverfassung zu entnehmender Mindestausstattungsanspruch absolut gilt, oder unter dem Vorbehalt des nach dem Landeshaushalt finanziell Möglichen. Ohne der inhaltlichen Beantwortung dieser Frage vorgreifen zu wollen (siehe hierzu unten S. 81 ff.) ist jedenfalls festzustellen, dass die Anwendung der Kern- bzw. Randbereichsrechtsprechung die sinnvolle Abwägung der sich hierbei stellenden Gesichtspunkte entweder behindert, oder aber eine Abwägung nur möglich ist, wenn von einer konsistenten Anwendung des Kern- und Randbereichsmodells Abstand genommen wird.

Dies rührt daher, dass – will man denn die Kern- und Randbereichsrechtsprechung anwenden – die kommunale Mindestausstattung sinnvollerweise nur im Kernbereich verortet sein kann, da ja Wesen der Mindestausstattung gerade das Maß an finanzieller Ausstattung ist, bei dessen Unterschreiten die kommunale Selbstverwaltung völlig beseitigt und ausgehöhlt wäre.[53] Nach der Kern- und Randbereichsrechtsprechung ist der Kernbereich als äußerste Grenze jedoch unantastbar.[54] Will man also bei

---

53 Vgl. etwa Nierhaus/ Engels, in: Sachs, GG-Kommentar, 8. A. 2018, Art. 28 Rn. 64.

54 Leibholz/ Rinck, GG-Kommentar, Stand März 2017, Art. 28 Rn. 206 ff. m.w.N.; Mehde, in: Maunz/Düring, GG, 80. A. 2018, Art. 28 II Rn. 113 m.w.N. ; Dreier, in: Dreier, GG, 3. A. 2013 (Bd. I) bzw. 2015 (Bd. II), Art. 28 Rn. 115 m.w.N.; aus der Rechtsprechung der LVerfGe vgl. etwa LVerfG Mecklenburg-Vorpommern, Urteil vom 11. Mai 2006 – LVerfG 1/05 –, LVerfGE 17, 297 ff., Juris Rn. 90.

einer in sich konsistenten Anwendung des Kern- und Randbereichsmodells bleiben, ergibt sich allein aus diesem bereits die Antwort auf die Frage nach dem Leistungsfähigkeitsvorbehalt, und zwar dahingehend, dass es einen solchen nicht geben kann, da der Kernbereich eben nicht einschränkbar ist.[55] Alle denkbaren Argumente, die hingegen für einen Leistungsfähigkeitsvorbehalt streiten könnten (siehe im Einzelnen unten S. 81 ff.), fallen bei einer derartigen dogmatischen Herangehensweise schlicht „unter den Tisch". Unter der Prämisse, dass Dogmatik dazu dienen soll, Probleme zu strukturieren, nicht aber Argumente schlicht ungeprüft wegfallen zu lassen ist dies ein wenig befriedigendes Ergebnis.

Es überrascht daher auch wenig, dass sowohl in der Rechtsprechung als auch in der Rechtswissenschaft viele nicht bereit sind, diese Konsequenz zu ziehen. Entsprechend lassen sich eine Reihe von „Rechtfertigungsmustern" identifizieren, die zu begründen versuchen, weshalb ein angenommener Eingriff in die – im Kernbereich verortete – Mindestausstattung dennoch möglich sein soll (bemüht wird insbesondere die Rechtsfigur der praktischen Konkordanz, die dazu führen soll, dass es bei einem Zusammentreffen von Haushaltsnotstand des Landes und gemeindlicher Unterfinanzierung zu einer Beschränkung des Kernbereichs kommen darf).[56] Dies ist in der Sache möglicherweise nachvollziehbar und dient auf jeden Fall zumindest einer hinreichenden Aufarbeitung aller auf diesem Feld auszutauschenden Argumente. In Bezug auf die Kern- und Randbereichsdogmatik ist es jedoch eindeutig inkonsistent – und zeigt nur, dass sich diese

---

55 Vgl. für diesen Ansatz etwa Schmitt, DÖV 2013, S. 452 ff., S. 452; Mann, in: Bonner Kommentar zum GG Stand Februar 2018, Art. 28 Rn. 237; nachdrücklich auch Schoch, in: Ehlers und Krebs 2000, S. 124 [die Annahme eines Leistungsfähigkeitsvorbehalts] *„stellt das geschriebene Landesverfassungsrecht und die Verfassungsrechtsdogmatik geradezu auf den Kopf. Richtig ist nämlich das Gegenteil: Bei einer unzureichenden Finanzmasse (...) endet zwar der Gestaltungsspielraum des Finanzausgleichsgesetzgebers, nicht jedoch die Gestaltungskompetenz des Gesetzgebers überhaupt. Wenn und weil die finanzielle Mindestausstattung gleichbedeutend ist mit dem unantastbaren Kernbereich (...), liegt die verfassungsrechtliche Strategie nicht etwa in der Verteilung des finanziellen Mangels, sondern im Abbau der den Kommunen auferlegten Aufgaben, der Absenkung staatlich vorgegebener und kostentreibender Standards, dem Aufgabenverzicht trotz „politischer Wünschbarkeit" (...). Verfassungsrechtlich versagt ist es dem Land jedoch, die finanzielle Mindestausstattung der Kommunen für die Aufgabenwahrnehmung unter das Existenzminimum zu drücken"*.

56 So etwa aus der Rechtswissenschaft Gebhardt 2007, 203 ff.; Schmidt-Jortzig 1982, Rn. 517 und aus der landesverfassungsrechtlichen Rechtsprechung insb. der VerfGH NRW (siehe hierzu unten S. 130 ff.).

nicht eignet, die hier maßgeblichen Aspekte ohne dogmatische Brüche in sich schlüssig aufzuarbeiten.[57]

cc) Überprüfung anhand der maßgeblichen Fallkonstellationen

Zuletzt soll anhand der maßgeblichen Fallkonstellationen, in denen die Frage nach einem Anspruch auf Mindestausstattung rechtserheblich wird, überprüft werden, ob bei Verzicht auf die Anwendung der Kern- und Randbereichsdogmatik Unstimmigkeiten in der Analyse entstehen könnten, die mit Hilfe der Kern- und Randbereichsdogmatik besser handhabbar wären.

> *Konstellation 1: Eine oder mehrere Kommunen machen gegenüber ihrem Bundesland geltend, in Folge allgemeiner Kostensteigerungen bzw. höherem Verwaltungsaufwand bei der Erledigung der ihnen übertragenen Aufgaben (o.ä.) mittlerweile massiv unterfinanziert zu sein. Sie berufen sich auf ihren Anspruch auf Mindestausstattung, der nicht (mehr) hinreichend bedient werde.*

Für diese – häufigste – Konstellation ist kein Grund ersichtlich, die aufgeworfenen Rechtsfragen mittels des Kern- und Randbereichsansatzes zu lösen. In der Sache machen die Kommunen eindeutig einen Anspruch auf höhere finanzielle Leistungen geltend – und damit einen Leistungsanspruch. Ein vom Land zu verantwortender „Eingriff" ist nirgends zu verorten, insbesondere stellt die (behauptete) Nichterfüllung angeblicher Ansprüche keinen Eingriff dar (siehe oben). Aus den oben dargestellten Gründen sollte diese Fallkonstellation als Frage nach der Leistungsdimension des einschlägigen Verfassungsrechts verstanden und entschieden werden.

> *Konstellation 2: Ein Bundesland*[58] *überträgt zusätzliche Aufgaben auf die Gemeindeebene. Die betroffene kommunale Ebene verweist auf hierfür entstehende höhere Kosten und verlangt entsprechende Kostenerstattung.*

Im Hinblick auf diese Konstellation besteht schon deshalb kein Bedarf an einer Übertragung des Kern- und Randbereichsansatzes, weil in fast allen

57 Auf diesen Widerspruch zu Recht hinweisend: Hufen, DÖV 1998, S. 276 ff., 278 f.

58 Einer Aufgabenübertragung auf die kommunale Ebene direkt durch den Bund (sog. Durchgriff des Bundesgesetzgebers) stehen Art. 84 Abs. 1 S. 7, 85 Abs. 1 S. 2 GG entgegen.

Bundesländern eine spezielle verfassungsrechtliche Regelung zur Klärung der sich ergebenden finanziellen Fragen in Folge von neuen Aufgabenübertragungen geschaffen wurden. So ist beispielsweise in Art. 57 Abs. 2 der Schleswig-Holsteinischen Verfassung (im Folgenden: LV SH) Folgendes festgehalten:

> „Werden die Gemeinden oder Gemeindeverbände durch Gesetz oder aufgrund eines Gesetzes durch Verordnung zur Erfüllung bestimmter öffentlicher Aufgaben verpflichtet, so sind dabei Bestimmungen über die Deckung der Kosten zu treffen. Führen diese Aufgaben zu einer Mehrbelastung der Gemeinden oder Gemeindeverbände, so ist dafür ein entsprechender finanzieller Ausgleich zu schaffen."

Vergleichbare Bestimmungen existieren in Baden-Württemberg (Art. 71 Abs. 3 LV), Bayern (Art. 83 Abs. 3 LV), Brandenburg (Art. 97 Abs. 3 LV), Mecklenburg-Vorpommern (Art. 72 Abs. 3 LV), Niedersachsen (Art. 54 Abs. 4 LV), Nordrhein-Westfalen (Art. 78 Abs. 3 LV), Rheinland-Pfalz (Art. 49 Abs. 5 LV), Sachsen (Art. 87 Abs. 3 LV), Sachsen-Anhalt (Art. 87 Abs. 3 LV), Thüringen (Art. 93 Abs. 1 LV). Im Übrigen fällt auch hier ins Auge, dass durchweg Ausgleichsansprüche normiert sind – also auch die jeweiligen Verfassungsgeber Leistungsansprüchen normiert haben und keine Abwehrrechte geschaffen wurden.

> *Abwandlung Konstellation 2: Die Kommunen lehnen die Übernahme der zusätzlichen Aufgabe allein unter Verweis auf die höheren Kosten ab und behaupten, durch die fehlende Kostenübernahme würden sie in der Wahrnehmung der freiwilligen Selbstverwaltungsaufgaben derart erdrosselt, dass eine Verletzung ihres Rechts auf kommunale Selbstverwaltung gegeben sei.*

Allein in dieser – eher theoretischen -– Konstellation kommt eine sinnvolle Anwendung der Kern- und Randbereichsdogmatik in Betracht. Denn jedenfalls ist nicht auszuschließen, dass eine zusätzliche Aufgabenzuweisung Ressourcen der betroffenen Kommunen bindet und daher jedenfalls einen Eingriff in den Randbereich der kommunalen Selbstverwaltung darzustellen geeignet sein kann.[59] Allerdings ist hier zu trennen zwischen der *Aufgabenübertragung an sich* und den damit einhergehenden Mehrkosten. Allein wegen der mit der Aufgabenzuweisung verbundenen Mehrkosten zur Aufgabenerfüllung wird die Kommune diese nicht abwenden können, da sie

59 BVerfG, Urteil vom 20. Dezember 2007 – 2 BvR 2433/04 –, BVerfGE 119, 331 ff., Juris Rn. 118; am Vorliegen eines Eingriffs hingegen zweifelnd (nur mittelbarer Eingriff): Schmitt 1995, S. 56.

hierfür ja – wie gesehen – einen verfassungsrechtlich verbürgten Mehrkostenersatzanspruch geltend machen kann.[60] Eingängig formuliert der Verfassungsgerichtshof Rheinland-Pfalz insoweit:

> „Mit der Schaffung und Übertragung einer neuen ausgabeträchtigen Aufgabe oder ihrer Erweiterung ist nämlich noch nichts darüber ausgesagt, ob und wie den davon betroffenen Gemeinden oder Gemeindeverbänden in Zukunft im Wege des Gesamtsystems des Lasten- und Finanzausgleichs die erforderlichen Finanzmittel zufließen werden. Kommt es in der Folge tatsächlich zu einer aus der Sicht des Art. 49 Abs. 5 LV unvertretbaren finanziellen Unterdeckung (hierzu vgl. auch VGH Rh-Pf, AS 19, 339, 342), so ist dies nicht ein bei der konkreten, neu eingeführten oder erweiterten Aufgabe angesiedeltes Problem, das die Gemeinden oder Gemeindeverbände etwa dazu berechtigte, deren Erfüllung zu verweigern. Der Verfassungsverstoß liegt dann vielmehr in dem zur Unterdeckung führenden System des Finanzausgleichs begründet und muss dort korrigiert werden."[61]

Einen rechtfertigungsbedürftigen Eingriff kann die Aufgabenübertragung damit nur mit Blick auf nicht-finanzielle Folgen, etwa organisatorischer oder personeller Art, haben. Insoweit spricht auch (jedenfalls für die Zwecke dieser Arbeit) nichts dagegen, eine klassische Prüfung im Kern- und Randbereichsschema durchzuführen. Relevanz für finanzielle Fragestellungen jedoch, insbesondere die hier maßgebliche Frage nach Mindestausstattungsansprüchen, kommt diesem Modell auch in dieser Konstellation nicht zu.

---

60 VerfGH Rheinland-Pfalz, Urteil vom 16. März 2001 – VGH B 8/00 –, DÖV, Juris Rn. 24; So auch: Jarass/Pieroth, GG-Kommentar, 15. A. 2018, Art. 28 Rn. 35: „Durch die Auferlegung einzelner Ausgabenpflichten wird der Schutzbereich solange nicht beeinträchtigt, als insgesamt eine zureichende Finanzausstattung der Gemeinde gewährleistet ist"; ebenso: Mann, in: Bonner Kommentar zum GG Stand Februar 2018, Art. 28 Rn. 243; Mückl 1998, S. 132.; für die Annahme eines Eingriffs hingegen: Mehde, in: Maunz/Düring, GG, 80. A. 2018, Art. 28 II Rn. 100 ; diese Frage offenlassend: VerfGH Nordrhein-Westfalen, Urteil vom 22. September 1992 – VerfGH 3/91 –, NWVBl, Juris Rn. 71.

61 VerfGH Rheinland-Pfalz, Entscheidung vom 18. März 1992 – VGH 3/91 –, NVwZ 1993, 159 ff., Juris Rn. 29.

d) Ergebnis

Als Analysewerkzeug erweist sich die „Kern- und Randbereichsdogmatik" im hier vorliegenden Kontext als unpassend. Sie verstellt zudem den Blick auf Lösungsansätze, die in anderen Kontexten für Fragen von Existenz und Umfang von Leistungsansprüchen entwickelt wurden, und welche auch hier als Ausgangspunkt für weitere Überlegungen dienen können. Auf ihre Anwendung sollte im Kontext von Fragen finanzieller Mittelverteilung unter dem Schlagwort der „Mindestausstattung" konsequent verzichtet werden.

2. Existenz einer kommunalen Mindestausstattungsgarantie aus Art. 28 Abs. 2 GG

Aufbauend auf die im vorgehenden Abschnitt dargelegten Vorüberlegungen kann nunmehr bei der Analyse des Art. 28 Abs. 2 GG im ersten Schritt ermittelt werden, ob diesem *überhaupt* eine Mindestausstattungsgarantie entnommen werden kann. Entsprechend der obigen Ausführungen soll dabei im Rahmen dieser Arbeit die Frage nach Mindestausstattungsgarantien nicht von dem Modell der „Kern- und Randbereichsdogmatik" her konstruiert werden, sondern ausgehend von der Überlegung, dass es hier letztlich um die Frage nach einer etwaigen *Leistungsdimension* eines vorgefundenen Rechtssatzes – hier der kommunalen Selbstverwaltungsgarantie – geht.

a) Wortlaut, Entstehungsgeschichte und Systematik

Aus dem Wortlaut des Art. 28 Abs. 2 GG

> („Den Gemeinden muss das Recht gewährleistet sein, alle Angelegenheiten der örtlichen Gemeinschaft im Rahmen der Gesetze in eigener Verantwortung zu regeln. Auch die Gemeindeverbände haben im Rahmen ihres gesetzlichen Aufgabenbereiches nach Maßgabe der Gesetze das Recht der Selbstverwaltung. Die Gewährleistung der Selbstverwaltung umfasst auch die Grundlagen der finanziellen Eigenverantwortung; zu diesen Grundlagen gehört eine den Gemeinden mit Hebesatzrecht zustehende wirtschaftskraftbezogene Steuerquelle.")

lassen sich keine verlässlichen Rückschlüsse zu der Frage nach „Sein oder Nichtsein" eines Mindestausstattungsanspruches herleiten. Insbesondere dessen Satz 3 mit seiner ausdrücklich in den Gewährleistungsbereich einbezogenen „Grundlagen der finanziellen Eigenverantwortung" liefert keine eindeutigen Antworten. Ob hier etwa nur das Recht zur selbständigen Haushaltsaufstellung und-durchführung (neben dem eindeutig benannten Recht zu einer eigenen Steuerquelle), oder aber darüber hinausgehend auch eine Mindestausstattung als „Grundlage" jeder Eigenverantwortung gewährleistet werden sollte, bleibt bei alleiniger Betrachtung des Wortlautes offen.

Auch eine Analyse der Entstehungsgeschichte ist für die aufgeworfene Frage nach der Existenz einer Mindestausstattungsgarantie wenig erhellend. Aus der Entstehungsgeschichte des Art. 28 Abs. 2 GG sowie dessen Vorgängernorm Art. 127 der Weimarer Reichsverfassung[62] lassen sich eindeutige Anhaltspunkte weder für noch gegen die Existenz eines Mindestausstattungsanspruches entnehmen.[63] Nicht viel aufschlussreicher sind des Weiteren die Materialien zum 42. Gesetz zur Änderung des Grundgesetzes vom 27. Oktober 1994, mit dem Art. 28 Abs. 2 um den oben wiedergegebenen Satz 3 in der damaligen Fassung („Die Gewährleistung der Selbstverwaltung umfasst auch die Grundlagen der finanziellen Eigenverantwortung") erweitert wurde.[64] Aus der Gesetzesbegründung im Gesetzentwurf der Fraktionen der CDU/CSU, SPD und FDP vom 20. Januar 1994[65] selbst ergibt sich im Hinblick auf die hier erörterte Frage wenig Ergiebiges. Dort ist lediglich festgehalten, dass es sich bei dem neu eingefügten Satz um „keine konstitutive Neuerung" handele, und die Neufassung lediglich dem Zwecke diene, den ohnehin geltenden Umstand, dass das kommunale Selbstverwaltungsrecht auch die finanzielle Eigenverantwortung umfasse, besonders hervorzuheben. Insoweit lassen die Materialien immerhin den Schluss zu, dass es dem Gesetzgeber bei der Neufassung jedenfalls nicht darum ging, einen Mindestausstattungsanspruch neu einzuführen. Ob er in Art. 28 Abs. 2 GG allerdings bereits zuvor enthalten war, bleibt offen.

---

62 Art. 127 WRV: „Gemeinden und Gemeindeverbände haben das Recht der Selbstverwaltung innerhalb der Schranken der Gesetze".

63 So auch VerfGH Nordrhein-Westfalen, Urteil vom 10. Mai 2016 – VerfGH 24/13 –, DÖV 2016, S. 1006 ff., Juris Rn. 61 m.w.N.; a.A. Mückl 1998, S. 66, der Anhaltspunkte dafür erkennt, dass die Normierung eines Ausstattungsanspruches nur aus Gründen der einprägsamen Formulierung unterlassen wurde, in der Sache aber unstreitig war.

64 42. Gesetz zur Änderung des Grundgesetzes, 27.10.1994.

65 BT-Drucksache 12/6633, dort S. 7.

Nichts anderes folgt im Übrigen aus dem vorausgehenden Bericht der gemeinsamen Verfassungskommission vom 6. November 1993.[66] Aus diesem ergibt sich ergänzend, dass die letztlich gewählte Formulierung einen Kompromiss insbesondere zwischen den Kommissionsmitgliedern der SPD und der CDU darstellt. Anliegen der SPD-Mitglieder war es dabei, die Gewährleistung der *„erforderlichen Finanzausstattung“*[67] explizit festzuschreiben. Sie konnten sich damit allerdings nicht gegen die Bedenken insbesondere der CDU-Mitglieder vor der Festschreibung eines möglicherweise *„einklagbaren Finanzierungsanspruches“* (möglicherweis sogar *„unabhängig von der Haushaltslage“*)[68] durchzusetzen. Der hierauf fast einstimmig angenommene Vorschlag der Berichterstatter ging sodann unverändert in den Gesetzentwurf ein und wurde in dem Bericht der gemeinsamen Verfassungskommission noch ergänzend dahingehend kommentiert, dieser „könne [nicht] als eine Finanzausstattungsgarantie des Bundes zugunsten der Kommunen interpretiert werden (…)“[69]. Mit anderen Worten ergibt sich auch hieraus nur, dass man jedenfalls mit dem neu eingefügten Satz keine Neueinführung einer Ausstattungsgarantie bezweckte. Verlässliche Aussagen dazu, ob eine solche aber möglicherweise bereits enthalten ist, lassen sich hieraus nicht treffen.

Bereits wesentlich aufschlussreicher ist hingegen die systematische Auslegung. Dem Grundgesetz ist nämlich an anderer Stelle eine kommunale Mindestausstattungsgarantie keinesfalls fremd. Art. 115 c Abs. 3 GG gibt dem Bundesgesetzgeber vielmehr ausdrücklich auf, sogar im Verteidigungsfall die Lebensfähigkeit der kommunalen Ebene zu erhalten – und zwar explizit auch in finanzieller Hinsicht. Garantiert werden soll damit nach allgemeiner Lesart (Rechtsprechung existiert hierzu naturgemäß nicht) ein „Restbestand politischen Eigenlebens“ (auch) der kommunalen Gebietskörperschaften, die vor „völliger Aushöhlung ihrer Eigenständigkeit“ geschützt werden sollen.[70] Wenn aber selbst unter den Bedingungen eines *„gegenwärtigen oder unmittelbar drohenden Angriffs“* auf die Bundesrepublik die auch finanzielle Lebensfähigkeit der kommunalen Ebene zu wahren ist, muss wohl erst Recht unter normalen Bedingungen die Mindestausstattung verbürgt sein.[71]

66 BT-Drucksache 12/6000, dort S. 46 ff.
67 A.a.O., S. 46.
68 A.a.O., S. 47.
69 A.a.O., S. 48.
70 Epping, in: Maunz/Düring, GG, 80. A. 2018, Art. 115 c Rn. 37 f. m.w.N.; Robbers, in: Sachs, GG-Kommentar, 8. A. 2018, Art. 115 c Rn. 13 m.w.N.
71 So auch Schoch 1997, 152 f.; Waechter 1997, S. 156.

b) Teleologische Auslegung

Wortlaut und Entstehungsgeschichte verhalten sich nach allem indifferent zur Frage nach der Existenz einer in Art. 28 Abs. 2 GG verankerten kommunalen Mindestausstattungsgarantie, während die systematische Auslegung deutlich für deren Bejahung streitet. Maßgebliches Gewicht kommt bei dieser Befundlage mithin der teleologischen Auslegung als letztmögliche Erkenntnisquelle zu. Wie oben dargelegt ist die Frage nach einer kommunalen Mindestausstattungsgarantie maßgeblich unter dem Blickwinkel von Leistungsdimensionen der einschlägigen Verfassungsnormen zu bearbeiten. Ob und unter welchen Voraussetzungen bestimmten verfassungsrechtlichen Rechtssätzen – vor allem Abwehrrechten – nach ihrem Sinn und Zweck auch eine Leistungsdimension zuzusprechen ist, ist eine insbesondere in der Grundrechtsdogmatik gängige Frage (aa). Und so spricht einiges dafür, die in diesem Kontext gefundenen Antworten – unter Beachtung der Besonderheiten der Struktur des kommunalen Selbstverwaltungsrechts – auch für die hier maßgebliche Frage nach der Existenz einer kommunalen Mindestausstattungsgarantie in Art. 28 Abs. 2 GG fruchtbar zu machen (bb).

aa) Generelle Dogmatik zu verfassungsrechtlichen Leistungsgarantien

Der allgemeine Diskussionsstand zu verfassungsrechtlich abgeleiteten Leistungsgarantien ist umfangreich. Mit der wohl zwischenzeitlich ganz h.M. dürfte davon auszugehen sein, dass es im Grundsatz nicht möglich ist, aus verfassungsrechtlich garantierten Freiheits- oder Abwehrrechten Leistungsansprüche abzuleiten.[72] Gegen die Ableitbarkeit von verfassungsunmittelbaren Leistungsrechten sprechen insbesondere regelmäßig sowohl Wortlautargumente (die einschlägigen Grundrechte sind eben regelmäßig als Abwehrrechte formuliert) als auch historische Gründe (bei der Konzeption des Grundgesetzes hatte sich der Parlamentarische Rat explizit gegen die Aufnahme derartiger Leistungsrechte ausgesprochen) und systematische Aspekte (soweit Leistungsrechte existieren, sind diese *ausdrücklich* nor-

---

72 Vgl. hierzu mit umfangreichen w.N.: Murswiek, in: Isensee und Kirchhof 2011, § 192 Rn. 91; ebenfalls ablehnend: Starck, in: Mangold/ Klein/ Starck, GG-Kommentar, 6. A. 2010, Bd. I, Art. 1 Rn. 188 ff. m.w.N.; Dreier, in: Dreier, GG, 3. A. 2013 (Bd. I) bzw. 2015 (Bd. II)Bd. I, Vorb. Art. 1 Rn. 89 ff.

miert).[73] Vor allem aber drohte bei der großzügigen Annahme von verfassungsunmittelbaren Leistungsrechten – die jeweils von der Rechtsprechung konturiert werden müssten – eine Unterwanderung des grundlegenden Prinzips der Gewaltenteilung: Enthielten die jeweiligen Verfassungen in größerem Maße gerichtlich durchsetzbare Leistungsrechte,

> „dann wäre die Wirtschafts-, Sozial- und Kulturpolitik in weiten Teilen den Gerichten überantwortet, die damit zugleich Entscheidungen mit einschneidender Wirkung für den Staatshaushalt zu treffen hätten. Diese Entscheidungen aber sind nach dem rechtstaatlichen System der Funktionenteilung den politischen Führungsorganen, vor allem dem Gesetzgeber, zugewiesen."[74]

Von der so skizzierten Grundannahme der Unzulässigkeit des Schlusses von Abwehr- auf Leistungsrecht sind jedoch in gewissem Umfang Ausnahmen zuzulassen. Im Einzelnen ist hier vieles streitig und verschiedene Begründungsansätze befinden sich in der Diskussion.[75] Jedenfalls als – auch von der verfassungsgerichtlichen Rechtsprechung gedeckter – Minimalkompromiss dürfte allerdings gelten, dass einem verfassungsrechtlich verbürgten (Abwehr-) Recht jedenfalls dann auch eine (ungeschriebene) Teilhabe- bzw. Leistungsdimension zukommt, wenn die Verfassung insoweit bestimmte soziale Gegebenheiten – wie etwa das Vorhandensein bestimmter Einrichtungen – als gleichsam selbstverständlich voraussetzt und die Gewährleistung des Freiheitsrechts an die Existenz dieser Voraussetzungen anknüpft.[76]

Beispielhaft kann dies etwa am Hochschulrecht verdeutlich werden. Der einschlägige Artikel 5 Abs. 3 GG ist seinem Wortlaut nach eindeutig als Freiheitsrecht formuliert („(...) Wissenschaft, Forschung Lehre sind frei."). Offenkundig setzt die Verfassung dabei allerdings die – auch historisch unzweifelhaft durchweg gegebene – Existenz eines staatlichen Hochschulwesens als selbstverständlich voraus und knüpft die Statuierung von Freiheits-

73 Vgl. Murswiek, in: Isensee und Kirchhof 2011, § 192 Rn. 97, m.w.N.; Müller et al. 1982, S. 124.

74 Murswiek, in: Isensee und Kirchhof 2011, § 192 Rn. 102; ausführlich bereits: Wiegand, DVBl 1974, S. 657 ff., S. 659 f.; ebenso: Breuer, in: Bachof et al. 1978, S. 93; Müller et al. 1982, S. 82; differenzierend: Kratzmann 2000, 211 ff. m.w.N.

75 Vgl. Breuer, in: Bachof et al. 1978, S. 94 m.w.N.; HGR, 1. A. 2006, 681 ff.; vgl. auch oben Fn. 72.

76 Murswiek, in: Isensee und Kirchhof 2011, § 192 Rn. 111; ebenso: Wiegand, DVBl 1974, S. 657 ff., S. 661; ausführlich: Kratzmann 2000, 220 ff. und HGR, 1. A. 2006, 700 ff.

rechten insoweit an dessen Existenz an. Hieraus folgt mit dem obigen Ansatz, dass Art. 5 GG auch Leistungs- bzw. Teilhaberechte zu entnehmen sind, die die Existenz dieser Einrichtungen betreffen. Dieser Befund ist im Ergebnis breit anerkannt[77] und findet sich auch in entsprechenden Entscheidungen der Rechtsprechung:

> „Das in Art. 5 Abs. 3 GG enthaltene Freiheitsrecht schützt als Abwehrrecht die wissenschaftliche Betätigung gegen staatliche Eingriffe und steht jedem zu, der wissenschaftlich tätig ist oder tätig werden will (...). Diese Wertentscheidung bedeutet nicht nur die Absage an staatliche Eingriffe in den zuvor gekennzeichneten Eigenbereich der Wissenschaft; sie schließt vielmehr das Einstehen des Staates, der sich als Kulturstaat versteht, für die Idee einer freien Wissenschaft und seine Mitwirkung an ihrer Verwirklichung ein und verpflichtet ihn, sein Handeln positiv danach einzurichten, d. h. schützend und fördernd einer Aushöhlung dieser Freiheitsgarantie vorzubeugen. (...) Der Staat hat die Pflege der freien Wissenschaft (...) durch Bereitstellung von personellen, finanziellen und organisatorischen Mitteln zu ermöglichen und zu fördern. Das bedeutet, dass er funktionsfähige Institutionen für einen freien Wissenschaftsbetrieb zur Verfügung zu stellen hat. Diesem Gebot kommt deswegen besonders Bedeutung zu, weil ohne eine geeignete Organisation und ohne entsprechende finanzielle Mittel, über die im Wesentlichen nur noch der Staat verfügt, heute in weiten Bereichen der Wissenschaften, insbesondere der Naturwissenschaften, keine unabhängige Forschung und wissenschaftliche Lehre mehr betrieben werden kann. Der Staat besitzt hinsichtlich dieses Wissenschaftsbetriebs heute weithin ein faktisches Monopol; eine Ausübung der Grundfreiheiten aus Art. 5 Abs. 3 GG ist hier notwendig mit einer Teilhabe an staatlichen Leistungen verbunden. (...)“[78]

Ähnliche Beispiele mit vergleichbarem Argumentationsmuster lassen sich für den Bereich der Freizügigkeit, der allgemeinen Handlungsfreiheit bzw. des Demonstrationsrechts (Leistungs- bzw. Teilhabeansprüche auf Ge-

---

77 Vgl. etwa Kempen, in: BeckOK GG, 39. A. Stand 15.11.2018, Art. 5 Rn. 186; Breuer, in: Bachof et al. 1978, S. 98 ff.; von Coelln, in: Berliner Kommentar zum GG, Stand Mai 2018, Art. 5, 3. Teil Rn. 57 ff.; Britz, in: Dreier, GG, 3. A. 2013 (Bd. I) bzw. 2015 (Bd. II), Bd. I, Art. 5 Rn. 80 ff. m.w.N.

78 BVerfG, Urteil vom 29. Mai 1973 – 1 BvR 424/71 –, BVerfGE 35, 79 ff., Juris Rn. 92, 95 f.

meingebrauch am öffentlichen Straßennetz als „institutionelle Basis“ der genannten Grundrechte) nachweisen.[79]

bb) Übertragbarkeit auf Art. 28 Abs. 2 GG

Viel spricht dafür, die vorgenannten Überlegungen auch für Art. 28 Abs. 2 GG fruchtbar zu machen.

Zu nennen ist zum einen die bereits oben benannte strukturelle Ähnlichkeit zwischen den gängigen Freiheitsgrundrechten und dem Recht der kommunalen Selbstverwaltung gem. Art. 28 Abs. 2 GG (siehe oben S. 26 ff.). Auch in diesem Zusammenhang überzeugt im Übrigen die Argumentationslinie nicht, dass Kommunen als Teil des Staates nicht grundrechtsfähig seien und sich daher jede Parallele zur Grundrechtsdogmatik verbiete (siehe oben S. 26 ff.). Denn unabhängig von der Grundrechtsfähigkeit im engeren Sinne liegt jedenfalls die *Strukturähnlichkeit* auf der Hand, geht es doch in beiden Fällen letztlich in erster Linie um die Abwehr übergriffigen staatlichen Verhaltens. Dies gilt insbesondere im Hinblick auf die Kommunalfinanzen: die Normierung kommunaler Selbstverwaltungsrechte hatte von Anfang an (auch finanzpolitisch) Abwehrcharakter, war nicht nur objektivrechtlicher, rein staatsorganisatorischer Natur

> („*Geschichtlich gesehen richtet sich* [das kommunale Selbstverwaltungsrecht] *gegen den Staat. Denn ein besonderes Kennzeichen des Absolutismus war die Beseitigung der eigenständigen Vermögensverwaltung der Gemeinden gewesen.*“)[80]

und entsprechend sowohl in der Verfassung des Deutschen Reiches von 1849 als auch noch in der Weimarer Reichsverfassung in Art. 127 im Grundrechtsteil verortet.[81]

Von der jedenfalls gegebenen Struktur*ähnlichkeit* zu klassischen Grundrechten ausgehend und unter Berücksichtigung der obigen Ansätze zur Einordung eventueller kommunalen Mindestausstattungsgarantien als *Leistungsdimension* des kommunaler Selbstverwaltungsrechts (siehe oben S. 29 ff) spricht dann alles dafür, die vorgenannten Überlegungen auch für Art. 28 Abs. 2 GG zu nutzen. Denn hier wie dort geht es um den (Ausnah-

79 Murswiek, in: Isensee und Kirchhof 2011, § 192 Rn. 112; Papier, in: Erichsen und Ehlers 2010, § 41 IV 1 d, Rn. 63.

80 Gönnewein 1963, S. 111 m.w.N.

81 Mehde, in: Maunz/Düring, GG, 80. A. 2018, Art. 28 Rn. 2 ff. m.w.N.

me-) Schluss von originär auf Abwehr „übergriffigen“ staatlichen Verhaltens gerichteten Verfassungsbestimmungen auf eine dort nicht explizit enthaltene Leistungsdimension. Es spricht damit an sich alles dafür, dass die *in der allgemeinen Grundrechtsdogmatik* entwickelten und von der Rechtsprechung dort kasuistisch herausgebildeten Argumentationslinien und Überlegungen auch im hier interessierenden Kontext aussagekräftig sein sollten.

Gründe, die gegen eine derartige Übernahme sprechen könnten, sind nicht ersichtlich. Vielmehr liegt die strukturelle Vergleichbarkeit der in beiden Kontexten zu erörternden Fragen – nämlich unter welchen Voraussetzungen von einem primär auf Eingriffsabwehr gerichteten Rechtssatz auf Leistungsansprüche geschlossen werden kann – offen zu Tage. Zudem ist mit dem hier vertretenen Standpunkt auch in keiner Weise ausgeschlossen, die Besonderheiten des Rechts der kommunalen Selbstverwaltung bei der behutsamen Übernahme und Fortentwicklung der aus anderen Kontexten übernommenen Erwägungen zu berücksichtigen.

Vollzieht man mit den obigen Vorüberlegungen den Schritt der Übernahme des oben herausgearbeiteten Rechtssatzes zu den Voraussetzungen von ungeschriebenen Leistungsgarantien auf Art. 28 Abs. 2 GG, so ergibt sich deutlich, dass auch im hier maßgeblichen Bereich des kommunalen Selbstverwaltungsrechts eine Leistungsebene anzunehmen und daher die Frage nach der Existenz einer Mindestausstattungsgarantie zu bejahen ist. Denn auch hier wird aus Art. 28 Abs. 2 GG deutlich, dass die entsprechenden Verfassungsgeber von der Existenz kommunaler Gebietskörperschaften ausgegangen sind, deren Fortbestehen sie – selbst unter Extrembedingungen, siehe oben zur Art. 115 c Abs. 3 GG – als selbstverständlich annahmen und entsprechend die explizit enthaltenen Gewährleistungen an diese Grundannahmen angeknüpft haben. Entsprechend bruchlos fügt sich eine damit naheliegende Aussage, dass Art. 28 Abs. 2 GG (auch) eine Leistungsdimension in Form einer Mindestausstattungsgarantie zu eigen ist, in die allgemeine Dogmatik zu vergleichbaren Fragekreisen ein.

Im Ergebnis nimmt es daher nicht Wunder, dass bis dato alle Gerichte, die Anlass hatten über die Existenz einer kommunalen Mindestausstattungsgarantie (wenn auch in der Regel nur für ihren jeweiligen Verfassungsraum) zu entscheiden, eine solche – wenn auch mit wesentlich knapperer Begründung und teilweise unter Heranziehung des Kern- bzw. Randbereichsmodells – bejahten. Verfassungskräftig verbürgt ist in der Rechtsprechung der Landesverfassungsgerichte jeweils eine finanzielle Mindestausstattung, die die Lebensfähigkeit der kommunalen Ebene als solche garantiert.

Die Mindestausstattung wird dabei durchgehend dahingehend umschrieben, dass den Kommunen Mittel in einem Umfang zur Verfügung stehen müssen, die es ihnen ermöglichen, neben den Pflichtaufgaben noch ein Mindestmaß an freiwilligen Selbstverwaltungsaufgaben zu erledigen.[82] Diese Ankoppelung des Begriffs der Mindestausstattung an die verbleibende Fähigkeit zur selbstbestimmten Erledigung auch freiwilliger Selbstverwaltungsaufgaben ist dabei zwingend: eine Kommune, die nur noch – ohnehin – pflichtige Aufgaben erledigen kann, ist letztlich nicht mehr als ein unselbständiger Teil der allgemeinen Landesverwaltung und seiner Eigenständigkeit vollständig beraubt. Auch in der Rechtswissenschaft wird dies im Übrigen – und zwar auch zu Art. 28 Abs. 2 GG – ganz überwiegend so vertreten[83] – und zwar schon seit jeher und auch bereits für das Verhältnis zwischen Reich und Kommunen.[84]

c) Ergebnis

Nach der hier vertretenen Lösung ist damit im Ergebnis mit den obigen Erwägungen von der Existenz einer in Art. 28 Abs. 2 GG verbürgten Mindestausstattungsgarantie auszugehen. Dies folgt zwar nicht aus dem Modell der Kern- bzw. Randbereichsdogmatik (siehe oben S. 32 ff.), wohl aber aus systematischen Erwägungen (siehe oben S. 41 ff.) den obigen, auf Sinn und Zweck der gewährleisteten kommunalen Selbstverwaltungsgarantie abstellenden Erwägungen (siehe oben S. 47 ff.) – die wie gesehen auch we-

---

82 Zu Art. 28 Abs. 2 GG: BVerwG, Urteil vom 31. Januar 2013 – 8 C 1/12 –, BVerwGE 145, 378 ff., Juris Rn. 18 ff.; zu den entsprechenden Bestimmungen anderer Bundesländer: StGH Baden-Württemberg, Urteil vom 10. Mai 1999 – VerfGH 2/97 –, LVerfGE 10, 5 ff., Juris Rn. 86; VerfGH Sachsen, Urteil vom 23. November 2000 – Vf. 53-II-97 –, SächsVBl 2001, 61 ff., Juris Rn. 82 ff.; VerfGH Saarland, Urteil vom 13. März 2006 – LV 2/05 –, AS RP-SL 34, 1 ff., Juris Rn. 93; VerfGH Bayern, Urteil vom 28. November 2007 – 15-VII 05 –, VerfGHE BY 60, 184 ff., Juris Rn. 203; StGH Niedersachsen, Urteil vom 07. März 2008 – StGH 02/05 –, Nds MBl, Juris Rn. 54, 62; VerfGH Thüringen, Urteil vom 18. März 2010 – VerfGH 52/08 –, DÖV 2010, 525 ff., Juris Rn. 33 f.; LVerfG Mecklenburg-Vorpommern, Urteil vom 26. Januar 2012 – VerfGH 33/10 –, Juris Rn. 101.

83 Statt vieler etwa Geis 2014, S. 51; Lange 2013, S. 1031; vgl. aus der älteren Literatur auch bereits Henneke, DVBl 1998, S. 1158 ff., S. 3351162 ff.; Hoppe, DVBl 1992, S. 117 ff., S. 118 f.; Birk und Inhester, DVBl 1993, S. 1281 ff., S. 1284; Gern 1997, S. 122; Gönnewein 1963, 112, 119.

84 Vgl. hierzu m.w.N. Püttner 1985, Bd. 6 S. 9.

der durch Wortlaut noch Entstehungsgeschichte hinreichend entkräftet werden.[85] Dies sieht im Übrigen nunmehr auch das Bundesverwaltungsgericht so – wenn auch (nach der hiesigen Lesart in der Begründung nicht überzeugend) unter Hinzuziehung des Kern- und Randbereichsmodells.[86] Einzig das Bundesverfassungsgericht hat sich die Entscheidung bis dato offenhalten können. Dieses hat bis dato weder entschieden, ob aus Art. 28 Abs. 2 GG ein Anspruch auf angemessene Finanzausstattung und/ oder Mindestfinanzausstattung folgt, noch wie diese Ansprüche ggf. zueinanderstehen.[87] Entsprechende Verfahren, die dem Bundesverfassungsgericht vorgelegen haben, wurden bis dato sämtlich als unzulässig verworfen. Aus den Entscheidungsgründen zur Zulässigkeit – insbesondere zum substantiierten Vortrag und zur Beschwerdebefugnis – lässt sich allerdings mit einiger Vorsicht rückschließen, dass es nicht völlig fernliegend erscheint, davon auszugehen, dass auch das Bundesverfassungsgericht im Falle eines zulässigen Verfahrens einen Anspruch jedenfalls auf Mindestausstattung anerkennen könnte. Denn in den vorliegenden Entscheidungen zur Zulässigkeit rügt das Gericht wiederholt, dass nicht hinreichend zur Unterschreitung des Mindestmaßes vorgetragen wurde.[88] Eine derartige Beanstandung würde wenig Sinn ergeben, wenn nicht auch in der Sache die Existenz eines verbindlichen Mindestmaßes zumindest im Bereich des Möglichen angenommen würde. Jedenfalls haben die Landesverfassungsgerichte, die ein solches absolutes Mindestmaß nicht anerkennen, – anders als das Bundesverfassungsgericht – auch keine entsprechenden Ausführungen für die Zu-

---

85 Ergänzend könnte auch Art. 9 Abs. 1 der Europäischen Charta der kommunalen Selbstverwaltung in Verbindung mit dem Prinzip der völkerrechtsfreundlichen Auslegung des Grundgesetzes für dieses Ergebnis sprechen, vgl. hierzu ausführlich Mahrauhn, S. 70 ff., 74 ff.

86 BVerwG, Urteil vom 31. Januar 2013 – 8 C 1/12 –, BVerwGE 145, 378 ff., Juris Rn. 20.

87 BVerfG, Beschluss vom 09. März 2007 – 2 BvR 2215/01 –, BVerfGK 10, 365 ff., Juris Rn. 20; vgl. ausführlich hierzu auch VerfGH Nordrhein-Westfalen, Urteil vom 10. Mai 2016 – VerfGH 24/13 –, DÖV 2016, 1006 ff., Juris Rn. 61 f.; a.A. Lange, Verfassungsrechtliche Grundlagen der Finanzierung der Kommunen in Nordrhein-Westfalen, 2015, S. 9 f.

88 BVerfG, Beschluss vom 09. März 2007 – 2 BvR 2215/01 –, BVerfGK 10, 365 ff., Juris Rn. 21; BVerfG, Urteil vom 15. Oktober 1985 – 2 BvR 1808/82 –, BVerfGE 71, 25 ff., Juris Rn. 36; ebenso: VerfGH Thüringen, Beschluss vom 18. Juni 2014 – VerfGH 22/13 –, Juris Rn. 71; LVerfG Sachsen-Anhalt, Beschluss vom 21. Januar 2015 – LVG 77/10 –, Juris Rn. 45; LVerfG Mecklenburg-Vorpommern, Urteil vom 11. Mai 2006 – LVerfG 1/05 –, LVerfGE 17, 297 ff., Juris Rn. 79; vgl. auch Leisner-Egensperger, DÖV 2010, S. 705 ff., S. 707.

lässigkeitsprüfung verlangt – so etwa der Verfassungsgerichtshof Nordrhein-Westfalen (siehe unten S. 129 ff.).

Normadressat der in Art. 28 Abs. 2 GG enthaltenen Mindestausstattungsgarantie ist im Übrigen die Landesebene, da nur dort die Gesetzgebungskompetenz zur adäquaten Verteilung der im Land insgesamt zu erhebenden Steuermittel liegt.[89]

3. Inhalt der kommunalen Mindestausstattungsgarantie aus Art. 28 Abs. 2 GG

Hierauf aufbauend bedarf nunmehr der konkrete Inhalt der Garantie aus Art. 28 Abs. 2 GG und – eng damit verbunden – die Frage der Art und Weise deren verfassungsgerichtlicher Prüfung der Erörterung.

Wie dargelegt wird die kommunale Mindestgarantie für Art. 28 Abs. 2 GG – aber auch auf Landesebene – ganz allgemein dahingehend verstanden, dass den Kommunen jedenfalls so viel finanzieller Bewegungsspielraum verbleiben muss, dass sie neben den ohnehin pflichtigen Aufgaben auch noch ein Mindestmaß an freiwilligen Selbstverwaltungsaufgaben wahrnehmen können (siehe oben S. 41 ff.). Wie dieser Obersatz konkret auszufüllen und verfassungsgerichtlich überprüft werden kann, ist die hier maßgebliche Frage.

a) Allgemeine Vorüberlegungen

Bevor die soeben skizzierte Fragestellung konkret für Art. 28 Abs. 2 GG beantwortet werden soll – und zwar getrennt für den vertikalen (b) und horizontalen (c) Finanzausgleich –, lohnt sich (auch) hier erneut ein Blick über den „Tellerrand“ des Kommunalrechts. Bereits aus den vorausgegangenen Ausführungen dürfte hinreichend deutlich geworden sein, dass sich vergleichbare Fragen nach Inhaltskonkretisierung und Justiziabilität auch in allen anderen Rechtsgebieten stellen dürften, in denen verfassungsrechtlich verbürgte Mindestgarantien existieren.

89 Hellermann, in: BeckOK GG, 39. A. Stand 15.11.2018, Art. 28 Rn. 54.5 m.w.N.

aa) Gesetzgeberischer Gestaltungsspielraum

Die gemeinsame Ausgangsproblematik dieser besonderen Konstellationen besteht darin, dass den einschlägigen Verfassungsnormen zwar im Wege der Auslegung (Mindest-) Gewährleistungsgarantien zu entnehmen sind (siehe oben S. 44 ff.), dass die Verfassungstexte selbst jedoch keine Anhaltspunkte für deren konkrete, insbesondere quantitative Ausgestaltung liefern, und auch aus Systematik und Entstehungsgeschichte regelmäßig nichts weiteres zu entnehmen ist. Weder ergibt sich aus dem Grundgesetz, ab welchem (monatlichen) Betrag genau das soziale Existenzminimum unterschritten ist, noch lässt sich aus den einschlägigen Bestimmungen ableiten, welche Mindestausstattung von Verfassungswegen für die Tätigkeit eines Hochschullehrers erforderlich ist.

Es liegt daher nahe, bei der konkreten Festlegung der jeweils maßgeblichen (Unter-) Grenzen einen weiteren gesetzgeberischen Einschätzungsspielraum anzunehmen – und diesem umso mehr Bedeutung einzuräumen, je komplexer die mit der Feststellung des erforderlichen Mindestmaßes verbundenen Fragen sind.[90] Plastisch wird dies etwa am Beispiel des sozialen Existenzminimums: wie das Bundesverfassungsrecht zu Recht hervorgehoben hat, hängt der Umfang des garantierten Anspruches

> „von den gesellschaftlichen Anschauungen über das für ein menschenwürdiges Dasein Erforderliche, der konkreten Lebenssituation des Hilfebedürftigen sowie den jeweiligen wirtschaftlichen und technischen Gegebenheiten ab und ist danach vom Gesetzgeber konkret zu bestimmen. (…) Die hierbei erforderlichen Wertungen kommen dem parlamentarischen Gesetzgeber zu. Ihm obliegt es, den Leistungsanspruch in Tatbestand und Rechtsfolge zu konkretisieren. Ob er das Existenzminimum durch Geld-, Sach- oder Dienstleistungen sichert, bleibt grundsätzlich ihm überlassen. Ihm kommt zudem Gestaltungsspielraum bei der Bestimmung des Umfangs der Leistungen zur Sicherung des Existenzminimums zu. Dieser umfasst die Beurteilung der tatsächlichen Verhältnisse ebenso wie die wertende Einschätzung des notwendigen Bedarfs und ist zudem von unterschiedlicher Weite: Er ist enger,

---

90 Vgl. etwa BVerfG, Urteil vom 09. Februar 2010 – 1 BvL 1/09 –, BVerfGE 125, 175 ff., Juris Rn. 138 ff.; BVerfG, Urteil vom 18. Juli 2012 – 1 BvL 10/10 –, BVerfGE 132, 134 ff., Juris Rn. 66 ff.; aus der Literatur: Murswiek, in: Isensee und Kirchhof 2011§ 192 Rn. 122; Starck, in: Mangold/ Klein/ Starck, GG-Kommentar, 6. A. 2010Bd. I, Art. 1 Abs. 1 Rn. 41; Herdegen, in: Maunz/Düring, GG, 80. A. 2018, Art. 1 Abs. 1 Rn. 121 ff.

soweit der Gesetzgeber das zur Sicherung der physischen Existenz eines Menschen Notwendige konkretisiert, und weiter, wo es um Art und Umfang der Möglichkeit zur Teilhabe am gesellschaftlichen Leben geht."[91]

bb) Grenzen des Gestaltungsspielraumes

So eingängig die Erwägungen zum gesetzgeberischen Gestaltungsspielraum sind, so schwierig ist die Frage nach den Grenzen dieses Spielraumes – und damit zugleich nach den Prüfmaßstäben für die Verfassungsgerichtbarkeit – zu beantworten.

Prinzipiell wurden insoweit in Rechtsprechung und Rechtswissenschaft zwei Grundlinien entwickelt, wie das Spannungsverhältnis zwischen gesetzgeberischer Freiheit und der Notwendigkeit einer irgendwie gearteten verfassungsgerichtlichen Kontrolle andererseits aufgelöst werden kann. Auf der einen Seite lässt sich die Problematik auf der Ergebnisseite bearbeiten: eine unzulässige Regelung hätte der Gesetzgeber dabei trotz allen Gestaltungsfreiraumes geschaffen, wenn das von ihm gesetzte Ergebnis „offensichtlich", „eindeutig" oder „evident" unzureichend ist (sog Evidenzkontrolle).[92] Dem gegenüber steht eine nicht auf das Ergebnis des Gesetzgebungsverfahrens, sondern auf das *Gesetzgebungsverfahren selbst* abzielende Prüfung. Zu beanstanden wäre eine Regelung nach diesem Ansatz dann, wenn das ihr zugrunde liegende Verfahren nicht hinreichend transparent, sach- oder realitätsgerecht abgelaufen ist.[93]

Hinsichtlich der Frage, welchem der beiden Grundansätze in welcher Konstellation der Vorzug zu geben ist, hat sich – bedauerlicherweise – bis dato weder in der Rechtsprechung noch in der rechtswissenschaftlichen

91 BVerfG, Urteil vom 09. Februar 2010 – 1 BvL 1/09 –, BVerfGE 125, 175 ff., Juris Rn. 138.

92 BVerfG, Beschluss vom 06. Mai 2004 – 2 BvL 16/02 –, BVerfGE 110, 353 ff., Juris Rn. 42 f. BVerfG, Urteil vom 06. Oktober 1983 – 2 BvL 22/80 –, BVerfGE 65, 141 ff., Juris Rn. 31 ff.; BVerfG, Beschluss vom 04. April 2001 – 2 BvL 7/98 –, BVerfGE 103, 310 ff., Juris Rn. 42; i.d.S. auch: Murswiek, in: Isensee und Kirchhof 2011, § 192 Rn. 122; Tomuschat, Der Staat 1973, S. S. 433, S. 450; Wiegand, DVBl 1974, S. 657 ff., S. 661 f.; Bachof et al. 1978, S. 97; Kirchhof, JZ 1999, S. 1054 ff., S. 1056 f.

93 VerfGH Thüringen, Urteil vom 21. Juni 2005 – VerfGH 28/03 –, LVerfGE 16, 593 ff., Juris Rn. 157; StGH Baden-Württemberg, Urteil vom 10. Mai 1999 – VerfGH 2/97 –, LVerfGE 10, 5 ff., Juris Rn. 90; Volkmann, DÖV 2001, S. 497 ff., S. 501; Murswiek, in: Isensee und Kirchhof 2011, § 192 Rn. 120.

Literatur eine nachvollziehbare Linie herausgebildet. Gerade auch die Rechtsprechung des Bundesverfassungsgerichts wirft mehr Fragen auf, als dass sie zu einer Strukturierung dieses Themenfeldes beitragen würde. Die Leitentscheidung des Ersten Senats zu den Hartz-IV-Regelsätzen lässt sich beispielsweise nur im Sinne einer Entscheidung zugunsten einer *verfahrensbezogenen* Prüfung deuten:

> „Das Bundesverfassungsgericht prüft deshalb, ob der Gesetzgeber das Ziel, ein menschenwürdiges Dasein zu sichern, in einer Art. 1 Abs. 1 in Verbindung mit Art. 20 Abs. 1 GG gerecht werdenden Weise erfasst und umschrieben hat, **ob er im Rahmen seines Gestaltungsspielraums ein zur Bemessung des Existenzminimums im Grundsatz taugliches Berechnungsverfahren gewählt hat**, ob er die erforderlichen Tatsachen im Wesentlichen vollständig und **zutreffend ermittelt** und schließlich, ob er sich in allen Berechnungsschritten mit einem nachvollziehbaren Zahlenwerk **innerhalb dieses gewählten Verfahrens und dessen Strukturprinzipien im Rahmen des Vertretbaren bewegt hat**. Zur Ermöglichung dieser verfassungsgerichtlichen Kontrolle besteht für den Gesetzgeber die Obliegenheit, die zur Bestimmung des Existenzminimums im Gesetzgebungsverfahren eingesetzten Methoden und Berechnungsschritte nachvollziehbar offenzulegen. Kommt er ihr nicht hinreichend nach, steht die Ermittlung des Existenzminimums bereits wegen dieser Mängel nicht mehr mit Art. 1 Abs. 1 GG in Verbindung mit Art. 20 Abs. 1 GG in Einklang."[94]

In einer nachfolgenden Entscheidung zu einer strukturell identischen Fragestellung (Asylbewerberleistungsgesetz) hat derselbe Erste Senat diese Linie sodann – bedauerlicherweise allerdings ohne hierauf näher einzugehen – wieder deutlich zurückgenommen und einer verfahrensbezogenen Prüfung eine explizite Absage erteilt:

> „Die sich aus der Verfassung ergebenden Anforderungen an die methodisch sachgerechte Bestimmung grundrechtlich garantierter Leistungen beziehen sich nicht auf das Verfahren der Gesetzgebung, sondern auf dessen Ergebnisse. Das Grundgesetz beinhaltet in den Art. 76 ff. GG Vorgaben für das Gesetzgebungsverfahren, die auch die Transparenz der Entscheidungen des Gesetzgebers sichern. Das Grundgesetz schreibt jedoch nicht vor, was, wie und wann genau im Gesetz-

94 BVerfG, Urteil vom 09. Februar 2010 – 1 BvL 1/09 –, BVerfGE 125, 175 ff., Juris Rn. 143, 144.

> gebungsverfahren zu begründen und berechnen ist. Es lässt Raum für Verhandlungen und für den politischen Kompromiss. Entscheidend ist, dass im Ergebnis die Anforderungen des Grundgesetzes nicht verfehlt werden, tatsächlich für eine menschenwürdige Existenz Sorge zu tragen. Das Grundrecht auf Gewährleistung eines menschenwürdigen Existenzminimums aus Art. 1 Abs. 1 GG in Verbindung mit Art. 20 Abs. 1 GG bringt insofern für den Gesetzgeber keine spezifischen Pflichten im Verfahren mit sich; entscheidend ist, ob sich der Rechtsanspruch auf existenzsichernde Leistungen durch realitätsgerechte, schlüssige Berechnungen sachlich differenziert **begründen lässt**. (...) Die Entscheidung für oder gegen eine bestimmte Methode zur Ermittlung von Bedarfen und zur Bestimmung von Leistungshöhen verändert nicht die grundrechtlichen Maßstäbe."[95]

Der Zweite Senat hingegen geht unverändert von der Möglichkeit aus, sowohl ergebnisbezogene Evidenzprüfungen durchzuführen

> („Dem weiten Gestaltungsspielraum des Gesetzgebers entspricht vielmehr eine zurückhaltende, auf den Maßstab evidenter Sachwidrigkeit beschränkte Kontrolle der einfachgesetzlichen Regelung durch das Bundesverfassungsgericht. Im Ergebnis beschränkt sich die materielle Kontrolle auf die Frage, ob die dem Beamten gewährten Bezüge evident unzureichend sind. Dies ist der Fall, wenn der unantastbare Kerngehalt der Alimentation als Untergrenze nicht mehr gewahrt ist (...), was anhand einer Gesamtschau der oben dargelegten Kriterien und unter Berücksichtigung der konkret in Betracht kommenden Vergleichsgruppen zu prüfen ist.")[96]

als auch (und zwar bezogen auf dasselbe Gesetz) dem Gesetzgeber aus spezifischen Bestimmungen des Grundgesetzes heraus Ermittlungs- und Begründungspflichten aufzuerlegen – und damit eine verfahrensbezogene Überprüfung durchzuführen

> („(...) Daher kommt es auf die Einhaltung prozeduraler Anforderungen an, die als "zweite Säule" des Alimentationsprinzips neben seine auf eine Evidenzkontrolle beschränkte materielle Dimension treten und seiner Flankierung, Absicherung und Verstärkung dienen. (...)

95 BVerfG, Urteil vom 18. Juli 2012 – 1 BvL 10/10 –, BVerfGE 132, 134 ff., Juris Rn. 70 f., Hervorhebung durch den Verfasser.

96 BVerfG, Urteil vom 14. Februar 2012 – 2 BvL 4/10 –, BVerfGE 130, 263 ff., Juris Rn. 149.

> Zwar schuldet der Gesetzgeber von Verfassungswegen grundsätzlich nur ein wirksames Gesetz (...). Da aber das grundrechtsgleiche Recht auf Gewährung einer amtsangemessenen Alimentation keine quantifizierbaren Vorgaben im Sinne einer exakten Besoldungshöhe liefert, bedarf es prozeduraler Sicherungen, damit die verfassungsrechtliche Gestaltungsdirektive des Art. 33 Abs. 5 GG auch tatsächlich eingehalten wird (...). Die prozeduralen Anforderungen an den Gesetzgeber kompensieren die Schwierigkeit, das verfassungsrechtlich gebotene Besoldungsniveau anhand materieller Kriterien zu bestimmen. (...) Prozedurale Anforderungen in Form von Begründungs-, Überprüfungs- und Beobachtungspflichten gelten sowohl bei der kontinuierlichen Fortschreibung der Besoldungshöhe in Gestalt von regelmäßigen Besoldungsanpassungen als auch bei strukturellen Neuausrichtungen in Gestalt von Systemwechseln.“)[97]

In die gleiche Richtung geht die Rechtsprechung des Zweiten. Senates des Bundesverfassungsgerichts zur Richterbesoldung[98] – und zwar unter kaum verhohlener Ablehnung der obigen Rechtsprechung des Ersten Senats:

> „Die Festlegung der Besoldungshöhe durch den Gesetzgeber ist an die Einhaltung prozeduraler Anforderungen geknüpft (...). Diese Anforderungen treffen ihn insbesondere in Form von Begründungspflichten (...). Der Gesetzgeber ist gehalten, bereits im Gesetzgebungsverfahren die Fortschreibung der Besoldungshöhe zu begründen. Die Ermittlung und Abwägung der berücksichtigten und berücksichtigungsfähigen Bestimmungsfaktoren für den verfassungsrechtlich gebotenen Umfang der Anpassung der Besoldung müssen sich in einer entsprechenden Darlegung und Begründung des Gesetzgebers im Gesetzgebungsverfahren niederschlagen. **Eine bloße Begründbarkeit genügt nicht den verfassungsrechtlichen Anforderungen der Prozeduralisierung.** Der mit der Ausgleichsfunktion der Prozeduralisierung angestrebte Rationalisierungsgewinn kann – auch mit Blick auf die Ermöglichung von Rechtsschutz – effektiv nur erreicht werden, wenn die erforderlichen Sachverhaltsermittlungen vorab erfolgen und dann in der Gesetzesbegründung dokumentiert werden. **Die Prozeduralisierung zielt**

97 BVerfG, Urteil vom 14. Februar 2012, a.a.O., Juris Rn. 163 ff.

98 BVerfG, Urteil vom 05. Mai 2015 – 2 BvL 17/09 –, BVerfGE 139, 64 ff., Juris Rn. 96, 129 f.

auf die Herstellung von Entscheidungen und nicht auf ihre Darstellung, das heißt nachträgliche Begründung.“[99]

Auch in der Landesverfassungsgerichtsbarkeit ist eine nachvollziehbare Behandlung der Frage nach Ergebnis- und/oder Verfahrenskontrolle nicht zu erkennen. Teilweise werden verfahrensmäßige Prüfungen favorisiert – etwa im Kontext der Finanzierung von Privatschulen –[100], teilweise werden statt dessen Evidenzprüfungen durchgeführt (etwa im hier einschlägigen Bereich des kommunalen Finanzausgleiches)[101] – wobei eine einheitliche Dogmatik, wann warum welcher Maßstab gewählt wurde, auch hier nicht zu erkennen ist.

Zur Entscheidung zwischen den beiden Polen „Verfahrens-“ bzw. „Evidenzkontrolle“ erscheint es vor diesem Hintergrund wichtig, sich klarzumachen, welche rechtlichen Vorzüge und Risiken die jeweiligen Ansätze bergen.

Der Ansatz der Verfahrenskontrolle hat den nicht unerheblichen Vorteil, dass es dem Gesetzgeber – im entsprechenden Gesetzgebungsverfahren – vorbehalten bleibt, wie – das heißt insbesondere mit welcher finanzmathematischen Methodik – er den jeweiligen verfassungsrechtlichen Obersatz konkret ausfüllen will, während die Verfassungsgerichtsbarkeit sich insoweit weitgehend zurücknimmt und nur das gesetzgeberische Vorgehen auf Nachvollziehbarkeit und Konsistenz überprüft. Der damit einhergehende Anschein eines „minimalinvasiveren“ Ansatzes (im Sinne eines verfassungsgerichtlichen „judicial restraint“) birgt allerdings auch erheblichen verfassungsrechtlichen Sprengstoff. Nicht zufällig finden sich

---

99 BVerfG, Urteil vom 05. Mai 2015, a.a.O., Juris Rn. 129 f., Hervorhebung durch den Verfasser.

100 VerfGH Sachsen, Urteil vom 15. November 2013 – Vf. 25-II-12 –, SächsVBl. 2014, 83 ff., Juris Rn. 121, 128, 130, 131; ebenso bzgl. der Bezuschussung von Ersatzschulen: VerfGH Thüringen, Urteil vom 21. Mai 2014 – VerfGH 13/11, Juris Rn. 147 f.; StGH Baden-Württemberg, Urteil vom 06. Juli 2015 – 1 VB 130/13 –, DÖV 2015, 802 ff., Juris Rn. 124 f.; die Frage offenlassend VerfG Brandenburg, Urteil vom 12. Dezember 2014 – LVerfG 31/12 –, LKV 2015, 129, Juris Rn. 155 sowie nunmehr auch VerfGH Rheinland-Pfalz, Urteil vom 04. Mai 2016 – VGH N 22/15 –, KommJur 2016, 309 ff., Juris Rn. 88 zum kommunalen Finanzausgleich („(…) *wobei offen bleiben kann, ob und unter welchen Voraussetzungen eine Verletzung* [der vorab definierten verfahrensrechtlichen Mindestanforderungen] *justiziabel wäre*“).

101 VerfG Brandenburg, vom 22. November 2007 – LVerfG 75/05 –, LVerfGE 18, 159 ff., Juris Rn. 177 (Zur Durchführung dieser „Evidenzkontrolle“ zieht das Gericht Kommunalstatistiken heran); VerfGH Bayern, Urteil vom 28. November 2007 – 15-VII 05 –, VerfGHE BY 60, 184 ff., Juris Rn. 202 ff.

vor allem in den einschlägigen rechtswissenschaftlichen Veröffentlichungen in signifikanter Zahl ablehnende Stellungnahmen zu den aus diesem Ansatz resultierenden verfahrensbezogenen gerichtlichen Vorgaben für das „innere Gesetzgebungsverfahren“. Kritisiert werden etwa fehlende dogmatische Unterlegung derartiger Verfahrenspflichten, ein Missverstehen des faktisch weitgehend exekutiv vorbereiteten Gesetzgebungsverfahrens sowie ein grundlegendes Verkennen der politischen Bedingungen der Gesetzgebung, insbesondere der zentralen Bedeutung des politischen Kompromisses. Politische Kompromissfindung laufe verfahrensmäßiger und inhaltlicher Konsistenz notwendigerweise oft zuwider, und sei damit ebenso notwendigerweise Wesensmerkmal der parlamentarischen Entscheidungsfindung. [102]

Dem Ansatz der Ergebniskontrolle, der regelmäßig im Hinblick auf das gesetzgeberische Ermessen die Form einer Evidenzkontrolle annehmen wird, können derartige Vorwürfe nicht gemacht werden. Für ihn spricht also der Grundsatz, dass der innere Gang des Gesetzgebungsprozesses nicht Gegenstand der Einmischung einer anderen Staatsgewalt – hier der Judikative – werden sollte. Aber auch dieser Ansatz ist nicht immer durchführbar. Insbesondere gibt es eben Konstellationen, in denen die zu regelnde Materie derart komplex und vielschichtig ist, dass „evidente“ Ergebnisse schlichtweg nicht erzielbar sind. Je eher eine derartige Sachlage vorliegt, auf desto unsicheres Terrain zwingt dann auch dieser Ansatz die zur Entscheidung gezwungenen Verfassungsgerichte. Exemplarisch kann dies etwa an der oben genannten Entscheidung zur Richterbesoldung gezeigt werden. Hier hat das Bundesverfassungsgericht – wie aufgezeigt – den Weg der Evidenzkontrolle eingeschlagen und musste daher einen Obersatz aufstellen, ab wann die angegriffene Richterbesoldung „evident“ verfassungswidrig sein solle. Das Bundesverfassungsgericht „schuf“ hierzu fünf hochkomplexe Parameter[103] sowie zwei aufeinander aufbauende Prüfungs-

---

102 Vgl. etwa Geiger, S. 131 ff., S. 141; für Prozeduralisierung zur Gewährleistung (administrativer) Rationalität: vgl. Schmidt-Aßmann, in: Hoffmann-Riem et al. 2012, Band II, § 27 Rn. 61;vgl. hierzu jüngst etwa auch: Sanders und Preisner, DÖV 2015, S. 761 ff., 764 f. mit umfangreicher weiterführender Literatur; Roßmüller 2009, 112 ff.

103 Deutliche Differenz zwischen einerseits der Besoldungsentwicklung und andererseits der Entwicklung der Tarifentlohnung im öffentlichen Dienst, des Nominallohnindex sowie des Verbraucherpreisindex, systeminterner Besoldungsvergleich und Quervergleich mit der Besoldung des Bundes und anderer Länder, vgl. im Einzelnen: BVerfG, Urteil vom 05. Mai 2015 – 2 BvL 17/09 –, BVerfGE 139, 64 ff.

stufen. Dabei erschließt es sich allerdings jedenfalls nicht ohne weiteres, weshalb ausgerechnet gerade und nur diese fünf sehr speziellen und detailreich ausgearbeiteten Indikatoren *von Verfassung wegen* nicht nur geboten, sondern sogar „evident“ gewesen sein sollen. Möglicherweise war hier tatsächlich bereits ein Punkt erreicht, an dem sich das Bundesverfassungsgericht einen Gefalle getan hätte, nur eine verfahrensbezogene Prüfung durchzuführen und nur zu prüfen, ob der Gesetzgeber selbst entsprechende, hinreichend nachvollziehbare Erwägungen durchgeführt hatte. Dies hätte es jedenfalls vor dem nicht ganz fernliegenden Vorwurf freier Rechtsschöpfung[104] bewahrt – zeigt aber jedenfalls die Grenzen des Weges der Evidenzprüfung deutlich auf.

Wägt man die vorgenannten Gründe für und gegen den ein oder anderen Ansatz gegeneinander ab, drängt sich m.E. eine flexible, auf die jeweilige Sachmaterie abstimmbare Herangehensweise auf. Als Ausgangspunkt sollte dabei die Kritik an den Risiken einer verfahrensmäßigen Prüfung sehr ernst genommen werden: Von der Möglichkeit der Verfahrenskontrolle sollte entsprechend nur dann Gebrauch gemacht werden, wenn eine ergebnisbezogene Evidenzkontrolle schlichtweg als „nicht durchführbar“ ausscheidet und mithin die verfahrensbezogene Prüfung der *einzige verbleibende* Weg ist. Dies dürfte vor allem dann der Fall sein, wenn die für eine Evidenzprüfung erforderliche Maßstabsbildung völlig offen ist und jeder denkbare Maßstab als „frei gegriffen“ erscheinen muss. Ist umgekehrt eine Evidenzprüfung möglich, da sich die Maßstäbe hinreichend überzeugend aus den einschlägigen Verfassungsnormen ableiten lassen, scheidet eine verfahrensmäßige Prüfung als (dann) vermeidbarer Eingriff in den inneren Gesetzgebungsprozess aus. Nach hier vorgeschlagener Lesart sind die beiden denkbaren Wege der Überprüfung der gesetzgeberischen Entscheidung damit als in einem Rangverhältnis stehend zu lesen: Nur wenn sich eine Evidenzkontrolle in dem jeweils maßgeblichen Kontext als undurchführbar erweist, kann ausnahmsweise auf eine verfahrensmäßige Kontrolle zurückgegriffen werden – wobei an die Darlegung der Unmöglichkeit einer Ergebniskontrolle gesteigerte Anforderungen zu stellen sind.

104 Vgl. bspw. Lindner 05.05.2015: „*Man mag für das Bemühen des Gerichts um Konkretisierung der Maßstäbe (…) Verständnis haben und für seine komplexen Erwägungen Anerkennung finden. Die Detailgenauigkeit der Vorgaben ist dennoch irritierend – und Wasser auf die Mühlen einer wachsenden Zahl von Kritikern, die dem Bundesverfassungsgericht vorwerfen, sich als Ersatzgesetzgeber zu gerieren (…). Die heute ergangene Entscheidung des Gerichts dürfte der neue Höhepunkt einer Rechtsprechung sein, die sich als Rechtsschöpfung und Rechtsgestaltung versteht.*“.

b) Gewährleistungsinhalt im vertikalen Finanzausgleich

Für den weiteren Gang der Untersuchung besteht nach dem oben Gesagten damit insoweit gesicherter Grund, als dass der Gewährleistungsgehalt des Art. 28 Abs. 2 GG zumindest der Zielrichtung nach klar ist: Den Kommunen muss jedenfalls soviel finanzieller Bewegungsspielraum verbleiben, dass sie neben den ohnehin pflichtigen Aufgaben auch noch ein Mindestmaß an freiwilligen Selbstverwaltungsaufgaben wahrnehmen können (siehe oben S. 41 ff.). Auch bezüglich der Maßstäbe steht ein Instrumentarium bereit. Hierauf aufbauend kann nunmehr untersucht werden, was damit konkret verfassungsrechtlich gefordert ist – hier im ersten Schritt für die Normen des vertikalen Finanzausgleiches.

aa) Anwendbarkeit von Art. 28 Abs. 2 GG auf Bestimmungen des vertikalen Finanzausgleiches

Im Hinblick auf den vertikalen Finanzausgleich darf die Frage nach der Anwendbarkeit von Art. 28 Abs. 2 GG als geklärt und unstreitig behandelt werden. Sowohl die Rechtswissenschaft als auch die Rechtsprechung aller mit Fragen des kommunalen Finanzausgleiches befassten Landesverfassungsgerichte billigen Art. 28 Abs. 2 GG (bzw. den einschlägigen landesverfassungsrechtlichen Mindestfinanzausstattungsbestimmungen) zu, dass diese auf die Dotierung des vertikalen Finanzausgleiches Anwendung finden. Es ist also – mit anderen Worten – einheitliche Ansicht, dass aus Art. 28 Abs. 2 GG folgt, dass der vertikale Finanzausgleich, mithin die Finanzausgleichsmasse insgesamt, von Verfassungs wegen so auskömmlich ausgestaltet sein muss, dass die Mindestausstattung der Kommunen insgesamt gewährleistet ist.[105]

bb) Ergebnis- oder Verfahrenskontrolle?

Steht damit fest, dass die einschlägigen Bestimmungen des *vertikalen* Finanzausgleiches im jeweiligen Finanzausgleichsgesetz den Anforderungen

105 Vgl. etwa exemplarisch: VerfGH Nordrhein-Westfalen, Urteil vom 06. Mai 2014 – VerfGH 14/11 –, DÖV 2014, 758 ff., Juris Rn. 46 ff., vgl. im Übrigen die unten in den Fußnoten 183 und 184 zitierten Entscheidungen mit insoweit stets gleichem Ergebnis.

des Art. 28 Abs. 2 GG genügen müssen, ist nunmehr die oben allgemein erörterte Frage zu beantworten, wie eine derartige verfassungsrechtliche Überprüfung auszugestalten ist. Adressiert ist mithin die Frage nach ergebnis- oder verfahrensbezogener Kontrolle.

Entsprechend der oben ermittelten Grundsätze spricht hier alles für den verfahrensrechtlichen Ansatz. Denn im Hinblick auf die hier vorliegende Materie dürfte sich die Alternative – nämlich eine Evidenzkontrolle – bei näherer Untersuchung wegen methodischer Undurchführbarkeit verbieten, da im Bereich der kommunalen Mindestausstattung eben gerade der Fall gegeben ist, dass die für eine Evidenzprüfung erforderliche Maßstabsbildung völlig offen ist und jeder denkbare Maßstab als „frei gegriffen" erscheinen muss. Wie auch bei der Justiziabilität des Anspruches auf „angemessene Ausstattung" bedarf es auch bei der konkreten Bemessung der Mindestausstattung einer ganzer Reihe wertender Entscheidungen, bezüglich derer es keine „evident" richtig oder falschen Antworten gibt, und bezüglich derer dem Gesetzgeber daher ein Abwägungs- und Einschätzungsspielraum zukommen muss.[106] Die sich stellenden Fragestellungen auf dem Weg zur Bestimmung des kommunalen „Existenzminimums" sind hochkomplex und bedürfen einer ganzen Reihe von Vorentscheidungen. Überzeugend führen hierzu etwa der thüringische bzw. bayerische Verfassungsgerichtshof aus:

> „(…) Würde die verfassungsgerichtliche Rechtsprechung versuchen, die gebotene finanzielle Ausstattung der kommunalen Gebietskörperschaften (…) genau zu bemessen und festzulegen, müsste sie verbindliche Aussagen treffen, etwa zur Entwicklung von Steuereinnahmen und Personalausgaben, zum Mindestbestand freiwilliger Selbstverwaltungsaufgaben, zur Erhöhung von Hebesätzen und Umlagen, zur Kreditaufnahme und Verschuldung öffentlicher Haushalte, zu ungenutzten Einsparpotentialen (…), zu Investitionen und praktisch zu allen Politikbereichen. Damit würden nicht bloß in tatsächlicher Hinsicht die Ermittlungs- und Erkenntnismöglichkeiten der Verfassungsgerichtsbarkeit überfordert. Die weitgehend von Wertungen und Prognosen abhängige Beantwortung dieser Fragen würde auch die Grenze verfassungsrechtlicher Kontrolle überschreiten, welche den aus dem Demokratieprinzip und dem Gewaltenteilungsgrundsatz folgenden

---

106 So auch VerfG Brandenburg, vom 22. November 2007 – LVerfG 75/05 –, LVerfGE 18, 159 ff., Juris Rn. 117; LVerfG Mecklenburg-Vorpommern, Urteil vom 11. Mai 2006 – LVerfG 1/05 –, LVerfGE 17, 297 ff., Juris Rn. 105 ff. mit Anmerkung Röhl, LKV 2007, S. 157 ff., S. 160.

> Vorrang des Gesetzgebers bei der Konkretisierung verfassungsrechtlicher Vorgaben und dessen Einschätzungsprärogative bei prognostischen Urteilen zu achten hat (...).“[107]
> „Wegen der hier bestehenden vielfältigen Interdependenzen, wegen der Komplexität der erforderlichen Einschätzungen (Entwicklung der von einer Vielzahl von Faktoren abhängigen Einnahmen und Ausgaben) sowie wegen des Fehlens allgemeingültiger Maßstäbe ist es ausgeschlossen, z. B. die Höhe der einer Vielzahl von Gemeinden und Gemeindeverbänden zur Verfügung zu stellenden Finanzmittel nach objektiven Gesichtspunkten nachrechenbar quotenmäßig oder gar exakt zu ermitteln (...). Die finanzielle Situation der Kommunen ist weitgehend abhängig von autonom zu treffenden Entscheidungen des Gesetzgebers und der kommunalen Selbstverwaltungsgremien. Eine von außen durch den Verfassungsgerichtshof bestimmte Festlegung der in einer konkreten Situation für die verfassungsrechtlich gebotene finanzielle Ausstattung der Gemeinden und Gemeindeverbände erforderlichen Mittel würde ihrerseits einen Eingriff in die Selbstverwaltung der Kommunen und in den weiten Gestaltungsspielraum des Gesetzgebers bewirken. Denn dann müsste der Verfassungsgerichtshof Festlegungen zu politischen Fragen und ermessensgeprägten Entscheidungen treffen, wie z. B. zur Höhe von Umlagen, zu den Hebesätzen bei Realsteuern, zur Erschließung weiterer Finanzquellen und zu möglichen Einsparpotentialen. Dies wäre weder mit dem Selbstverwaltungsrecht (Art. 10 Abs. 1, Art. 11 Abs. 2 Satz 2 BV) noch mit dem Demokratieprinzip (Art. 2 BV) vereinbar.[108]

Es ist insoweit völlig offen, wie bei einer derartigen Ausgangslage eine Evidenzprüfung aussehen, und welche Parameter sie heranziehen könnte.

Entsprechend bleiben auch jene Landesverfassungsgerichte, die dennoch eine Evidenzprüfung für möglich halten, regelmäßig die Antwort auf die naheliegende Frage schuldig, wie eine solche konkret ausgestaltet sein soll – und flüchten sich stattdessen in apodiktische Feststellungen ohne Begründung

> („Unter den derzeitigen Gegebenheiten kann die Ausübung des Ermessens lediglich dahingehend überprüft werden, ob das Ergebnis des

107 VerfGH Thüringen, Urteil vom 21. Juni 2005 – VerfGH 28/03 –, LVerfGE 16, 593 ff., Juris Rn. 155 ff.

108 VerfGH Bayern, Urteil vom 28. November 2007 – 15-VII 05 –, VerfGHE BY 60, 184 ff., Juris Rn. 210 ff.

Finanzausgleichs in evidenter Weise den Anforderungen der Selbstverwaltungsgarantie widerspricht. Dies lässt sich vorliegend jedoch nicht feststellen.“)[109]

oder lassen die Beantwortung letztlich offen, indem sie die Beantwortung des Maßstabes letztlich prozedural den jeweiligen Antragstellern zuschieben, um sodann zu erklären, das jeweilige Vorbringen genüge jedenfalls nicht – ohne allerdings zu präzisieren, auf welche Evidenzparameter sich die Antragsteller stattdessen hätten stützen sollen.[110]

Gegen die ergebnisorientierte Evidenzlösung spricht damit durchgreifend, dass diese letztlich nicht umhinkommen kann, Maßstäbe auszubilden und damit letztlich aus der Fülle der denkbaren Ansätze mehr oder weniger frei gegriffene methodische Erwägungen an die Stelle des Gesetzgebers setzen muss. Hiergegen hilft insbesondere auch der Ansatz des Verfassungsgerichts Brandenburg nicht. Durch die Verschiebung der Problematik in die Darlegungslast der Antragsteller lässt sich allenfalls Zeit gewinnen, letztlich wird das Gericht aber – schon aus Gründen der prozeduralen Fairness – nicht umhin können, festzulegen, auf welche Methodik es denn nun im Rahmen der Evidenzprüfung ankommen soll. Diese Problematik ergibt sich bei einer nur verfahrensmäßigen Kontrolle nicht, die es dem Gesetzgeber überlässt, aus den denkbaren Parametern und Kennzahlen solche auszuwählen, die zur Festlegung des Mindestbedarfes tauglich sind, und sich hieran aufbauend auf eine Vertretbarkeitsprüfung beschränkt.

In diese verfahrensbezogene Vertretbarkeitsprüfung können im Übrigen auch die Aspekte einfließen, die ansonsten unter der Überschrift von Evidenzerwägungen angestellt werden könnten. Denn es ist kaum anzunehmen, dass Überlegungen, die geeignet sind, zu dem Verdikt der „evidenten“ Unterschreitung der Mindestausstattung zu führen, in einer Vertretbarkeitsprüfung völlig außer Acht gelassen werden können. Naturgemäß müssen auf der Hand liegende Gesichtspunkte, die eine Unterausstattung nahelegen, auch bereits im Gesetzgebungsverfahren erörtert und beachtet werden.

Der Weg der verfahrensmäßigen Vertretbarkeitsprüfung erweist sich insoweit als zugleich dogmatisch fundierter und hinsichtlich der denkbaren Problematiken umfassender ausgestaltet.

---

109 VerfGH Bayern, Urteil vom 28. November 2007, a.a.O., Juris Rn. 212.

110 So etwa VerfG Brandenburg, vom 22. November 2007 – LVerfG 75/05 –, LVerfGE 18, 159 ff., Juris Rn. 117.

cc) Prozedurale Anforderungen an den Gesetzgeber

Soweit mit den obigen Erwägungen eine Überprüfung nicht der Gesetzgebungsergebnisses, sondern des Gesetzgebungsverfahrens durchzuführen ist, ist eine Festlegung erforderlich, welche (wie weitgehende) Vorgaben hierbei aus den entsprechenden Bestimmungen abzuleiten und damit dem Gesetzgeber aufzuerlegen sind.

(1) Anforderungen an das Verfahren selbst

Ausgangspunkt der Überlegungen zu der Frage, welche Mindestanforderungen an den gesetzgeberischen Ausgestaltungsprozess zu stellen sind, ist die oben ausgeführte Auslegung, dass Mindestausstattung bedeutet, dass den Kommunen jedenfalls so viel finanzieller Bewegungsspielraum verbleiben muss, dass sie neben den ohnehin pflichtigen Aufgaben auch noch ein Mindestmaß an freiwilligen Selbstverwaltungsaufgaben wahrnehmen können.

(a) Parameter und Vertretbarkeitsprüfung

Hieraus ergibt sich als verfahrensbezogene Mindestanforderung zwingend, dass vom Gesetzgeber bei der Ausgestaltung der hierzu erlassenden Bestimmungen zu verlangen ist, dass
- er den zur Erledigung der *pflichtigen* Aufgabenlast erforderlichen (Mindest-) Finanzbedarf ermittelt,
- definiert, welches Mindestmaß an *freiwilligen Selbstverwaltungsaufgaben* seines Erachtens nach den Kommunen über die pflichtigen Aufgaben hinausgehend mindestens verbleiben muss[111] und
- festlegt, welchen Finanzbedarf er den Kommunen für letzteres zubilligt

(wobei es zulässig sein dürfte, die beiden letzten Schritte dahingehend zusammenzufassen, für die freiwilligen Selbstverwaltungsaufgaben einen an-

111 In der rechtswissenschaftlichen Diskussion wird hier oft auf eine untere Grenze von fünf bis zehn % der insgesamt verfügbaren Mittel als sog. „freie Spitze“ für die freiwilligen Selbstverwaltungsaufgaben rekurriert, wobei zudem streitig ist, welcher Betrachtungszeitraum hierfür maßgeblich sein soll, vgl. zu allem etwa Brüning et al., NordÖR 2016, S. 477 ff., S. 481.

gemessenen zusätzlichen Betrag vorzusehen, der z. B. mit einem Prozentsatz der Ausgaben für die Pflichtaufgaben bemessen werden könnte)"[112].

Entsprechend den obigen Grundsätzen kann es im Übrigen nur bei der abstrakten Forderung verbleiben, dass der in diesem Rahmen jeweils gewählte Ansatz zur Ermittlung der obigen Parameter vertretbar sein muss. „Vertretbar" bedeutet im Anschluss an die oben wiedergegebenen, insoweit ohne weiteres übertragbaren Rechtsprechungslinien (siehe oben S. 53 ff.), dass

- zur weiteren Ausarbeitung ein im Grundsatz taugliches Verfahren gewählt wurde,
- dass die im Rahmen dieses Verfahrens erforderlichen Tatsachen im Wesentlichen vollständig und zutreffend ermittelt wurden und
- dass sich der Gesetzgeber in allen ggf. erforderlichen Berechnungsschritten innerhalb dieses gewählten Verfahrens und dessen Strukturprinzipien bewegt hat.

In Rechtsprechung, Wissenschaft und Praxis wurden insoweit für die unterschiedlichen Verfassungsräume der Länder verschiedene Verfahren vorgeschlagen und erörtert. Diese unterscheiden sich insbesondere hinsichtlich des Detailgrades der notwendigen Erhebungen teilweise erheblich. So sind beispielsweise Erhebungsmodelle entwickelt worden, die die Frage des zumindest erforderlichen Betrages zur auskömmlichen Finanzierung der Kommunen rein anhand der vergangenen landesweiten Kommunalstatistiken insb. zu Schuldenstand und Finanzierungssaldo erheben.[113] Detailschärfer sind Ansätze, die die verschiedenen konkreten Ausgaben – auch hier allerdings erhoben über die Kommunalstatistiken – in den Blick nehmen und sodann in einem Korridorverfahren die notwendigen Ausgaben ermitteln.[114] Am Detailschärfsten sind Modelle, die konkret für jede (bzw. einen Großteil der) kommunalen Aufgaben die objektiv nach Aufwand (Personal- und Sachkosten) erforderlichen Kosten ermittelt.[115]

Alle vorgenannten Modelle – sowie die naturgemäß vorstellbaren Zwischenformen – haben Stärken und Schwächen. Die am wenigsten detail-

112 So: StGH Hessen, Urteil vom 21. Mai 2013 – P.St. 2361 –, NVwZ 2013, 1151, Juris Rn. 116 ff.

113 Vgl. etwa Buttner et al., Analyse und Weiterentwicklung des Kommunalen Finanzausgleichs in Nordrhein-Westfalen, 2008, S. 16 ff.

114 PWC, Gutachten zur Prüfung der vertikalen Bedarfsermittlung des neuen Kommunalen Finanzausgleichs 2016 in Hessen, 2014, S. 15 ff.

115 Sog. Standardkostenmodell, vgl. hierzu ausführlich: Färber et al., Reform des kommunalen Finanzausgleichs in Thüringen: (Speyerer Forschungsberichte), 2012.

scharfen und sich auf landesweite Kommunalstatistiken stützenden Ansätze haben den Vorteil relativ unproblematischer, schneller und damit auch kostengünstiger Umsetzung auf ihrer Seite, bergen jedoch die Gefahr, tatsächliches Ausgabeverhalten – welches aus einer Vielzahl von Gründen nicht angemessen sein kann – mit dem erforderlichen Mindestbedarf zu verwechseln. Die auf der anderen Seite der Skala vorzufindenden, sehr detailscharfen Modelle hingegen sind nur mit erheblichem Aufwand zu implementieren (und wurden aus diesem Grunde bisher jedenfalls in Deutschland bis dato auch noch nicht eingesetzt).

Entsprechend der obigen Feststellungen zu dem gesetzgeberischen Ausgestaltungsspielraum ist vor diesem Hintergrund höchste Vorsicht angebracht, die entsprechenden Verfassungsnormen mit weitergehenden methodischen Vorgaben „aufzuladen". Tatsächlich bestehen in der Finanzwissenschaft – wie dargelegt – höchst unterschiedliche Ansätze, auf welchem methodischen Weg die erforderlichen Ermittlungen durchgeführt werden können – ohne dass es einem Ansatz bisher gelungen wäre, sich durchzusetzen. Es besteht regelmäßig kein Anlass zu der Vermutung, die jeweiligen Verfassungen hätten hier eine Entscheidung für oder gegen die ein oder andere Methode getroffen.[116]

(b) Bedarfsorientierung als Grenze der Vertretbarkeit?

Aus dem Vorstehenden folgt, dass weitere Aussagen zu den denkbaren Erhebungsmodellen ohne konkrete Anwendungsfälle kaum möglich sind. Hiervon gibt es jedoch eine äußerst praxisrelevante Ausnahme. Aus der empirischen Erfahrung der letzten Jahrzehnte ist zu erkennen, dass die Bundesländer dazu neigen, es im Rahmen ihrer Erhebungen zum kommunalen Finanz*bedarf* bei der Analyse verschiedener bereits vorliegender finanzwissenschaftlicher Statistiken zu belassen.[117] Diese Herangehensweise ist weit verbreitet, so dass es sich lohnt, jedenfalls diese allgemein auf Vertretbarkeit hin zu untersuchen.

Die Problematik der vorgenannten Methodik der Datenerhebung beruht darin, dass die herangezogenen Statistiken ausschließlich auf dem tat-

116 So exemplarisch in stetiger Rechtsprechung: VerfGH Nordrhein-Westfalen, Urteil vom 06. Mai 2014 – VerfGH 14/11 –, DÖV 2014, 758 ff., Juris Rn. 59 ff.; vgl. auch VerfGH Rheinland-Pfalz, Urteil vom 14. Februar 2012 – VGH N 3/11 –, AS RP-SL 41, 29 ff., Juris Rn. 26.

117 Vgl. etwa Rauber, KStZ 2012, S. 201 ff., S. 203 f.

sächlichen *Ausgabeverhalten* der Kommunen bzw. des Landes und nicht auf irgendwie gearteten Erhebungen des tatsächlichen *Bedarfs* beruhen. Werden diese Statistiken zur Erhebung des Mindest*bedarfs* herangezogen, wird damit von *ausgabenbezogenen* Statistiken auf tatsächliche *Bedarfe* geschlossen. Dies ist mehr als fragwürdig, und zwar – wie das Schleswig-Holsteinische Landesverfassungsgericht (bezogen auf Fragen der angemessenen Finanzausstattung) zuletzt deutlich festgestellt hat – in mehrfacher Hinsicht:

> „Erstens können auf dieser Datenbasis chronische Unterfinanzierungen bestimmter Bereiche aus dem Blick geraten. Exemplarisch genannt sei die Möglichkeit, dass zur angemessenen Aufgabenerfüllung an sich erforderliche Personalausgaben aufgrund unbesetzter Stellen gar nicht (mehr) anfallen und entsprechend nicht als Bedarfe in Erscheinung treten. Gleiches gilt, wenn Aufgaben aufgrund nicht vorhandener Mittel nur noch unzureichend oder gar nicht mehr wahrgenommen werden können.
>
> Zweitens können durch eine so geartete Herangehensweise unwirtschaftliche Mehrausgaben faktisch als „Bedarf" anerkannt werden, obwohl die entsprechenden Ausgaben (oft historisch gewachsene) Resultate unwirtschaftlicher Haushaltsführung und nicht tatsächlicher Bedarfe sind. Nicht zuletzt die Berichte des Landesrechnungshofs Schleswig-Holstein zeigen, dass bei einer reinen Betrachtung des Ausgabeverhaltens jedenfalls das Risiko besteht, mit Daten zu operieren, die mit der Ausgangsfrage nach echten Bedarfen nicht zwingend verbunden sind.
>
> Drittens können Situationen nicht erkannt werden, in denen sich eine Ebene bei der Erfüllung einer Aufgabe ein wesentlich höheres qualitatives Niveau erlaubt als die andere Ebene für dieselbe Aufgabe oder vergleichbare Bereiche; für beide erscheinen die faktischen Ausgaben als nicht reflektierter, feststehender „Bedarf" in der Statistik."[118]

Vertretbar könnte diese fragwürdige Methodik vor diesem Hintergrund nur dann sein, wenn schlicht praktikable Alternativen zur Erhebung der nötigen Daten fehlten.[119] Dies ist allerdings nicht der Fall, wie schon der Blick in die Bundesländer zeigt, in denen nach entsprechenden Vorgaben

---

118 LVerfG Schleswig-Holstein, Urteil vom 27. Januar 2017 – LVerfG 4/15 –, NordÖR 2017, 166 ff., Juris Rn. 105.

119 So wohl noch: Maas 2004, S. 141 ff.; kritisch auch: Volkmann, DÖV 2001, S. 497 ff., 500 ff.

der Landesverfassungsgerichtsbarkeit komplexe Verfahren zur Bedarfs-, Aufgaben- und Kostenanalyse eingeführt wurden.[120] Zudem kann man sich zwischenzeitlich auch das erworbene Knowhow aus den Kostenanalysen zu Nutze machen, die im Zuge der landesrechtlichen Konnexitätsbestimmungen ohnehin inzwischen gängig geworden sind.[121]

Im Ergebnis sind daher im Gesetzgebungsverfahren angewandte Methodiken, die auf der völlig unkritischen Übernahme ausgabenbasierter Kommunalstatistiken beruhen, als für den Zweck der Bedarfserhebung unvertretbar abzulehnen. Zu Recht verlangen in diesem Sinne auch eine Reihe von Landesverfassungsgerichten eine „möglichst realitätsnahe"[122] Erfassung des „durch die *Aufgaben*belastung und Finanzkraft vorbezeichneten Bedarfs"[123] der Kommunen.[124]

Vorsicht ist allerdings geboten, aus diesem verfassungsrechtlich fundierten Verdikt der Unvertretbarkeit rein ausgabenbasierter Methodiken weitergehende Folgerungen zu ziehen. Insbesondere erscheint fragwürdig, es nicht bei der Grenzziehung zur Unvertretbarkeit zu belassen, sondern positiv zu definieren, welche Methodik zu wählen ist, namentlich durch das Einfordern sog. „strukturierter" oder „typisierender" Bedarfsanalysen, also wissenschaftlich gestützter Berechnungsmodelle, mit dem die der kommunalen Ebene für die Aufgabenerfüllung entstehenden Kosten erhoben wer-

---

120 So explizit auch: StGH Hessen, Urteil vom 21. Mai 2013 – P.St. 2361 –, NVwZ 2013, 1151, Juris Rn. 116 ff.

121 LVerfG Schleswig-Holstein, Urteil vom 27. Januar 2017 – LVerfG 4/15 –, NordÖR 2017, 166 ff., Juris Rn. 112 unter Verweis auf Boettcher, DÖV 2013, S. 460 ff., S. 463: *„Eine sachlich begründete und politisch willkürfreie Abschätzung des kommunalen Ausgabenbedarfes ist methodisch durchaus möglich"*. Vgl. zur Umsetzung entsprechender Vorgaben des Staatsgerichtshofes Hessen: Duve und Neumeister, DÖV 2016, S. 848 ff.; ebenfalls die Umsetzbarkeit bejahend: Wollny, ZKF 2017, S. 224 ff., S. 229.

122 VerfG Brandenburg, vom 22. November 2007 – LVerfG 75/05 –, LVerfGE 18, 159 ff., Juris Rn. 125; ebenso: VerfGH Bayern, Urteil vom 28. November 2007 – 15-VII 05 –, VerfGHE BY 60, 184 ff., Juris Rn. 217.

123 StGH Hessen, Urteil vom 21. Mai 2013, a.a.O., Juris Rn. 116 ff.

124 VerfGH Thüringen, Urteil vom 02. November 2011 – VerfGH 13/10 –, ThürVBl 2012, 55 ff., Rn. 85; VerfGH Sachsen, Urteil vom 26. August 2010 – 129-VIII-09 –, Juris Rn. 114; LVerfG Mecklenburg-Vorpommern, Urteil vom 11. Mai 2006 – LVerfG 1/05 –, LVerfGE 17, 297 ff., Juris Rn. 149; so wohl auch StGH Baden-Württemberg, Urteil vom 10. Mai 1999 – VerfGH 2/97 –, LVerfGE 10, 5 ff., Juris Rn. 98; Zustimmend hierzu: Schmitt, DÖV 2013, S. 452 ff., S. 459.

den können.[125] Denn zum einen verlässt eine derartige „überschießende" Linie den oben definierten verfassungsrechtlichen Boden der gesetzgeberischen Methodenfreiheit: die in den inneren Bereich der gesetzgebenden Gewalt eingreifende Verfassungsgerichtsbarkeit ist streng beschränkt auf die erforderliche Vertretbarkeitskontrolle – nicht hingegen befugt zur Definition des „richtigen" Weges. Zudem sind auch fundierte Bedarfsanalysen nicht unanfechtbar – und damit ihre Durchführung als „einzig richtiger Weg" quasi verpflichtend. Offenkundig ist insbesondere, dass eine Ermittlung der tatsächlichen Bedarfe nicht bis in die letzten Verästelungen der äußerst vielgestaltigen kommunal- bzw. Landesverwaltung möglich ist. Auch hier sind Pauschalisierungen und Schätzungen nötig, die wieder Probleme aufwerfen können.

Vor diesem Hintergrund ist die Methodenfreiheit des Gesetzgebers jenseits der oben gezogene Unvertretbarkeitsgrenze besonders zu betonen. Wie der Gesetzgeber den kommunalen Bedarf erhebt, ist ihm überlassen. Er kann dies durch strukturierte Bedarfserhebungen ebenso tun wie auf anderem, ggf. auch neuartigem Wege. Es dürfte ihm sogar freistehen, sich mit der Auswertung der verfügbaren ausgabenbasierten Statistiken zu begnügen – solange er zur Wahrung der Vertretbarkeitsgrenze geeignete Erwägungen anstellt, wie er die sich ergebenden Nachteile (siehe oben) so adressiert, dass ein im Ergebnis vertretbarer Gesamtansatz hergestellt wird. Überzeugend zur Zulässigkeit auch dieses – ohne Bedarfsanalyse auskommenden Weges – führt das Landesverfassungsgericht Schleswig-Holstein aus:

> „Je mehr sich der Gesetzgeber in der Wahl seiner Methodik auf abstrakte Kennzahlen und Statistiken, welche auf dem reinen Ausgabeverhalten beruhen, stützen will, desto intensiver muss er sich jeweils die hiermit verbundenen Nachteile und Risiken des gewählten Ansatzes verdeutlichen und erkennbare Schritte unternehmen, um diese auf ein vertretbares Maß abzumildern. Will sich der Gesetzgeber maßgeblich auf solche statistischen Angaben beziehen, so muss sich aus der durchgeführten Gesamtanalyse ergeben, dass er sich im Rahmen des Möglichen bemüht hat, den Schritt von der unkritischen Betrachtung

125 So aber: VerfGH Thüringen, Urteil vom 02. November 2011 – VerfGH 13/10 –, ThürVBl 2012, 55 ff., Juris Rn. 85; ebenfalls eine „typisierende Bedarfsanalyse" fordern: StGH Niedersachsen, Urteil vom 07. März 2008 – StGH 02/05 –, Nds MBl, Juris Rn. 69; VGH VerfGH Sachsen, Urteil vom 26. August 2010 – 129-VIII-09 –, Juris Rn. 114; zur Beschreibung, wie eine derartige Bedarfsanalyse praktisch ausgestaltet sein kann vgl. Wohltmann, ZG 2011, S. 377 ff., S. 379.

> rein ausgabenbezogenen Datenmaterials zu einer gewichteten und bewerteten Analyse echter Bedarfe zu vollziehen.
> (...) Die Verpflichtung zu ergänzenden Erhebungen bezieht sich allerdings nur auf Umstände, die durch die an sich zulässigerweise gewählte Herangehensweise eindeutig übergangen oder verkannt zu werden drohen. Maßgeblich für die Frage, ob ergänzender Ermittlungsbedarf besteht, ist, dass die gewählte Herangehensweise objektiv methodenbedingte Schwächen aufweist und dass diese Schwächen erheblichen Einfluss auf die Bildung der Gesamtmasse haben können. Besonderer Betrachtung bedürfen damit insbesondere offenkundige oder allgemein bekannte Defizite der jeweiligen Methodik. Ebenso kann sich aus Stellungnahmen einzelner Beteiligter im Zuge des Gesetzgebungsverfahrens Bedarf für weitere Erhebungen ergeben, vorausgesetzt, durch diese wird eine objektive Schwäche der vom Gesetzgeber gewählten Herangehensweise substantiiert belegt."[126]

(2) Transparenzgebot

Die vorgenannten Verfahrensanforderungen sind im Übrigen weiter um ein sog. „Transparenzgebot" zu ergänzen. In der Rechtsprechung der anderen hiermit befassten Landesverfassungsgerichte ist mit diesem Begriff die – naheliegende – Überlegung bezeichnet, dass die obigen gesetzgeberischen Verfahrensschritte nicht nur tatsächlich stattgefunden haben, sondern auch in den Gesetzesmaterialien Niederschlag gefunden haben müssen. Denn erst durch letzteres werden Kommunen und Gericht überhaupt in die Lage versetzt, die Wahrung der verfassungsrechtlichen Vorgaben zu überprüfen:

> „Die wesentlichen Ergebnisse seiner Ermittlungen und seine hierauf fußenden Erwägungen hat der Gesetzgeber durch Aufnahme in die Gesetzesmaterialien transparent zu machen. Nur so werden die Entscheidungen des Finanzausgleichsgesetzgebers für die Kommunen nachvollziehbar. Dies trägt zur Akzeptanz bei und vermittelt den Kommunen eine gewisse Rechts- und Planungssicherheit. Außerdem wäre ohne eine Begründung – angesichts des Gestaltungsspielraums

126 LVerfG Schleswig-Holstein, Urteil vom 27. Januar 2017 – LVerfG 4/15 –, NordÖR 2017, 166 ff., Juris Rn. 103 und 108. Das Gericht bezeichnet diesen Ansatz als „bedarfsorientierte" Methodik.

des Gesetzgebers – die verfassungsgerichtliche Überprüfung des kommunalen Finanzausgleichs deutlich erschwert (...).)“[127]

c) Gewährleistungsinhalt im horizontalen Finanzausgleich

Analog zum Vorgehen bezogen auf die Normen des vertikalen Finanzausgleiches ist zu prüfen, welcher konkrete Aussagegehalt der festgestellten kommunalen Mindestausstattungsgarantie aus Art. 28 Abs. 2 GG in Bezug auf den horizontalen Finanzausgleich zukommt.

aa) Anwendbarkeit von Art. 28 Abs. 2 GG auf den horizontalen Finanzausgleich

Weit weniger einheitlich als beim vertikalen Finanzausgleich wird die Frage beantwortet, ob Art. 28 Abs. 2 GG (bzw. die entsprechenden landesverfassungsrechtlichen Regelungen) auch auf Normen des horizontalen Finanzausgleiches Anwendung finden und insbesondere, ob sie bis „hinab“ zu den einzelnen Kommunen Beachtung erfordern.

(1) Das teleologische Argument als Ausgangspunkt

Zur näheren Untersuchung dieser Frage bietet es sich an, insoweit nochmals auf die Gründe zu rekurrieren, die überhaupt zur Annahme einer Mindestausstattungsgarantie aus Art. 28 Abs. 2 GG führten. Das ausschlaggebende (teleologische) Argument war, dass nur so verhindert werden kann, dass das Selbstverwaltungsrecht der Kommunen infolge finanziellen Ausblutens und damit einhergehenden Wegfalls jeder sinnvollen selbständigen Betätigung ausgehöhlt wird.[128] Ihrem ureigenen Wesen nach realisiert sich die damit von Art. 28 Abs. 2 GG geschützte kommunale Selbstverwaltung aber „vor Ort“, im konkreten Leben der einzelnen Kommunen. Das Selbstverwaltungsrecht bewährt sich in den konkreten Kommu-

---

127 VerfGH Rheinland-Pfalz, Urteil vom 14. Februar 2012 – VGH N 3/11 –, AS RP-SL 41, 29 ff., Juris Rn. 38; ebenso: StGH Hessen, Urteil vom 21. Mai 2013 – P.St. 2361 –, NVwZ 2013, 1151, Juris Rn. 116 ff.; VerfGH Thüringen, Urteil vom 02. November 2011 – VerfGH 13/10 –, ThürVBl 2012, 55 ff., Juris Rn. 85.

128 Vgl. oben S. 41 ff.

nen, in der Reaktion auf und den Umgang mit denjenigen Bedürfnissen, *„die in der örtlichen Gemeinschaft wurzeln oder auf sie einen spezifischen Bezug haben“*.[129] Gerade die Ortsbezogenheit ist damit Wesensmerkmal beziehungsweise – hier einmal wirklich – „Kern“ des verfassungsrechtlich verbürgten Selbstverwaltungsgedankens. Eine kommunale Selbstverwaltung nur „als solche“ bzw. nur als Kollektiverscheinung gibt es nicht. Die kommunale Selbstverwaltung ist vor Ort – oder sie ist gar nicht. Für alle anderen Aspekte des Art. 28 Abs. 2 GG ist daher aus gutem Grunde – und ohne dass dies überhaupt hinterfragt würde – anerkannt, dass sie objektiv-rechtlich (sowie subjektiv-rechtlich, siehe dazu sogleich S. 94 ff.) Geltung *auch für jede einzelne Kommune beanspruchen*.[130] Nichts anderes folgt auch aus der Judikatur des Bundesverfassungsgerichts zur Rechtssubjektsgarantie, die nur institutionell – nicht aber individuell – garantiert sein soll.[131] Denn hierdurch soll lediglich ausgesagt sein, dass Art. 28 Abs. 2 GG Gebietsreformen nicht per se entgegensteht. Soweit eine Gemeinde aber (fort-) besteht, genießt sie auch individuell die ihr durch Art. 28 Abs. 2 GG zuerkannten Rechte.

Vor diesem Hintergrund bedürfte es auch hinsichtlich der hier diskutierten Frage der Anwendbarkeit der Mindestausstattungsgarantie des Art. 28 Abs. 2 GG bis hinab zur einfachen Gemeinde sehr guter Gründe, weshalb ausgerechnet dieser – gegen Aushöhlung des Selbstverwaltungsrechts gerichtete – Rechtssatz nur kollektive, nicht aber Geltung auch für jede einzelne Kommune beanspruchen soll.

(2) Argumente gegen die Anwendbarkeit im Einzelfall

Derartige Gründe sind nicht zu finden.

---

129 I.d.S. auch bereits: BVerfG, Beschluss vom 12. Juli 1960 – 2 BvR 373/60 –, BVerfGE 11, 266 ff., Juris Rn. 34; Mehde, in: Maunz/Düring, GG, 80. A. 2018, Art. 28 II Rn. 51 m.w.N.

130 Jarass/Pieroth, GG-Kommentar, 15. A. 2018, Art. 28 Rn. 20; Ehlers, DVBl 2000, S. 1301 ff., S. 1305.

131 BVerfG, Beschluss vom 12. Mai 1992 – 2 BvR 470/90 –, BVerfGE 86, 90 ff.

(a) Kollision mit Pauschalisierungen im horizontalen Finanzausgleich?

Im Ansatz zutreffend ist die geläufige Argumentationsfigur, durch einen auch für jede einzelne Kommune wirkenden Mindestausstattungsrechtssatz werde der Gesetzgeber an den zwingend erforderlichen Pauschalisierungen bei der Ausgestaltung des horizontalen Finanzausgleiches gehindert.[132] Denn in der Tat muss der Gesetzgeber bei den notwendigen Regelungen zur Verteilung der Finanzausgleichsmasse über spezifische – je nach gewähltem Modell unterschiedliche – Schlüsselmassen letztlich an die Endempfänger (siehe zum Mechanismus im Einzelnen oben, S. 16) typisieren und generalisieren. Denn anders als über Verallgemeinerungen und Pauschalisierungen lassen sich die nötigen Parameter zur Verteilung der Finanzausgleichsmasse auf die einzelnen, in der Regel höchst heterogenen Empfänger, gar nicht durchführen. Es ist daher rechtlich überzeugend, hieraus den Schluss zu ziehen, dass von Verfassungswegen nicht gefordert sein kann, dass die erforderlichen Verteilungsmechanismen in jedem Einzelfall garantieren müssen, dass „am Ende" der Zuweisungsermittlung für jede einzelne Kommune das Mindestmaß sichergestellt ist. In Bezug auf den Anwendungsbereich von Art. 28 Abs. 2 GG folgt hieraus tatsächlich, dass die Verteilungsnormen des horizontalen Finanzausgleiches nicht Gegenstand der Anforderungen sein können.[133]

Unzulässig erscheint es jedoch, aus diesem an sich zutreffenden Befund ohne weitere Zwischenschritte zu schließen, dass entsprechend eine Anwendung des Mindestausstattungsrechtssatzes aus Art. 28 Abs. 2 GG im horizontalen Finanzausgleich in Gänze untunlich sei – mit der Folge, dass die einzelne Kommune aus den Mindestausstattungsanforderungen des Art. 28 Abs. 2 GG nichts für sich rückschließen kann. Denn dies blendet aus, dass die Erfüllung eines auf jede einzelne Kommune bezogenen Mindestausstattungsrechtssatzes nicht nur auf dem Wege der Mittelverteilung entlang der im horizontalen Finanzausgleich vorgesehenen Wege erfolgen kann, sondern daneben – gleichsam als ergänzende „Notbehelfsschiene" – auch ergänzend am Ende aller Verteilungsentscheidungen, als Ergebniskorrektur. Es ist durchaus möglich, sich am Ende der zulässigerweise pauschalisierenden horizontalen Verteilung ergebene Notlagen einzelner

132 Vgl. exemplarisch für diese Gedankenführung: VerfGH Bayern, vom 18. April 1996 – Vf. 13-VII-93 –, NVwZ-RR 1997, 301, Juris Rn. 93.

133 Vgl. i.d.S. explizit LVerfG Schleswig-Holstein, Urteil vom 27. Januar 2017 – LVerfG 4/15 –, NordÖR 2017, 166 ff., Juris Rn. 123.

Kommunen zu adressieren und aufzufangen.[134] Bei einem entsprechenden Blick in die Finanzausgleichsgesetzgebung der Bundesländer zeigt sich im Übrigen, dass derartiges auch bereits erfolgreich praktiziert wird. So gut wie alle Bundesländer verfügen nämlich nicht nur über unterschiedlich komplexe Verteilungsmechanismen, sondern auch stets über Mechanismen, um sich ggf. als Resultat aller Umverteilungen ergebende Unterausstattungen einzelner Kommunen angemessen auszugleichen. Derartige Lösungen sind in allen Flächenstaaten in Form von Bestimmungen zu Konsolidierungshilfen, Fehlbetragszuweisungen o.ä. gegeben.

(b) Finanzielle Überforderung der Bundesländer?

Durch ein entsprechendes Verständnis des Anwendungsbereiches des Art. 28 As. 2 GG würde dabei der Landesgesetzgeber auch nicht (finanziell) überfordert. Denn zu einer finanziell auskömmlichen (Mindest-) Ausstattung des Finanzausgleichssystems ist er ohnehin ebenso verpflichtet, wie zu einer „gerechten" (wenn auch zulässigerweise pauschalisierenden) Ausgestaltung des Verteilungsmechanismus[135]. In Folge kann es bei der ganz großen Mehrheit der jeweiligen kommunalen Empfänger nicht zu einer massiven, den Bereich des Unterschreitens der Mindestausstattung berührenden Unterfinanzierung kommen. Wäre dies der Fall, läge vielmehr offenkundig eine massive und damit wohl den verfassungsrechtlichen Anforderungen nicht genügende Fehlsteuerung der Ausgleichsmasse insgesamt vor. Es kann sich mithin nur um einzelne Härtefälle handeln, in denen eine Akkumulation von Besonderheiten im seltenen Einzelfall zu einem an sich unerwünschten Ergebnis führt. Dass einige Einzelfälle eine finanzielle Überforderung darstellen, ist wenig plausibel – zudem es dem Bundesland ja frei steht (wie auch tatsächlich gehandhabt) den entsprechenden Fond für Fehlbetragszuweisungen derart mit Mitteln aus der Finanzausgleichsmasse (als Vorwegabzug) zu dotieren, dass erfahrungsgemäß keine ergänzenden Mittel aus dem allgemeinen Haushalt zugeführt werden müssen.

---

134 Hierauf ebenfalls hinweisend: Jutzi, NJ 2006, S. 361 f., S. 362.

135 Die Anforderungen an den horizontalen Finanzausgleich sind nicht Gegenstand dieser Arbeit und werden daher hier nicht weiter erörtert. Vgl. hierzu zuletzt ausführlich LVerfG Schleswig-Holstein, Urteil vom 27. Januar 2017 – LVerfG 4/15 –, NordÖR 2017, 166 ff., Juris Rn. 114 ff. mit zahlreichen w.N.

(c) Kollision mit evtl. Leistungsfähigkeitsvorbehalten?

Es besteht nicht die Gefahr, dass durch ein derartiges Verständnis ein etwaig anzunehmender Leistungsfähigkeitsvorbehalt seine Wirkung verliert. Zum einen spricht ohnehin wenig für einen derartigen Vorbehalt (siehe hierzu unten S. 81 ff.). Selbst wenn aber ein derartiger Vorbehalt anzunehmen wäre, spräche dies nicht gegen das hier diskutierte Verständnis des Anwendungsbereiches des Art. 28 Abs. 2 GG auch im horizontalen Ausgleich. Vielmehr wäre der zur Gewährleistung der individuellen Mindestausstattung vorzuhaltende Ausgleichsfonds o.ä. dann entsprechend (insbesondere durch betragsmäßige Deckelung) zu modifizieren.

(3) Ergebnis

Im Ergebnis ist also festzuhalten, dass alles dafür spricht, die Mindestausstattungsvorgaben des Art. 28 Abs. 2 GG auch auf den horizontalen Finanzausgleich anzuwenden, allerdings nur mit der Maßgabe, dass er keinen Maßstab für die Einzelbestimmungen des horizontalen Ausgleichssystem darstellt, sondern nur im Ergebnis erfordert, dass ein Ausgleichsmechanismus für sich ggf. ergebende Unterschreitungen der Mindestausstattung im Einzelfall existiert. Eindrücklich formuliert insoweit etwa das Verfassungsgericht Brandenburg (für den dortigen Verfassungsraum):

> „Es darf jedoch nicht dazu kommen, dass auch nur in einer einzigen Gemeinde aus finanziellen Gründen, sparsamste Wirtschaftsführung und Ausschöpfung aller Einnahmemöglichkeiten vorausgesetzt, nicht einmal ein Mindestmaß an freiwilliger Selbstverwaltung mehr möglich ist und damit in dieser Gemeinde keinerlei freiwillige Selbstverwaltung mehr stattfinden kann. Ein solcher Zustand wäre mit der Selbstverwaltungsgarantie der Landesverfassung nicht vereinbar. (...) Ist eine Gemeinde als Selbstverwaltungskörperschaft auf Dauer finanziell nicht überlebensfähig, kann dies äußerstenfalls ein Grund sein, sie aufzulösen. Aber solange es sie gibt, muss sie zu einem Mindestmaß an freiwilliger Selbstverwaltung in der Lage sein. Für diese Zwecke hat das Land einen Auffangfonds einzurichten, aus dem Gemeinden, denen trotz sparsamster Wirtschaftsführung und Ausschöpfung aller Einnahmemöglichkeiten kein finanzieller Spielraum auch nur für ein Mindestmaß an kommunaler Selbstverwaltung verbleibt, auf Antrag die hierfür benötigten Mittel zur Verfügung gestellt werden. Mittel, die die Gemeinde unter diesen Voraussetzungen erhält, braucht sie

nicht zurückzuzahlen, weil ihr nur zur Verfügung gestellt wird, was ihr von Verfassungs wegen für das betreffende Haushaltsjahr zur Aufrechterhaltung eines Mindestmaßes an freiwilliger Selbstverwaltung zusteht. Die Umsetzung im Einzelnen, soweit der Gesetzgeber keine Festlegung trifft, unterliegt dem pflichtgemäßen Ermessen der fondsverwaltenden Stelle."[136]

bb) Anforderungen an den Ausgleichsmechanismus

Damit steht fest, dass sich aus Art. 28 Abs. 2 GG bezogen auf den horizontalen Finanzausgleich das Erfordernis ergibt, einen *Ausgleichsmechanismus* zur Verfügung zu stellen, um solche Einzelfälle aufzufangen, in denen tatsächlich einmal am Ende der Verteilung ein Unterschreiten der erforderlichen Mindestausstattung gegeben ist. Dies wirft die Frage auf, ob Art. 28 Abs. 2 GG weitere Vorgaben zu diesem Ausgleichsmechanismus zu entnehmen sind. Im Folgenden soll daher noch abschließend auf die Frage eingegangen werden, wie ein derartiger Ausgleichsmechanismus aus verfassungsrechtlicher Sicht auszugestalten ist.

Zu der Frage nach der Ausgestaltung des Ausgleichsmechanismus existieren – angesichts der Intensität, mit der ansonsten um Fragen des kommunalen Finanzausgleiches gestritten wird – erstaunlich wenig Rechtsprechung und wissenschaftliche Publikationen. Ausgangspunkt aller Überlegungen kann aber auch hier wieder nur die Vorgabe des weiten gesetzgeberischen Gestaltungsspielraumes sein. Im Ergebnis sind hier verschiedene Ausgestaltungsmöglichkeiten denkbar und derzeit in Anwendung.

Die aus verfassungsrechtlicher Sicht maßgebliche Leitfrage kann dabei nur sein, ob der jeweilige Ausgleichsmechanismus so ausgestaltet ist, dass etwaige Unterschreitungen der Mindestausstattung im Einzelfall verlässlich aufgefangen werden können. Abstrakt lassen sich in der näheren Ausarbeitung dieses Obersatzes zwei Teilaspekte beleuchten:

(1) Betragsmäßige Deckelung?

Zum ersten stellt sich die Frage, ob derartige Ausgleichsmechanismen aus verfassungsrechtlicher Sicht so ausgestaltet werden können, dass jährlich

136 VerfG Brandenburg, Urteil vom 16. September 1999 – LVerfG 28/98 –, LVerfGE 10, 237 ff., Juris Rn. 114.

ein gewisser Betrag aus der Finanzausgleichsmasse insgesamt eingestellt und nach Ausschöpfung dieses Betrages keine weitere Leistung aus diesem Mechanismus gewährt werden. Die Antwort hierauf liegt nach den vorherigen Überlegungen auf der Hand: Grundsätzlich spricht nichts dagegen – schon aus Gründen der besseren haushälterischen Planbarkeit – von vorneherein einen definierten Betrag aus der Finanzausgleichsmasse als Vorwegabzug auszugliedern und dem „Härtefallfonds" zuzuweisen – wobei sich die erforderliche Höhe regelmäßig aus Erfahrungswerten wird speisen können. In der Tat ist eine derartige Regelungstechnik weit verbreitet.[137]

Problematisch ist hingegen, nach eventueller Erschöpfung dieser Mittel weitere Zahlungen – die dann „hilfsweise" aus dem allgemeinen Haushalt erfolgen müssten – zu verwehren. Denn dies ist ersichtlich mit der verfassungsrechtlichen Ausgangslage einer stets und in jedem Einzelfall zu garantierender Mindestausstattung unvereinbar. Im Ernstfall dürfte daher der – derzeit oft gesetzlich normierte – Einwand der Erschöpfung des Fonds einer verfassungsrechtlichen Überprüfung nicht standhalten.[138] Dabei ist allerding zu ergänzen, dass es sich hierbei bei verfassungsmäßiger Ermittlung des Umfanges der Finanzausgleichsmasse insgesamt regelmäßig eher um ein akademisches Problem handeln dürfte: Wurde die Finanzausgleichsmasse insgesamt so dotiert, dass im Schnitt der Mindestausstattungsanspruch aller Kommunen gewahrt ist, und wurden keine groben Fehler in der sonstigen Ausgestaltung des horizontalen Verteilungsmechanismus „eingebaut" – welche regemäßig zudem gegen das Gebot der interkommunalen Gleichbehandlung verstoßen dürften –, so kann es nur im Ausnahmefall dazu kommen, dass der Ausgleichsfonds in größerem Umfang benötigt wird. Ob dies auch in Zeiten äußerst angespannter Haushaltslagen gilt, ist eine hiervon zu trennende Frage, welcher gesondert nachzugehen sein wird (siehe unten S. 81).

(2) Gesetzliche Definition des Mindestmaßes?

Schwieriger ist hingegen die Frage zu beantworten, wie detailliert der Ausgleichsmechanismus auf Gesetzesebene ausgearbeitet sein muss.[139] Dies

137 Vgl. etwa §§ 13 i.V.m. 58 des Hessischen Gesetz zur Neuregelung der Finanzbeziehungen zwischen Land und Kommunen; §§ 4 Abs. 2 S. 2 i.V.m. 12 des Gesetzes über den kommunalen Finanzausgleich in Schleswig-Holstein.

138 So auch: Cromme, DVBl 2000, S. 459 ff., S. 466.

139 Vgl. hierzu insb. Cromme, a.a.O., S. 464 ff.

gilt insbesondere hinsichtlich der Frage der Definition des zu erfüllenden „Mindestmaßes". In der bis dato gelebten Rechtspraxis begnügen sich die Gesetzgeber regelmäßig damit, der ggf. die Leistung ausgebenden Verwaltung unbestimmte Rechtsbegriffe an die Hand zu geben und das Nähere der Exekutive zu überlassen. Exemplarisch sei hier etwa § 16 des brandenburgischen Finanzausgleichsgesetzes genannt:

> „(1) Zum Ausgleich besonderen Bedarfs werden den Gemeinden und Landkreisen Bedarfszuweisungen zur Verfügung gestellt. (...) Die Mittel sind insbesondere bestimmt für
> 1. (...),
> 2. die Sicherstellung der Grundausstattung zur Wahrnehmung freiwilliger Selbstverwaltungsaufgaben,
>   (...).
>
> (2) Die Verteilung und Verwendung der Mittel nach Absatz 1 regelt das für Inneres zuständige Ministerium."

Vorteil einer derartig offenen Regelungslösung ist offenkundig, dass sie geeignet sein *kann*, ein größtmögliches Maß an nicht schematischer Einzelfallgerechtigkeit zu bewirken – ein angesichts der Vielgestaltigkeit der kommunalen Gebietskörperschaften und der denkbaren haushälterischen Herausforderungen, vor die diese gestellt sein können, nicht zu unterschätzendes Gut. Zudem ist zu bedenken, dass es – jedenfalls in einem in vertikaler und horizontaler Hinsicht im Übrigen verfassungsgemäß aufgestellten Finanzausgleichssystem – eben tatsächlich nur atypische Sonderfälle sein können, bei denen Bedarf nach einer ergänzenden Zuweisung entstehen kann. Zudem indiziert der Umstand, dass nur Sonderfälle über diesen Mechanismus gelöst werden müssen, dass vorab abstrakt formulierte detailliertere Bestimmungen sich potentiell als untauglich erweisen könnten, die Sonderfälle treffend abzubilden. Auch dies spricht dafür, dass es zulässig sein dürfte, legislatorisch hier mit einer geringen Regelungsdichte zu arbeiten[140] – zumal den Kommunen ggf. der Rechtsweg zur Verwaltungsgerichtsbarkeit offen steht.

Allerdings liegen auch die Schwächen eines derartigen regulatorischen Vorgehens auf der Hand: im Ernstfall bleibt es den (vermeintlich) betroffenen Kommunen überlassen, sich mit dem zuständigen Ministerium über die schwierigen Fragen der methodischen Ermittlung des Mindestbedarfs

---

140 StGH Niedersachsen, Urteil vom 16. Mai 2001 – StGH 6/99 u.a. –, DVBl. 2001, 1159 ff., Juris Rn. 144.

im Einzelfall zu streiten[141] und diesen Streit ggf. auch (mit nur schwer prognostizierbaren Erfolgsaussichten) vor die Verwaltungsgerichtsbarkeit zu tragen. Nicht ganz zu Unrecht ist auch kritisiert worden, dass so der verfassungsrechtlich verbürgte Mindestausstattungsanspruch in concreto zu einem selbstverwaltungsfeindlichen Begehren „gegen den nachrangigen Topf der „interkommunalen Sozialhilfe“ mutiert“[142]. Problematisch ist zudem, dass die verwaltungsgerichtliche Rechtsprechung jedenfalls bis dato dazu neigt, den Einsatz dieser Bedarfszuweisungen unter Verweis auf deren Konzeption für atypische Sonderfälle äußert restriktiv zu handhaben,[143] wie etwa der folgende Leitsatz des rheinland-pfälzischen Oberverwaltungsgerichts anschaulich zeigt:

> „Der Ausnahmecharakter der Bedarfszuweisungen im System des Finanzausgleichs gebietet eine restriktive und regelhafte Handhabung des verwaltungsbehördlichen Ermessens wie auch eine strenge Darlegung der tatbestandlichen Voraussetzungen für die Zuwendung.“[144]

In Abwägung der vorgenannten Gesichtspunkte könnte ein vermittelnder Lösungsweg gefunden werden, indem nochmals das potentielle Zusammenspiel der Normierung des Mindestbedarfs in vertikaler wie in horizontaler Hinsicht in den Blick genommen wird.

Wie oben dargelegt, steht dem Gesetzgeber bei der Ausgestaltung (auch und gerade) des vertikalen Finanzausgleichssystems ein weiter Gestaltungsspielraum zu (siehe oben S. 52). Entsprechend vielgestaltig sind die Regelungsansätze zur Normierung des Mindestausstattungsanspruches auch in vertikaler Hinsicht. So finden sich etwa Ansätze, in denen sich im Finanzausgleichsgesetz keinerlei Aussagen zur Methodik der Bemessung der Finanzausgleichsmasse finden lassen und dies dem jeweiligen Gesetzgebungsverfahren und der entsprechenden Begründung überlassen bleibt (so etwa in Schleswig-Holstein, siehe unten S. 121 ff.). Daneben existieren aber

---

141 Hierbei wären von der Kommune eine ganze Reihe methodisch komplexer Fragen der konkreten Bemessung der Mindestausstattung aufzuarbeiten. Nur exemplarisch kann etwa auf den Fall verwiesen werden, dass eine Gemeinde unter anderem auch Finanzmittel aus einem Bund-/Länderprogramm nach Art 104 b, c GG erhält. Muss sie sich diese bei der Erhebung zum Mindestbedarf auf der Einnahmeseite anrechnen lassen? Oder kann sie darauf verweisen, dass diese Mittel regelmäßig zweckgebunden vergeben werden und ihr daher für ihre regulären Aufgaben gerade nicht zur Verfügung stehen?

142 Meyer, NVwZ (Sonderheft) 2001, S. 36 ff., S. 38.

143 Henneke 2012, S. 386.

144 OVG Rheinland-Pfalz, Urteil vom 03. April 2001 – 7 A 10993/00 –, Juris.

auch Gesetzeswerke, in denen im Einzelnen vorgegeben ist, wie die erforderliche Mindestausstattung methodisch zu ermitteln ist (so etwa in Hessen, siehe unten S. 152 ff.).

Hieran wiederum könnte für die hier maßgebliche Frage, welcher Grad an Konkretisierung in horizontaler Hinsicht erforderlich ist, angeknüpft werden.

Sind in dem fraglichen Gesetz mithin für den vertikalen Finanzausgleich gesetzgeberische Vorgaben zur Methodik der Bemessung des Mindestanspruches vorgegeben, dürfte es zulässig sein, im Rahmen der (horizontalen) Ausgleichsbestimmung mit unbestimmten Rechtsbegriffen zu arbeiten. In diesem Fall ist der Leistungsverwaltung (und zugleich den die Anwendung vollumfänglich überprüfenden[145] Verwaltungsgerichten) durch die Vorgaben zur Feststellung der Mindestausstattung im vertikalen Finanzausgleich hinreichend Auslegungsmaterial zur methodischen Konkretisierung der unbestimmten Rechtsbegriffe an die Hand gegeben. Denn all jene methodischen Erwägungen, die der Gesetzgeber auf vertikaler Ebene anstellen muss, können auch bei der Feststellung einer Unterschreitung der Mindestausstattung im Einzelfall fruchtbar gemacht werden. Um im hessischen Beispiel zu bleiben, kann der Normanwender dem Gesetz etwa entnehmen, dass er zur Bestimmung des erforderlichen Mindestmaßes zunächst eine Angemessenheitsprüfung der jeweiligen Ausgabenstruktur der Gemeinde bezogen auf die Pflichtaufgaben wird durchführen müssen, dass sodann ein Zuschlag von gesetzlich normierten 6,1 % für freiwillige Selbstverwaltungsaufgaben zu gewähren sein wird und der sich ergebende Betrag den erzielbaren Deckungsmitteln gegenüber zu stellen sein wird. Dem Gesetz kann somit im Wege der vergleichenden Auslegung eine verhältnismäßig klare Kontur gegeben werden.

Anders sieht es hingegen in jenen Ländern aus, die – zulässigerweise (siehe oben S. 52) – darauf verzichten, ihre Methodik bei der Bemessung der Finanzausgleichsmasse in Gesetzesform zu gießen. Hier fehlen den Normanwendern auf horizontaler Ebene entsprechende Rückgriffsmöglichkeiten zur Auslegung der dort ggf. enthaltenen unbestimmten Rechtsbegriffe. Es liegt dann nicht fern, in diesen Konstellationen die oben aufgeführten Argumente *gegen* ein völliges Offenlassen dessen, was im Einzelfall mit dem Begriff „Mindestanspruch" o.ä. bezeichnet ist, durchgreifen zu lassen. Denn in der Tat bürdet es der Gesetzgeber dann den Kommunen auf, im Einzelfall eine Methodik zu entwickeln und vor Gericht damit durchzudringen – und dies zudem vor dem Hintergrund der skizzierten

145 Vgl. nur Stelkens/ Bonk/ Sachs, 9. A. 2018, § 40 Rn. 147.

Rechtsprechung der Verwaltungsgerichte zur potentiell restriktiven Handhabung der entsprechenden Normen. Nichts anderes folgt dabei im Übrigen aus dem Umstand, dass in diesen Konstellationen – dem Transparenzgebot folgend (siehe oben S. 70 ff.) – zumindest in den Gesetzesmaterialen Erwägungen zur Bemessung der Finanzausgleichsmasse in vertikaler Hinsicht zu finden sein dürften. Denn anders als gesetzlich klar normierten Definitionen (hier des Begriffes des Mindestanspruches) zeichnen sich Gesetzesbegründungen im hier maßgeblichen Bereich regelmäßig durch komplexe Abwägungen und ggf. Bezugnahmen auf umfassende Gutachten aus und ändern sich zudem – gerade in Ländern, in denen die Finanzausgleichsmasse regelmäßig neu festgesetzt wird – häufig. Im Hinblick auf die Auslegung eines unbestimmten Rechtsbegriffes im horizontalen Ausgleichsmechanismus kann so ein hinreichendes Maß an Rechtssicherheit – auch im verwaltungsgerichtlichen Prozess – nicht gewonnen werden. In einer derartigen Konstellation dürfte somit der Gesetzgeber in der Pflicht stehen, dem Normanwender in der entsprechenden Norm hinreichende Ansätze zur Handhabung der (horizontalen) Mindestausstattungsbestimmung an die Hand zu geben.

4. Konstruktion als nicht unter Finanzierungsvorbehalt stehendes Recht

Im Verlauf der bisherigen Untersuchung mehrfach angesprochen aber nie abschließend beantwortet worden ist die Frage, ob die wie dargestellt zu verstehende Mindestausstattungsgarantie des Art. 28 Abs. 2 GG unter dem Vorbehalt entsprechender Leistungsfähigkeit des Landeshaushalts steht. Diese Frage wird häufig in den Fokus gerade abstrakter, nicht fallbezogener Debatten gestellt – wohl, weil der Antagonismus zwischen den Positionen „*was nicht finanzierbar ist, kann auch nicht verlangt werden*“ einerseits und „*ein Anspruch unter Vorbehalt ist nichts wert*“ andererseits zumindest auf den ersten Blick ganz besonders eingängig ist. Aber auch in der Rechtsprechung wird die Frage intensiv – und mit ausgesprochen heterogenen Ergebnissen[146] – bearbeitet Insbesondere zwischen dem VerfGH Nordrhein-Westfalen[147] und dem BVerwG[148] besteht ein bis dato ungelöster Disput.

Dominiert wird die Diskussion dabei in besonderer Weise von der Überlagerung durch die Kern- und Randbereichsdogmatik, mit dem naheliegenden (Kurz-) Schluss von der Einordung des Mindestausstattungsanspruches in den Kernbereich und dem dann konsequent folgenden Ausschluss eines Finanzierungsvorbehalts.[149] Legt man hingegen das Kern- und Randbereichsmodell – wie hier vorgeschlagen – als in dem hier untersuchten Kontext nicht weiterführend zur Seite, wird der Blick frei auf die tatsächliche Problemlage und vor allem auf vergleichbare Problemfelder in anderen Rechtsgebieten – sowie die dort entwickelten Lösungsansätze.

a) Generelle Problemlage

Die generelle Problematik hinter der Frage nach (Finanzierbarkeits-) Vorbehalten bezogen auf verfassungsunmittelbare Leistungsansprüche liegt auf der Hand.

Gegen die Annahme vorbehaltlos – also in jeder Lage unbedingt – zu gewährleistender Leistungsgarantien spricht schon der (banale) Umstand, dass die durch Steuereinnahmen generierte Verteilungsmasse des Staates naturgemäß zum einen begrenzt ist und zum anderen erheblichen (von der gesamtwirtschaftlichen Lage abhängigen) Schwankungen unterliegt.

146 Für einen vorbehaltlos gewährten kommunalen Mindestanspruch: VerfGH Thüringen, Urteil vom 02. November 2011 – VerfGH 13/10 –, ThürVBl 2012, 55 ff., Juris Rn. 82; VerfG Brandenburg, vom 22. November 2007 – LVerfG 75/05 –, LVerfGE 18, 159 ff., Juris Rn. 116 ff. und möglicherweise auch das BVerfG, Urteil vom 15. Oktober 1985 – 2 BvR 1808/82 –, BVerfGE 71, 25 ff., Juris Rn. 40, welches die Frage in späteren Entscheidungen allerdings explizit offen gelassen hat (vgl. etwa: BVerfG, Beschluss vom 09. März 2007 – 2 BvR 2215/01 –, BVerfGK 10, 365 ff., Juris Rn. 20). Für einen unter Vorbehalt stehenden Mindestanspruch: StGH Niedersachsen, Urteil vom 07. März 2008 – StGH 02/05 –, Nds MBl, Juris Rn. 54 und 62; VerfGH Rheinland-Pfalz, Urteil vom 14. Februar 2012 – VGH N 3/11 –, AS RP-SL 41, 29 ff., Juris Rn. 20 f.; LVerfG Mecklenburg-Vorpommern, Urteil vom 23. Februar 2012 – VerfG 37/10 –, NordÖR 2012, 235 ff., Juris Rn. 97 ff.

147 VerfGH Nordrhein-Westfalen, Urteil vom 06. Mai 2014 – VerfGH 14/11 –, DÖV 2014, 758 ff., Juris Rn. 41 ff.

148 BVerwG, Urteil vom 31. Januar 2013 – 8 C 1/12 –, BVerwGE 145, 378 ff., Juris Rn. 20.

149 Vgl. hierzu bereits oben S. 36 ff.

Die Annahme vorbehaltloser Leistungsgarantien birgt insoweit doppelten Sprengstoff: Zum einen besteht – vor allem bei der Annahme einer Vielzahl unterschiedlicher Leistungsgarantien – das Risiko, dass durch „ein Regime individualrechtlicher Leistungsforderungen“[150] eine fiskalische Situation entsteht, in der das Recht vom Staat faktisch Unmögliches verlangt – nämlich die zur Verfügungstellung nicht in diesem Umfang finanzierbarer staatlicher Leistungen. Aber auch im Vorfeld einer derartigen Situation kollidieren unbedingte Leistungsgarantien potentiell mit einem zentralen Prinzip des demokratischen Staatsaufbaus – nämlich der Hoheit des demokratisch direkt legitimierten (Haushalts-) Gesetzgebers, über die Verteilung der begrenzten Ressourcen durch politische Gestaltung zu entscheiden.[151] Diese Hoheit gerät durch die Verrechtlichung von verfassungsunmittelbaren und vorbehaltlosen Leistungsansprüchen zumindest in Gefahr. Im – hypothetischen – Extremfall entscheiden letztlich nur noch Gerichte und nicht mehr der Haushaltsgesetzgeber über die Verteilung der Steuermittel.[152]

Für die Annahme, dass einmal als verfassungsrechtlich gegeben erachtete Leistungsgarantien nicht unter einem irgendwie gearteten (Finanzierbarkeits-) Vorbehalt stehen dürfen, sprechen im Kern die oben bereits angeführten Argumente: Durch einen allgemeinen Möglichkeitsvorbehalt würden Mindestausstattungsansprüche de facto (durch die Hintertür) nahezu vollständig entwertet.[153] Das wird deutlich, wenn man sich konkret vor Augen führt, was das Schlagwort des „Finanzierungs-„ bzw. „Möglichkeitsvorbehalts“ eigentlich bedeuten soll. Hiermit kann nicht gemeint sein, dass die Leistung rein buchungstechnisch *„am Monatsende nicht mehr finanziert werden kann“*. Dies liegt jedenfalls beim zweiten Blick auf der Hand. So mannigfaltig sind die verfassungsunmittelbar rechtsverbindlichen Leistungsansprüche bei weitem nicht, dass man auch nur entfernt in den Bereich kommt, ab dem sich diese zu einem Betrag aufsummieren könnten, der die verfügbaren Mittel vollständig aufzehrt. Tatsächlich gemeint (wenn auch selten formuliert) ist mit dem Vorbehalt daher etwas anderes – nämlich die regelmäßig auftretende Situation, dass die Leistung zwar erfüllt werden *könnte*, allerdings nur unter Zurückstellung anderer,

150 Kirchhof, in: Isensee und Kirchhof 2011Bd. V, § 99 Rn. 110.

151 Vgl. zu allem etwa Murswiek, in: Isensee und Kirchhof 2011, Bd. IX, § 192 Rn. 63 ff.; in diese Richtung auch Volkmann, DÖV 2001, S. 497 ff., S. 503.

152 Murswiek, in: Isensee und Kirchhof, a.a.O., § 192 Rn. 102.

153 Volkmann, DÖV 2001, S. 497 ff., S. 503 spricht zu Recht von „vollständiger Entmaterialisierung“.

im politischen Raum ebenfalls für wünschenswert erachteter Ausgaben. Möglichkeitsvorbehalt meint damit faktisch das Recht des (Haushalts-) Gesetzgebers, in dieser – (haushälterisch) alltäglichen – Situation autonom und nach politischen (nicht rechtlichen) Kriterien abzuwägen, welchen Ausgaben Priorität einzuräumen ist:

> „Die Grenze des Möglichen ist dabei keineswegs erst bei Zahlungsunfähigkeit des Staates erreicht; vielmehr muss der Gesetzgeber die Möglichkeit haben, über die vorhandenen Haushaltsmittel im Rahmen seiner Gestaltungsfreiheit zu entscheiden und politische Prioritäten zu setzen."[154]

Diese Erwägungen sind nachvollziehbar – stufen die einmal identifizierten verfassungsrechtlichen Leistungsgarantien aber im faktischen Ergebnis wieder auf die Stufe bloßer Staatszielbestimmungen zurück. Denn eine Garantie, deren Erfüllung mit dem Argument abgewendet werden kann, man habe sich „im Rahmen seiner politischen Gestaltungsfreiheit" eben nun leider anders entschieden, ist keine Garantie. Dies aber widerspricht den Überlegungen, die eben gerade zur Annahme eines verfassungsunmittelbaren *Rechts*satzes geführt haben.

b) Fallgruppen

Vor diesem Hintergrund haben sich in der Rechtsprechung des Bundesverfassungsgerichts und anderer Gerichte *„im Wege schrittweiser und vorsichtiger Kasuistik"*[155] Fallgruppen von verfassungsunmittelbaren Leistungsansprüchen ohne und mit Leistungsvorbehalt herausgebildet:

Als unter dem Vorbehalt dessen stehend, „was der Einzelne vernünftigerweise von der Gesellschaft beanspruchen kann" wurde vom Bundesverfassungsgericht ein etwaiger Anspruch auf Erweiterung von Ausbildungskapazitäten qualifiziert

> („Auch soweit Teilhaberechte nicht von vornherein auf das jeweils Vorhandene beschränkt sind, stehen sie doch unter dem Vorbehalt des Möglichen im Sinne dessen, was der Einzelne vernünftigerweise von der Gesellschaft beanspruchen kann. Dies hat in erster Linie der Ge-

---

154 Murswiek, in: Isensee und Kirchhof 2011Bd. IX, § 192 Rn. 64; ebenso: Kirchhof, in: Isensee und Kirchhof 2011, Bd. Bd. V, § 99 Rn. 109 f.; Huster/ Rux, in: BeckOK GG, 39. A. Stand 15.11.2018, Art. 20 Rn. 216.1.

155 Murswiek, in: Isensee und Kirchhof 2011Bd. 9, § 192 Rn. 106.

setzgeber in eigener Verantwortung zu beurteilen, der bei seiner Haushaltswirtschaft auch andere Gemeinschaftsbelange zu berücksichtigen und nach der ausdrücklichen Vorschrift des Art. 109 Abs. 2 GG den Erfordernissen des gesamtwirtschaftlichen Gleichgewichts Rechnung zu tragen hat")[156].

Ebenfalls – sinngemäß – unter Möglichkeitsvorbehalt wurde ein etwaiger Anspruch auf Entschädigungen für Kriegsfolgeschäden gestellt.[157]

Differenzierend hat das Bundesverfassungsgericht im Kontext der Förderung des Ersatzschulwesens entschieden. Soweit es um die „evidente Gefährdung" des Ersatzschulwesens „als Institution" ging, erkannte das Bundesverfassungsgericht keinen Möglichkeitsvorbehalt. Ein solcher sollte jedoch hinsichtlich der weiteren Förderung jenseits dieser roten Linie gelten

> („Auch hinsichtlich des Umfangs der Förderung ergeben sich Beschränkungen; da diese sicherstellen soll, dass die Genehmigungsanforderungen des Art. 7 Abs. 4 Sätze 3 und 4 GG auf Dauer erfüllt werden, **kann der Staat nur verpflichtet sein, einen Beitrag bis zur Höhe dieses Existenzminimums der Institution zu leisten.** Dabei ist es zunächst Aufgabe des Gesetzgebers, selbst eine Bewertung der Kostensituation vorzunehmen und seine Hilfe danach auszurichten.(...) **Über diese Beschränkungen hinaus** steht die Förderungspflicht von vornherein unter dem Vorbehalt dessen, was vernünftigerweise von der Gesellschaft erwartet werden kann; darüber hat in erster Linie der Gesetzgeber in eigener Verantwortung unter Berücksichtigung auch anderer Gemeinschaftsbelange und der Erfordernisse des gesamtwirtschaftlichen Gleichgewichts zu befinden (...). Der Gestaltungsspielraum des Gesetzgebers umfasst mithin im Interesse des Gemeinwohls auch die Befugnis, die nur begrenzt verfügbaren öffentlichen Mittel für andere wichtige Gemeinschaftsbelange einzusetzen (...).")[158]

Keinen Leistungsfähigkeitsvorbehalt hat das Bundesverfassungsgericht hingegen in sein Urteil über die sog. „Hartz IV" – Regelsätze aufgenommen.

156 BVerfG, Urteil vom 18. Juli 1972 – 1 BvL 32/70 –, BVerfGE 33, 303 ff., Juris Rn. 63; *im selben Sinne*: OVG Berlin, Beschluss vom 13. März 1996 – 7 NC 147.95 –, OVGE BE 22, 12 ff., Juris Rn. 28; VGH Stuttgart, Beschluss vom 13. November 1997 – 4 S 2584/97 –, ESVGH 48, 67 ff., Juris Rn. 6.

157 BVerfG, Beschluss vom 03. Dezember 1969 – 1 BvR 624/56 –, BVerfGE 27, 253 ff., Juris Rn. 83 ff.

158 BVerfG, Urteil vom 08. April 1987 – 1 BvL 8/84 –, BVerfGE 75, 40 ff., Juris Rn. 90, 92 (Hervorhebungen durch den Verfasser).

Vielmehr hat es hier die unbedingte Geltung der verfassungsunmittelbar verbürgten Leistungsansprüche betont

> („Das Sozialstaatsgebot des Art. 20 Abs. 1 GG wiederum erteilt dem Gesetzgeber den Auftrag, jedem ein menschenwürdiges Existenzminimum zu sichern, wobei dem Gesetzgeber ein Gestaltungsspielraum bei den unausweichlichen Wertungen zukommt, die mit der Bestimmung der Höhe des Existenzminimums verbunden sind (...). Dieses Grundrecht aus Art. 1 Abs. 1 GG hat als Gewährleistungsrecht in seiner Verbindung mit Art. 20 Abs. 1 GG neben dem absolut wirkenden Anspruch aus Art. 1 Abs. 1 GG auf Achtung der Würde jedes Einzelnen eigenständige Bedeutung. **Es ist dem Grunde nach unverfügbar und muss eingelöst werden**, bedarf aber der Konkretisierung und stetigen Aktualisierung durch den Gesetzgeber (...). Dieser objektiven Verpflichtung aus Art. 1 Abs. 1 GG korrespondiert ein Leistungsanspruch des Grundrechtsträgers, da das Grundrecht die Würde jedes individuellen Menschen schützt (vgl. BVerfGE 87, 209 <228>) und sie in solchen Notlagen **nur** durch materielle Unterstützung gesichert werden kann.")[159].

Gleiches hat das Bundesverfassungsgericht zu Leistungen nach dem Asylbewerberleistungsgesetz entschieden.[160]

Ebenfalls keinen Wirtschaftlich- oder Leistungsfähigkeitsvorbehalt hat das Bundesverfassungsgericht in einer vielbeachteten Entscheidung zu Leistungsansprüchen bezüglich so genannter „neuer Behandlungsmethoden" in Fällen einer lebensbedrohlichen Krankheit angenommen

> („Die angegriffene Auslegung der leistungsrechtlichen Vorschriften des SGB V durch das Bundessozialgericht ist in der **extremen Situation einer krankheitsbedingten Lebensgefahr** auch nicht mit der Schutzpflicht des Staates für das Leben aus Art. 2 Abs. 2 Satz 1 GG zu vereinbaren. Übernimmt der Staat mit dem System der gesetzlichen Krankenversicherung Verantwortung für Leben und körperliche Unversehrtheit der Versicherten, so gehört die Vorsorge in Fällen einer lebensbedrohlichen oder regelmäßig tödlichen Erkrankung unter den genannten Voraussetzungen **zum Kernbereich der Leistungspflicht**

---

159 BVerfG, Urteil vom 09. Februar 2010 – 1 BvL 1/09 –, BVerfGE 125, 175 ff., Juris Rn. 133 f., Hervorhebungen durch den Verfasser.

160 BVerfG, Urteil vom 18. Juli 2012 – 1 BvL 10/10 –, BVerfGE 132, 134 ff., Juris Rn. 62.

und der von Art. 2 Abs. 2 Satz 1 GG geforderten Mindestversorgung).[161]

c) Übertragbarkeit auf kommunale Mindestausstattungsansprüche

Versucht man, die hier maßgebliche Fragestellung nach einem Leistungsfähigkeitsvorbehalt bezogen auf die kommunale Mindestausstattungsgarantie aus Art. 28 Abs. 2 GG in die obigen Fallgruppen einzuordnen, so sprechen gleich mehrere Aspekte dafür, auch hier von einer *vorbehaltlosen* Gewährleistung auszugehen.

aa) Vergleichbarkeit der Interessenlage

Zum Ersten springt die strukturelle Vergleichbarkeit der hier erörterten Thematik mit den obigen Fallgruppen ins Auge, in denen von einem Leistungsanspruch ohne Leistungsfähigkeitsvorbehalt ausgegangen wurde.

Den Konstellationen, die die Rechtsprechung des Bundesverfassungsgerichts nicht unter Vorbehalt stellen wollte ist gemein, dass es jeweils um den *Schutz der schieren Existenz* einer verfassungsunmittelbar geschützten Person oder Institution ging.[162] Dies springt bei der Anerkennung verfassungsunmittelbarer und vorbehaltloser Leistungsansprüche zur Sicherung des Existenzminimums natürlicher Personen – seien es eigene Staatsbürger wie in der oben zitierten „Hartz-IV"- Leitentscheidung oder seien es hierher Geflüchtete wie im Fall der Entscheidung zum Asylbewerberleistungsgesetz – in besonders plastischem Maße ins Auge. Aber auch bezogen auf Institutionen lässt sich diese Differenzierung anhand der vorgenannten Entscheidung zu den Ersatzschulen eindeutig erkennen: soweit es um die Existenz dieser Schulform ging, wollte das Bundesverfassungsgericht keinen Möglichkeitsvorbehalt formulieren. Einen solchen nahm es vielmehr explizit erst für Leistungen an, die den Bereich oberhalb des Existenzminimums betraf. In diese Linie passt zuletzt auch die vorgenannte Entscheidung zu Leistungen im Falle lebensgefährdender oder regelmäßig tödlich verlaufender Krankheiten – auch hier geht es letztlich um Beistandspflich-

161 BVerfG, Beschluss vom 06. Dezember 2005 – 1 BvR 347/98 –, BVerfGE 115, 25 ff., Juris Rn. 65 (Hervorhebungen durch den Verfasser)

162 So auch Huster/ Rux, in: BeckOK GG, 39. A. Stand 15.11.2018, Art. 20 Rn. 216.2.

ten der staatlich gefassten Gemeinschaft in einer Frage, die die Existenz selbst einer (hier: natürlichen) Person betrifft.

Dass sich die hier erörterte Thematik einer kommunalen Mindestausstattungsgarantie aus Art. 28 Abs. 2 GG bruchlos in diese Linie vorbehaltloser Ansprüche einordnen lässt, liegt auf der Hand. Denn Grundlage für die Existenz dieser Ansprüche ist ja gerade auch hier der Schutz der kommunalen Ebene vor einem Herabfallen auf ein Ausstattungsniveau, ab dem sie aufhören zu existieren (siehe oben S. 41) – vorbehaltlos geschützt ist also auch hier nur das bloße Existenzminimum.

Diese damit von der kasuistischen Rechtsprechung des Bundesverfassungsgerichts untermauerte Linie überzeugt im Übrigen auch inhaltlich. Denn wie aufgezeigt bedeutet der Begriff des Vorbehalts des Möglichen bzw. Leistungsfähigkeitsvorbehalt letztlich nicht weniger, als dass die Frage auch des Obs der Erfüllung etwaiger Leistungsansprüche letztlich in den politischen Raum der Abwägung und Aushandlung mit anderen Interessen verwiesen wird. Soweit es um die bloße Existenz von Rechtssubjekten geht, deren Existenz von der Verfassung ohne weiteres als „zu garantieren“ angenommen ist, ist für eine derartige Delegation ins politische Ermessen aber kein Raum mehr. Genau um derartige garantierte Rechtsgüter – die Existenz natürlicher Personen, die Existenz von Ersatzschulen und eben die Existenz der kommunalen Ebene – geht es aber hier.

bb) Steuerungsmöglichkeiten der Bundesländer

Des Weiteren spricht eine Besonderheit des Rechts der Kommunalfinanzen für die Vorbehaltlosigkeit der kommunalen Mindestausstattungsgarantie aus Art. 28 Abs. 2 GG: Anders als in den obigen Fallgruppen insbesondere zu natürlichen Personen hat es hier die Landesebene sehr weitgehend in der Hand, ob die Kommunen überhaupt in eine finanziell kritische Lage geraten.

Im Unterschied zu den natürlichen Personen, deren überlebensnotwendige Ausgaben quasi schicksalhaft vorgegeben sind (insb. „Nahrung, Kleidung, Hausrat, Unterkunft, Heizung, Hygiene und Gesundheit“[163]), existieren auf Seiten der Kommunen nur in sehr begrenzter Weise „naturgegebene“ Ausgabenbereiche. Vielmehr folgen die in die Haushalte jeweils einzustellenden *Aus*gaben regelhaft den kommunalen *Auf*gaben – und diese

163 BVerfG, Urteil vom 09. Februar 2010 – 1 BvL 1/09 –, BVerfGE 125, 175 ff., Juris Rn. 135.

resultieren zu einem ganz überwiegenden Teil nicht etwa aus der „Natur der Sache", sondern sind – politisch – durch die Landesebene vorgegeben. Deutlich wird dieser Befund etwa bei Betrachtung der sogenannten Kommunalisierungsgrade, die die Aufgabenverteilung zwischen Landesebene und kommunaler Ebene abbilden sollen. Hiernach tätigen die Kommunen im Flächenländerdurchschnitt 2011 ca. 50 % der staatlichen Aufgaben.[164] Dass es sich hierbei nicht nur um wesensnotwendig „in der örtlichen Gemeinschaft verwurzelte" und damit zwangsläufig kommunale Aufgaben handelt, wird dabei klar, wenn die unterschiedlichen Kommunalisierungsgrade in den verschiedenen Bundesländern in den Blick genommen werden. Diese schwankten (im Jahr 2011) sowohl in der Gesamtschau[165] zwischen 54 % als Spitzenwert (Nordrhein-Westfalen) und 38 % bzw. 42 % als Schlusslichter (Saarland und Sachsen-Anhalt) als auch bei Betrachtung einzelner Aufgabenbereiche[166]. So bewegte sich etwa der Kommunalisierungsgrad 2011 im Sozialbereich zwischen 91 % (Baden-Württemberg) und 38 % (Thüringen)[167] – ein deutlicher Beleg für den Umstand, dass die Summe der den Kommunen zugewiesenen Aufgaben sehr weitgehend der politischen Steuerung durch die jeweiligen Länder unterliegt.

Der Mannigfaltigkeit der von staatlicher Seite zugewiesenen Aufgaben sind dabei regelmäßig kaum Grenzen gesetzt. Ausgeprägt hohe kommunale Anteile an der Aufgabenerfüllung kommt den Kommunen regelmäßig im Bereich der Raumordnung/ Landesplanung, der zentralen Verwaltung, der sozialen Sicherung, den Bereichen Verkehr sowie Gesundheit und Erholung und Kultur zu.[168] Aber auch durch die Umsetzung einer Fülle äußerst kleinteiliger Aufgabenzuweisungen entstehen in der Summe erhebliche Kosten:[169]

Beispiel 1 (Niedersachen): Die Gemeinden sind Ausweisbehörden der Länder (vgl. etwa § 3 Abs. 1 des niedersächsischen Gesetzes zur Ausführung des Gesetzes über Personalausweise vom 30. 11. 1987, GVBl S. 211, im Folgenden: NdsAGPAuswG) – und als solche verpflichtet, die Personalausweise bei der Bundesdruckerei zu beziehen und zugleich dem Bund die mit der Herstellung und Lieferung der Personalausweise entstandenen Kosten zu vergüten. Ein spezifischer Kostenersatzanspruch steht den Ge-

---

164 Vgl. Arnold et al., Kommunaler Finanzreport 2015, 2015, S. 19 mit weiteren Erläuterungen zur verwandten Methodik.

165 Arnold et al., a.a.O., S. 19.

166 Arnold et al., a.a.O., 20 ff.

167 Arnold et al., a.a.O., S. 21.

168 Arnold et al., a.a.O., S. 20.

169 Weitere derartige Beispiele in: Hufen, DÖV 1998, S. 276 ff., S. 277.

meinden hierfür gegenüber dem Land nicht zu, vielmehr regelt § 4 Abs. 2 NdsAGPAuswG nur pauschal, dass die den Gemeinden entstehenden Kosten im Rahmen des kommunalen Finanzausgleichs abgegolten werden sollen.[170]

Beispiel 2 (Schleswig-Holstein): Durch § 2 Abs. 3 der Gemeindeordnung Schleswig-Holstein ist den Gemeinden mit mehr als 10.000 Einwohnern auferlegt, eine hauptamtliche Gleichstellungsbeauftragte zu beschäftigen. Die Auferlegung dieser Aufgabe wurde vom Bundesverfassungsgericht als zulässig eingestuft.[171] Eine spezifische Erstattung der damit verbundenen Kosten durch das Land ist nicht vorgesehen.

Zudem hat es die Landesebene in ebenfalls großem Umfang in der Hand, Einfluss auf die Kostenstruktur bezogen auf die vorgegebenen Aufgabenarten zu nehmen. Die kostenmäßige Belastung der kommunalen Haushalte hängt nämlich nicht nur ab von der Anzahl der übertragenen bzw. pflichtigen Aufgaben, sondern maßgeblich auch von den oft verbindlichen Vorgaben zur Art und Weise der Aufgabenerledigung. Modifikationen an diesen oft gesetzlich gefassten Vorgaben können ganz zentral zur Be- oder Entlastung kommunaler Haushalte beitragen.

In der Zusammenschau greift damit das oben (S. 82 f.) grundsätzlich gegen vorbehaltlose Leistungsansprüche vorgebrachte Argument der Gefahr der Überforderung des Staatshaushaltes in dem hier vorliegenden Kontext kaum. Zwar mögen auch hier in Zeiten sehr gering ausfallender Steuereinnahmen Problemlagen entstehen, in denen der Staat in Schwierigkeiten geraten kann, einen vorbehaltlosen kommunalen Mindestanspruch zu bedienen. Es können Schieflagen zu Lasten anderer, legitimer staatlicher Aufgabenbereiche entstehen – zumal unter Berücksichtigung der sog. „Schuldenbremsen“ in den jeweiligen Landesverfassungen. Jedoch wäre der Staat dieser Entwicklung nicht quasi passiv ausgesetzt, sondern kann jederzeit durch die gesetzliche Reduzierung sowohl der kommunalen (Pflicht-) Aufgabenzahl als auch der qualitativen Vorgaben zur Aufgabenerledigung seinen Haushalt in der gewünschten Balance halten.[172]

---

170 Vgl. hierzu im Einzelnen: BVerwG, Urteil vom 21. Februar 1995 – 1 C 11/93 –, NVwZ 1995, 1098 ff.

171 Vgl. hierzu BVerfG, Beschluss vom 26. Oktober 1994 – 2 BvR 445/91 –, BVerfGE 91, 228 ff.

172 VerfGH Thüringen, Urteil vom 21. Juni 2005 – VerfGH 28/03 –, LVerfGE 16, 593 ff., Juris Rn. 141; Schmitt, DÖV 2013, S. 452 ff., S. 456; Henneke 2012, S. 339; Schoch, VBlBW 2006, S. 122 ff., S. 123; Henneke, DÖV 2013, S. 825 ff., S. 834; Mann, in: Bonner Kommentar zum GG Stand Februar 2018, Art. 28 Rn. 237.

Wenn aber nach den obigen Ausführungen selbst in den Bereichen existentieller Mindestgarantien, in denen das Entstehen der Problemlagen deutlich schwächerer staatlicher Steuerung unterliegt, kein Vorbehalt anzunehmen ist, so muss dies erst recht für den hier vorliegenden Bereich hoher Steuerungsmöglichkeiten gelten.

Dabei bleibt anzumerken, dass dieser Befund in der Rechtsprechung der Landesverfassungsgerichte, die sich für einen Möglichkeitsvorbehalt aussprechen, auffällig wenig Rezeption erfährt. Vielmehr wird dort relativ apodiktisch davon ausgegangen, dass die Annahme eines vorbehaltlosen Mindestanspruchs in Zeiten knapper Budgets quasi automatisch zu einer Verzerrung der staatlichen Ausgabenstruktur zu Gunsten der Kommunalhaushalte und zu Lasten der übrigen staatlichen Aufgabenbereiche führt.[173] Hierbei handelt es sich aber – wie gezeigt – um eine unzulässige Verkürzung, da das derzeitige, überwiegend vom Land selbst vorgegebene Maß an Aufgabenzahl und Qualität ohne Begründung als nicht verhandelbar angenommen wird. Eine Ausnahme hierzu stellt einzig eine jüngere Entscheidung des Verfassungsgerichtshofes Nordrhein-Westfalen dar:

> „Es trifft zwar zu, dass die finanzielle Situation der Kommunen nicht nur durch die Erhöhung von Finanzausgleichsleistungen, sondern auch durch gesetzgeberische Maßnahmen zur Stärkung der Einnahmenseite sowie zur Entlastung auf der Ausgabenseite durch Entzug von Aufgaben oder Absenkung von Standards bei der Aufgabenerfüllung verbessert werden könnte. Auf hierfür erforderliche bundesgesetzliche Regelungen kann das einzelne Land jedoch nur über den Bundesrat hinwirken. Dabei sind es insbesondere bundesrechtliche Regelungen im Sozialbereich, deren Ausführung auf kommunaler Ebene zu Kostensteigerungen geführt hat (vgl. Tappe/Wernsmann, Öffentliches Finanzrecht, 2015, S. 240). Die grundgesetzliche Verteilung von Gesetzgebungs-, Verwaltungs- und Finanzzuständigkeiten (...) bedingt, dass die Möglichkeiten des einzelnen Landes, jenseits von Finanzzuweisungen Maßnahmen zur Verbesserung der kommunalen Finanzsituation umzusetzen, eingeschränkt sind."[174]

Die hierin postulierte Handlungsunfähigkeit der Landesebene zur Aufgabenreduktion ist allerdings erheblich überzeichnet. Wie sich bereits aus

173 Vgl. hierzu insb. die unten (siehe S. 129 ff.) im Einzelnen dargestellte Rechtsprechung des VerfGH NRW.

174 VerfGH Nordrhein-Westfalen, Urteil vom 10. Mai 2016 – VerfGH 19/13 –, NWVBl 2017, 23 ff., Juris Rn. 73.

den oben dargelegten, sehr unterschiedlichen Kommunalisierungsgraden in den verschiedenen Bundesländern zeigt, verfügen diese sehr wohl über beträchtlichen Spielraum, die kommunale Ebene von Aufgaben zu entlasten. Zudem ist es nicht naturgemäßer Weise so, dass die Aufgabenentlastung sich präzise auf die Gebiete beziehen müssen, in der die letzten Kostensteigerungen stattfanden – hier also nach dem Verfassungsgerichtshof NRW die (in Bundeszuständigkeit liegenden) Soziallasten. Vielmehr ist es dem Land unbenommen, wenn es jene nicht ändern kann, *andere* landesrechtlich determinierte Aufgabenbereiche selbst zu übernehmen, Qualitätsvorgaben zu senken oder die Erfüllung dieser Aufgabe gänzlich wegfallen zu lassen.

Eine konsequente Umsetzung eines so verstandenen Zusammenspiels von vorbehaltlosem Mindestanspruch der Kommunen bei Betonung der Möglichkeiten zur Aufgabenkritik Seiten des Landes wäre im Übrigen auch in rechtspolitischer Hinsicht zu begrüßen. Letztlich würde so deutlich besser als nach dem Konkurrenzmodell einer nur relativen Mindestsicherung sichergestellt, dass in Zeiten knapper Kassen die für die de facto nicht mehr leistbaren Aufgaben verantwortliche Politikebene entweder nach dem Bestellerprinzip zusätzliche finanzielle Mittel beibringen müsste oder – will sie dies nicht leisten – staatlich „bestellte" Leistungen konsequent wegfallen lassen muss.[175] Die Alternative – nämlich ein faktisches Aushungern der kommunalen Ebene[176] ohne Notwendigkeit staatlicher Aufgabenkritik[177] –, hat hiermit verglichen keinen erkennbaren Vorteil. Vielmehr leistet sie latent der ohnehin endemischen Politikverdrossenheit Vorschub, indem sie Verantwortlichkeiten unkenntlich machen hilft: die sich ergebende Krise der kommunalen Haushalte ist vor Ort spürbar, die Ursache hierfür liegt hingegen auf Landesebene, die trotz fehlender Finanzmittel keine an sich zwingenden Aufgabenreduzierungen vornehmen muss. Für den nicht einschlägig bewanderten Bürger bleibt hingegen dieser Ursache/Folge-Mechanismus weitgehend undurchschaubar – er sieht

175 So auch: Joritz, KommJur 2006, S. 6 ff.; Lange 2013, S. 1038.

176 Anschaulich die Formulierung von Schwarz, ZKF 2009, S. 241 ff., S. 245: Kommunalhaushalte als „Reservekassen" der Länder. Kritisch unter besonderer Betonung der negativen Auswirkungen der sog. Schuldenbremse für die kommunalen Haushalte auch: Lorenz, DVP 2012/2013, S. 491 ff.

177 Henneke bezeichnet eine bloß relative Finanzgarantie als „Einladung" an die Landesgesetzgeber zur Aushöhlung der kommunalen Selbstverwaltung, vgl. Henneke 2012, S. 337.

sich allenfalls mit verschiedenen politischen Akteuren konfrontiert, die bei der Frage nach Verantwortlichkeiten wechselseitig auf andere zeigen.[178]

cc) Entstehungsgeschichte

Der Annahme einer nicht relativierbaren Mindestausstattungsgarantie steht im Übrigen auch nicht die oben bereits erwähnten gesetzgeberischen Erwägungen im Zuge der Verfassungsreform 1994 entgegen. Wie bereits näher ausgeführt (siehe oben S. 41 ff.) bezweckte die damalige Ergänzung keine Änderung der materiellen – wenn auch auslegungsbedürftigen – Rechtslage. Und auch die weiter zurück gehende historische Auslegung spricht eher gegen als für einen Leistungsfähigkeitsvorbehalt: Art. 8 Abs. 2 des bayerischen Entwurfes für den Herrenchiemsee-Konvent sah, bezogen auf die Finanzierung des Bundes im Verhältnis Bund-Länder, einen Leistungsfähigkeitsvorbehalt der Länder vor[179] – Leistungsfähigkeitsbegrenzungen waren mithin durchaus Gegenstand der Beratungen, haben jedoch letztlich keinen Niederschlag im Grundgesetz gefunden.

d) Ergebnis

Im Ergebnis spricht damit alles dafür, dass die Mindestausstattungsgarantie des Art. 28 Abs. 2 GG nicht unter Finanzierbarkeitsvorbehalt steht. Auch sprachlich wäre im Übrigen ein „relativierbarer" „*Mindest*anspruch" ein Widerspruch in sich – bezeichnet doch der Begriff des „Mindestanspruchs" eine absolute Grenze nach unten – die dann aber durch den Zusatz „relativierbar" wieder weitgehend entwertet und damit inhaltsleer und konturlos wird.

Im Sinne einer derartigen, abwägungsfesten und damit vorbehaltlosen Mindestgarantie aus Art. 28 Abs. 2 GG hat im Übrigen mittlerweile auch

---

178 So auch: Schenke, NJW 2014, S. 2542 ff., S. 2543; kritisch schon Schmidt-Jortzig 1982, § 16 Rn. 812: „Insgesamt stellt sich das System der kommunalen Finanzverfassung als ein wenig einsichtiges (…) Glacis von Finanzierungsströmen dar (…). Das Gesamtsystem des Finanzausgleiches müsste durchsichtiger gestaltet und wesentlich vereinfacht werden, (…)".

179 Der Parlamentarische Rat 1948-1949, 1981, S. 1: *„Soweit diese Einnahmen nicht ausreichen, sind die übersteigenden Ausgaben durch Beiträge der Länder nach Maßgabe ihrer Leistungsfähigkeit zu decken"*.

das Bundesverwaltungsgericht entschieden.[180] Auch in der Rechtswissenschaft überwiegen die Stimmen, die sich für einen abwägungsfesten Anspruch aussprechen.[181]

Die Landesverfassungsgerichtsbarkeit hingegen vermeidet fast durchgehend eine (explizite) Befassung mit dieser Thematik und konzentriert sich auf die jeweiligen Bestimmungen ihres eigenen Verfassungsraumes. Eine Ausnahme hierzu ist lediglich der Verfassungsgerichtshof Nordrhein-Westfalen, der unter Verweis auf den weiten Spielraum, den Art. 28 Abs. 2 GG den Bundesländern bei der Ausgestaltung des kommunalen Finanzausgleiches belässt, davon ausgeht, dass eine finanzierungsvorbehaltlose Mindestausstattung nicht zu gewährleisten sei – und die gegenteiligen Rechtsprechung des Bundesverwaltungsgerichts explizit ablehnt.[182]

5. Art. 28 Abs. 2 GG als kommunal-subjektiver Mindestausstattungsanspruch

In den vorherigen Kapiteln wurde anstelle des Begriffes „Mindestausstattungs*anspruch*" bewusst häufig der Begriff der „Mindestausstattungsgarantie" verwendet. Denn mit dem Begriff des „Anspruches" ist ein Normverständnis als *subjektives Recht jeder einzelnen Kommune auf Mindestausstattung* eng verbunden. Der Schluss von einem Mindestausstattungs*rechtssatz* auf ein für jede einzelne Kommune *subjektives Recht*, ist in dem hier vorliegenden Kontext jedenfalls nicht ohne weiteres zulässig. Wendet man nämlich die Möglichkeit eines aus Art. 28 Abs. 2 GG fließenden subjektiven Rechts oder „Anspruches" auf die jeweils einschlägigen Landesnormen des *vertikalen* Finanzausgleiches an, ergibt sich ein subjektiv-rechtlicher Anspruch auf hinreichende Dotierung der Finanzausgleichsmasse insgesamt.

---

180 BVerwG, Urteil vom 31. Januar 2013 – 8 C 1/12 –, BVerwGE 145, 378 ff., Juris Rn. 20.

181 Siehe etwa: Lange, DVBl 2015, S. 457 ff., S. 459; Schmitt, DÖV 2013, S. 452 ff., S. 456; Joritz, KommJur 2006, S. 6 ff., S. 8 f.; Henneke, DÖV 2013, S. 825 ff., S. 834; Henneke, DVBl 2013, S. 1186 ff., S. 1187; Albers, NdsVBl 2011, S. 1 ff., S. 5; Mann, in: Bonner Kommentar zum GG, Stand Februar 2018, Art. 28 Rn. 46; Dreier, in: Dreier, GG, 3. A. 2013 (Bd. I) bzw. 2015 (Bd. II), Art. 28 Rn. 151; wohl ebenso: Mehde, in: Maunz/Düring, GG, 80. A. 2018, Art. 28 II Rn. 86 a.E. sowie Vogelsang, in: Berliner Kommentar zum GG, Stand Mai 2018, Art. 28 Rn. 169 f.

182 VerfGH Nordrhein-Westfalen, Urteil vom 06. Mai 2014 – VerfGH 14/11 –, DÖV 2014, 758 ff., Juris Rn. 57 ff.

Blickt man hingegen auf den *horizontalen* Finanzausgleich, so liegt ein Anspruch jeder einzelnen Kommune auf spezifisch auch für sie hinreichende Ausstattung „am Ende der Verteilungskette“ zum Greifen nahe. Insbesondere letzteres ruft naturgemäß die Landes-(haushalts-) Gesetzgeber auf den Plan, die (ob zu Recht oder zu Unrecht) eine hierdurch bedingte Überforderung der Staatsfinanzen aufziehen sehen. Es nimmt daher nicht Wunder, dass die Frage nach dem Umfang der „Versubjektivierung“ möglicher Mindestausstattungsrechtssätze zu den umstrittenen Feldern des kommunalen Finanzausgleichsrechts zählt. Vertreten werden hier insbesondere zwei unterschiedliche Ansätze. Teilweise wird – entweder für Art. 28 Abs. 2 GG oder die entsprechenden landesrechtlichen Verfassungsnormen – von einer nur institutionellen Garantie, die auf ausreichende Ausstattung der Finanzausgleichsmasse insgesamt gerichtet ist, ausgegangen[183], teilweise darüber hinaus auch von einem subjektiven Mindestausstattungsanspruch jeder einzelnen Kommune[184] (im Folgenden: kommunal-subjektiver Mindestausstattungsanspruch).

Bei der folgenden Klärung der Frage nach der „Versubjektivierung“ der obigen Aussagen zu Art. 28 Abs. 2 GG soll daher nach den Aussagen des Art. 28 Abs. 2 GG zum vertikalen (aa) bzw. horizontalen (bb) Finanzausgleich differenziert werden.

aa) Subjektivierung der Aussagen zum horizontalen Finanzausgleich

Grundsätzlich ist für alle in Art. 28 Abs. 2 GG enthaltenen Garantien geklärt, dass eine solche Subjektivierung gegeben ist: die in Art. 28 Abs. 2 GG objektiv-rechtlich enthaltenen Garantien sind den einzelnen Kommunen

183 VerfGH Nordrhein-Westfalen, Urteil vom 06. Mai 2014 – VerfGH 14/11 –, DÖV 2014, 758 ff., Juris Rn. 38; VerfGH Bayern, vom 18. April 1996 – Vf. 13-VII-93 –, NVwZ-RR 1997, 301, Juris Rn. 95, ebenso wohl: LVerfG Sachsen-Anhalt, Urteil vom 13. Juli 1999 – LVG 20/97 –, NVwZ-RR 2000, 1, S. 7.

184 VerfG Brandenburg, Urteil vom 16. September 1999 – LVerfG 28/98 –, LVerfGE 10, 237 ff., Juris Rn. 112; LVerfG Mecklenburg-Vorpommern, Urteil vom 11. Mai 2006 – LVerfG 1/05 –, LVerfGE 17, 297 ff., Juris Rn. 110; i.d.S. wohl auch: StGH Hessen, Urteil vom 21. Mai 2013 – P.St. 2361 –, NVwZ 2013, 1151, Juris Rn. 125 i.V.m. 183; von Mutius, Landesverfassung SH 1995, Art. 49 Rn. 13; zustimmend: Henneke 2012, S. 340 ff.; Meyer, NVwZ (Sonderheft) 2001, S. 36 ff., S. 37; Schwarz, ZKF 2002, S. 242 ff., S. 245; Schwarz, ZKF 2002, S. 242 ff.; weiterführend: Volkmann, DÖV 2001, S. 497 ff., 504.

als subjektive Rechte eingeräumt.[185] Im Hinblick auf die finanzielle Mindestgarantie für die einzelne Kommune (mithin für den Aussagegehalt von Art. 28 Abs. 2 GG mit Bezug zum horizontalen Finanzausgleich) sind keine überzeugenden Gründe zu erkennen, weshalb von diesem Grundsatz der Versubjektivierung der objektiven Rechtslage nach Art. 28 Abs. 2 GG abgewichen werden sollte.[186] Vielmehr spricht der oben herausgearbeitete Umstand, dass wir es hier dogmatisch mit Recht aus der Leistungsdimension zu tun haben (siehe oben S. 25 ff.), ergänzend für die Subjektivierung – sind doch derartige Rechtssätze ihrem Wesen nach als *Ansprüche* gefasst und stellen entsprechend kommunal-subjektive Rechte jeder einzelnen Kommune dar.[187] Das immer wieder dagegengehaltene Argument der Überforderung des Landeshaushalts kann dem nicht überzeugend entgegen gehalten werden, wie bereits oben herausgearbeitet.

bb) Subjektivierung der Aussagen zum vertikalen Finanzausgleich

Deutlich problematischer ist hingegen die Frage nach der Versubjektivierung der Garantien zum *vertikalen* Finanzausgleich zu beantworten.

Dies erscheint auf den ersten Blick deshalb überraschend, weil die finanzielle Ausstattung der kommunalen Ebene eben in allen Flächenstaaten zentral durch die jeweiligen kommunalen Finanzausgleichsgesetze und dort durch den vertikalen Teil – nämlich die Definition der Finanzaus-

---

185 Jarass/Pieroth, GG-Kommentar, 15. A. 2018, Art. 28 Rn. 20; Meyer, NVwZ (Sonderheft) 2001, S. 36 ff., S. 37; Ehlers, DVBl 2000, S. 1301 ff., S. 1305 ff.; BVerfG, Urteil vom 21. November 2017 – 2 BvR 2177/16 –, Juris Rn. 54 m.w.N.; Mehde, in: Maunz/Düring, GG, 80. A. 2018, Art. 28 II Rn. 45; Dreier, in: Dreier, GG, 3. A. 2013 (Bd. I) bzw. 2015 (Bd. II), Art. 28 Rn. 94 ff.; Vogelsang, in: Berliner Kommentar zum GG Stand Mai 2018, Art. 28 Rn. 126 ff.

186 So wie hier – allerdings häufig ohne Trennung zwischen vertikalem und horizontalem Finanzausgleich – etwa StGH Niedersachsen, Urteil vom 16. Mai 2001 – StGH 6/99 u.a. –, DVBl. 2001, 1159 ff., Juris Rn. 141 und StGH Niedersachsen, Urteil vom 07. März 2008 – StGH 02/05 –, Nds MBl, Juris Rn. 57; VerfG Brandenburg, Urteil vom 16. September 1999 – LVerfG 28/98 –, LVerfGE 10, 237 ff., Juris Rn. 113; VG Schwerin, Urteil vom 20. Juli 2016 – A 387/14 –, ZKF, Juris Rn. 48; StGH Hessen, Urteil vom 21. Mai 2013 – P.St. 2361 –, NVwZ 2013, 1151, Juris Rn. 184; LVerfG Mecklenburg-Vorpommern, Urteil vom 11. Mai 2006 – LVerfG 1/05 –, LVerfGE 17, 297 ff., Juris Rn. 110.

187 So nun auch VG Schwerin, Urteil vom 20. Juli 2016 – A 387/14 –, ZKF, Juris Rn. 48 ff. und auch die ganz h.M. in der Rechtswissenschaft, vgl. statt vieler etwa Lange 2013, S. 1031.

gleichsmasse – determiniert wird. Verstärkt wird diese Vorannahme der Versubjektivierung auch dieses Aspektes von Art. 28 Abs. 2 GG durch den Umstand, dass gerade in den Entscheidungen der Landesverfassungsgerichte der Begriff des Mindestanspruchs regelmäßig im engen Kontext mit Fragen des vertikalen Finanzausgleiches Verwendung findet (siehe oben S. 19 f.).

Bei genauerer Betrachtung ist es jedoch nicht ganz selbstverständlich, auch die Aussagen des Art. 28 Abs. 2 GG zum vertikalen Finanzausgleich zu versubjektivieren. Zweifel ergeben sich aus dem Umstand, dass ggf. festzustellende Mindestansprüche regelmäßig nicht nur gruppenbezogen, sondern in jedem Einzelfall zu gewährleiten sind (siehe oben S. 94 ff.) – was in der Konsequenz mit sich bringt, dass eine ggf. festzustellende konkrete Unterfinanzierung einer Kommune auch dann zu beheben ist, wenn die insgesamt zur Verfügung gestellte Finanzausgleichsmasse erschöpft ist (vgl. oben S. 71). Wenn es damit aber ohnehin *im Ergebnis* für die einzelne Kommune nicht auf die Höhe der im vertikalen Finanzausgleich zur Verfügung gestellten Masse ankommt – der Mindestanspruch ist eben in jedem Fall zu erfüllen –, könnte es auch (aus der Perspektive der Kommune) dahinstehen, wie der vertikale Finanzausgleich ausgestaltet ist. Für eine subjektiv-rechtliche Ausgestaltung dieses Aspekts des Art. 28 Abs. 2 GG bestünde dann streng genommen gar kein Bedarf.

Für die Versubjektivierung der Aussagen des Art. 28 Abs. 2 GG auch zum vertikalen Finanzausgleiches spricht der verfahrensbezogene Ansatz bei der Ausfüllung des Aussagegehaltes von Art. 28 Abs. 2 GG (siehe oben S. 64 ff.): Gibt man den Kommunen mangels subjektiver Rechtsstellung gar nicht die Möglichkeit, das bei der Dotierung des vertikalen Finanzausgleiches angewandte Verfahren zur Überprüfung zu stellen, besteht die Gefahr, dass sich der Gesetzgeber dieser Verfahrensfragen nicht mit der gebotenen Sorgfalt widmet. Eine verfahrensmäßig strukturierte – und im Ergebnis für den Haushaltsgesetzgeber möglicherweise unbequeme – Überprüfung des Finanzausgleichssystems in Hinblick auf die erforderliche Mindestausstattung der kommunalen Ebene wird dann mit deutlich höherer Wahrscheinlichkeit unterbleiben. Ein derartiger Ansatz kollidiert recht offenkundig mit dem oben skizzierten Ansatz des Schutzes der kommunalen Rechtsposition gerade auch durch Verfahren.

Die Auflösung dieses Problems ergibt sich auch hier wieder aus dem oben herausgearbeiteten Grundsatz, dass dem Gesetzgeber – wie aufgezeigt – bei der Frage, wie er dem Mindestausstattungsgebot Genüge tun will, ein weiter Gestaltungsspielraum zukommt. Dieser bezieht sich naturgemäß vor allem auch auf die anzuwendende Regelungstechnik zur Wahrung der

Mindestausstattungsgarantien. Entsprechend dürfte wie folgt zu differenzieren sein:

Entscheidet sich der Gesetzgeber für eine Ausgestaltung des kommunalen Finanzausgleichssystems, die die Mindestausstattungsgarantien des Art. 28 Abs. 2 GG (zusammen mit evtl. bestehenden Ansprüchen auf angemessene Ausstattung) über das jeweilige Kommunalfinanzausgleichsgesetz (mit-) gewährleistet, so ist dieser Mechanismus entsprechend auf die oben ausgeführte Wahrung der Grenzen des Ausgestaltungsspielraums zu prüfen. Da in derartigen Mechanismen regelmäßig die Definition der erforderlichen Finanzausgleichsmasse der erste und zentrale Schritt ist, ist diese – und damit der vertikale Finanzausgleich – auch Gegenstand der Überprüfung, ob der Mindestausstattungsgarantie hinreichend Rechnung getragen wurde. Denn ein System, welches den Anspruch erhebt, neben dem Anspruch auf angemessene Ausstattung (auch) den Mindestanspruch gerecht zu werden, aber bereits auf der ersten Stufe hierzu jede Ermittlung des erforderlichen Betrages schuldig bliebe, überschritte den gesetzgeberischen Ausgestaltungsspielraum ersichtlich.

Anders hingegen läge es, wenn der Gesetzgeber die Problematik des Mindestausstattungsanspruches gesehen und bewusst auf anderem Wege adressiert hätte – etwa außerhalb des dann nur auf den Anspruch auf angemessene Ausstattung fokussierenden Kommunalausgleichssystems oder innerhalb dieses Systems durch eine explizite und abschließende Sonderregelung. In diesem Fall, wäre nur diese Regelung Gegenstand der Überprüfung anhand des Mindestausstattungsgebotes des Art. 28 Abs. 2 GG.

Welcher der beiden Fälle konkret vorliegt, dürfte dabei regelmäßig anhand sorgfältiger Auslegung der Systematik und Entstehungsgeschichte der maßgeblichen einfachgesetzlichen Rechtslage zu ermitteln sein. Wie eine derartige Auslegung konkret ausgestaltet werden kann, kann unten anhand der Rechtslage einiger Bundesländer näher nachvollzogen werden (siehe unten S. 129 ff.)

6. Der Mindestausstattungsanspruch des Art. 28 Abs. 2 GG auf Kreisebene

Das finanzverfassungsrechtliche Verhältnis zwischen Kreisen und dem Land sowie zwischen Kreisen und den kreisangehörigen Gemeinden erweist sich als ausgesprochen komplex. Insbesondere die Rechtsprechung zu einer Fülle von Einzelfragen zur Kreisumlage ist mittlerweile ausgesprochen ausdifferenziert. Die folgenden Ausführungen beschränken sich vor diesem Hintergrund strikt auf Fragestellungen der kommunalen Mindestausstattung, während andere Fragestellungen, die insbesondere die Umlageproblematik wesentlich mitsteuern (etwa das Prinzip der finanziellen Gleichwertigkeit von Kreis- und Gemeindeebene)[188], ausgeklammert bleiben. Dabei sind zwei Fragekreise zu unterscheiden. Einmal stellt sich die Frage, ob die Kreise – neben dem jeweiligen Bundesland – ebenfalls Verpflichtete aus Art. 28 Abs. 2 GG bzw. den einschlägigen landesverfassungsrechtlichen Normierungen eines Mindestausstattungsanspruches sind. Diese Frage war vielfach Gegenstand inzidenter Erörterungen im Kontext von Fragen der Kreisumlagen und darf (deshalb) als weitgehend geklärt gelten (unten a). Deutlich offener ist hingegen die Frage, ob die Kreise nicht nur (im Verhältnis zu „ihren" Kommunen) Anspruchs*verpflichtete*, sondern auch (im Verhältnis zum jeweiligen Bundesland) Anspruchs*berechtigte* sind (unten b).

a) Kreise als Verpflichtete

Bereits oben wurde im Einzelnen herausgearbeitet, dass es sich bei dem Mindestausstattungsanspruch im Ergebnis um einen Rechtssatz aus der Leistungsdimension des kommunalen Selbstverwaltungsrechts handelt. Anspruchsgegner ist – jedenfalls aus gemeindlicher Sicht – das jeweilige Bundesland. Es ist, wie oben ausgeführt, Aufgabe der *Landesebene*, den Gemeinden das nötige Existenzminimum zu gewährleisten.

De facto hängt der Umfang des finanziellen Spielraumes in den Kommunen vor Ort allerdings nicht nur vom finanziellen Gebaren des jeweiligen Landes ab, sondern ebenso von dem finanzwirtschaftlichen Verhalten des jeweiligen Kreises. Denn wieviel Geld am Ende des Tages in der kommunalen Kasse für Selbstverwaltungsaufgaben verbleibt, hängt nicht nur von der vertikalen und horizontalen Steuerung der Finanzausgleichsströme ab, sondern ebenso von der Höhe und Ausgestaltung, der jeweiligen Kreisumlagen. Mit diesen Umlagen decken die Kreise einen großen Teil ihrer finanziellen Bedarfe, zudem handelt es sich um den einzigen Bereich, in dem die Kreise Einnahmen eigenständig steuern können. Verkürzt ausgedrückt: auch eine über den kommunalen Finanzausgleich vom Land gut ausgestattet Kommune kann unter das kommunale Existenzminimum ab-

188 Vgl. hierzu etwa Kalscheuer und Harding, NVwZ 2017, S. 1506 ff., S. 1507 m.w.N.; BVerwG, Urteil vom 31. Januar 2013 – 8 C 1/12 –, BVerwGE 145, 378 ff., Juris Rn. 13.

sinken, wenn der Kreis über die Kreisumlage wieder nimmt, was das Land zuvor gegeben hat.[189]

Es nimmt daher nicht Wunder, dass die verwaltungsgerichtliche Rechtsprechung immer wieder Anlass hat, sich zu der Frage zu äußern, ob auch die Kreise an die verfassungsrechtlichen Mindestausstattungsverbürgungen gebunden sind.[190] Und ebenso ist es nicht erstaunlich, dass diese Frage sowohl in Rechtswissenschaft als auch Rechtsprechung soweit ersichtlich jedenfalls im Grundsatz einheitlich bejaht wird.[191]

Dieses Ergebnis liegt schon aus der Natur der Sache heraus auf der Hand: Es wäre widersinnig, fein ausgearbeitete Mindestausstattungsansprüche zu etablieren, wenn diese sodann im letzten Schritt zur freien Disposition einer weiteren Ebene in unserem vielschichtigen Verwaltungsaufbau stünde – nämlich hier der Kreisebene. Aber auch dogmatisch lässt sich dies bruchlos mit der oben behandelten Struktur des Mindestausstattungsrechtssatzes als *zunächst vor allem objektives* Verfassungsrecht erklären (siehe oben). In seiner versubjektivierten Form kennt der Mindestausstattungsanspruch *Anspruchsinhaber* (Gemeinden, ggf. auch Kreise) und *Anspruchsverpflichtete* (das jeweilige Land). In der der Versubjektivierung *zugrundeliegenden* Qualität als vorrangig *objektives* Verfassungsrecht ist der Mindestausstattungsrechtssatz hingegen schon nach Art. 20 Abs. 3 GG von jeder Staatsgewalt, und damit eben auch von den Kreisen zu beachten. Hierdurch werden die Kreise nicht Anspruchsgegner in dem Sinne, dass es nunmehr an ihnen liegt, Leistungsansprüche zu bedienen. Sehr wohl aber werden sie verpflichtet, die vom Land zu gewährende Mindestausstattung nicht durch die Gestaltung der Umlage ihrerseits zu schmälern. Daher ist es notwendig, bei der Aufstellung der entsprechenden Satzungen hinreichende Erwägungen zum Schutz der Mindestausstattungen der kreisange-

---

189 Anschaulich: Rätz und Manns, Gemeindehaushalt, S. 217 ff.

190 Vgl. etwa zuletzt VG Bayreuth, Urteil vom 10. Oktober 2017 – B 5 K 15.701 –, Juris; VG Schwerin, Urteil vom 20. Juli 2016 – 1 A 387/14 –, ZKF; OVG Thüringen, Urteil vom 07. Oktober 2016 – 3 KO 94/12 –, ZKF.

191 Vgl. etwa: Diemert, Gemeindehaushalt 2013, S. 171 ff., S. 171 ff.; Henneke, DVBl 2018, S. 133 ff., 133 ff.; BVerwG, Urteil vom 31. Januar 2013 – 8 C 1/12 –, BVerwGE 145, 378 ff., Juris Rn. 36; BVerwG, Urteil vom 16. Juni 2015 – 10 C 13/14 –, BVerwGE, Juris Rn. 28; zuvor noch offen gelassen in BVerwG, Beschluss vom 24. April 1996 – 7 NB 2/95 –, BVerwGE, Juris Rn. 17; OVG Thüringen, Urteil vom 07. Oktober 2016 – 3 KO 94/12 –, ZKF, Juris Rn. 48 f.; VG Bayreuth, Urteil vom 10. Oktober 2017 – B 5 K 15.701 –, Juris Rn. 33; VG Schwerin, Urteil vom 20. Juli 2016 – 1 A 387/14 –, ZKF, Juris Rn. 47.

hörigen Gemeinden zu dokumentieren.[192] An dieser Stelle, so könnte man sagen, zeigt sich der Mindestausstattungsrechtssatz wirklich einmal in seiner abwehrrechtlichen Dimension. Die praktischen Konsequenzen sind für die Kreisebene dabei erheblich. Da die gemeindliche Mindestausstattung jeder Umlage eine absolute Grenze setzt, kann die Kreisebene im Falle ihrer eigenen Unterausstattung diese nicht (mehr) auf die Gemeindeebene verlagern.[193] Im Einzelfall kann dies bedeuten, dass die Kreisebene noch hinter die Ausstattung der Gemeindeebene zurückfällt – und nun ihrerseits Mindestausstattungsansprüche beim Land anmelden muss.[194]

b) Kreise als Berechtigte?

Von einer Klärung deutlich weiter entfernt ist hingegen die nach allem naheliegende Frage, ob die Kreise selbst auch *Berechtigte* eines verfassungsrechtlich verbürgten Anspruches auf Mindestausstattung sind.

Ein einfacher Verweis auf die Erwägungen zum gemeindlichen Mindestausstattungsanspruch verbietet sich, da die verfassungsrechtliche Ausgangslage erhebliche Unterschiede aufweist. Denn Ausgangspunkt der Erwägungen zum gemeindlichen Mindestausstattungsanspruch ist stets die gemeindliche Selbstverwaltungsgarantie und damit die stets zu gewährleistende Fähigkeit zur Erledigung eines gewissen *Mindestbestandes an freiwilligen Selbstverwaltungsaufgaben*. Genau an diesem Ausgangspunkt fehlt es jedoch bei den Kreisen, da der Kreisebene eben gerade keine garantierten Selbstverwaltungsaufgaben zustehen. Ein originärer, gegen Aufgabenentzug absolut geschützter Aufgabenbereich kommt den Kreisen nicht zu.[195] Entsprechend ist es auch nicht möglich, Mindestausstattungsansprüche hieran dogmatisch anzubinden.

---

192 Vgl. zuletzt OVG Berlin-Brandenburg, Beschluss vom 24. April 2017 – OVG 12 N 58.16 –, ZKF, Juris Rn. 9 ff.; OVG Thüringen, Urteil vom 07. Oktober 2016 – 3 KO 94/12 –, ZKF, Juris Rn. 52; VG Bayreuth, 10.10.2017 – B 5 K 15.701 –, Juris Rn. 36; VG Schwerin, Urteil vom 20. Juli 2016 – 1 A 387/14 –, ZKF, Juris Rn. 51; ausführlich zu den prozeduralen Konsequenzen für die Kreise: Henneke, DVBl 2018, S. 133 ff., 141 ff.

193 Henneke, a.a.O., S. 138 ff.

194 Ausführlich: Diemert, Gemeindehaushalt 2013, S. 171 ff., S. 174.

195 BVerfG, Urteil vom 20. Dezember 2007 – 2 BvR 2433/04 –, BVerfGE 119, 331 ff., Juris Rn. 116 m.w.N.; Mehde, in: Maunz/Düring, GG, 80. A. 2018, Art. 28 II Rn. 135; Dreier, in: Dreier, GG, 3. A. 2013 (Bd. I) bzw. 2015 (Bd. II), Art. 28 Rn. 161.

Es wäre aber dennoch zu kurz gesprungen, allein deshalb jedweden Mindestausstattungsanspruch der Kreisebene abzulehnen. Denn gänzlich zur Disposition des Gesetzgebers steht auch die Aufgabenzuweisung an die Kreisebene nicht. Vielmehr darf in Wissenschaft und Rechtsprechung als gesichert gelten, dass auch die Kreisebene Anspruch auf Zuweisung eines Mindestbestandes an Aufgaben hat und als solche nicht zur Disposition des Gesetzgebers steht.[196] Es liegt nahe, an diesen Mindest*bestand* an Aufgaben auch einen entsprechenden Mindest*ausstattungsanspruch* anzuknüpfen. Denn *insoweit* gelten die obigen Argumente für die Existenz eines Mindestanspruches entsprechend. Insbesondere greift auch hier der Grundansatz durch, dass verfassungskräftig verbürgte Mindestausstattungsansprüche jedenfalls dann naheliegen, wenn die entsprechenden Verfassungsgeber von der Existenz kommunaler Gebietskörperschaften – hier der Kreisebene – ausgegangen sind, deren Fortbestehen als Selbstverständlich angenommen und entsprechend die explizit enthaltenen Gewährleistungen an diese Grundannahmen angeknüpft haben (siehe hierzu im Einzelnen oben S. 41 ff.).

Folglich dürfte im Ergebnis durchaus auch hier von der Existenz eines auch kreislichen Mindestausstattungsanspruches auszugehen sein. Davon scheint im Übrigen (wenn auch ohne nähere Begründung) auch das Bundesverwaltungsgericht auszugehen. Es verweist die Kreise im Kontext von Entscheidungen zur Kreisumlage darauf, ihren *kreislichen* Mindestausstattungsanspruch gegenüber dem Land geltend zu machen – statt ihrerseits im Wege der Kreisumlage den Mindestausstattungsanspruch der kreisangehörigen Gemeinden zu beeinträchtigen.[197]

Wenig zu ergänzen ist schließlich im Hinblick auf den Inhalt eines derartigen kreislichen Mindestausstattungsanspruches. Gewährleistet ist analog zu den obigen Erwägungen im Wesentlichen die Wahrung prozeduraler Anforderungen. Der Gesetzgeber schuldet also auch hier kein konkretes Ausstattungsergebnis, sondern eine – auch hier: bedarfsgerechte – prozedurale Absicherung des kreislichen Mindestausstattungsanspruches bei der Ausgestaltung des vertikalen wie horizontalen Finanzausgleiches (siehe oben S. 60 ff.).

---

196 BVerfG, a.a.O.; Dreier, in: Dreier, GG, 3. A. 2013 (Bd. I) bzw. 2015 (Bd. II), Art. 28 Rn. 161; Mehde, in: Maunz/Düring, GG, 80. A. 2018, Art. 28 II Rn. 136.

197 BVerwG, Urteil vom 31. Januar 2013 – 8 C 1/12 –, BVerwGE 145, 378 ff., Juris Rn. 37: *„Ist die eigene Finanzausstattung des Kreises unzureichend, so muss er sich seinerseits an das Land (den Landesgesetzgeber) halten; er kann seine Finanznot nicht auf die kreisangehörigen Gemeinden abwälzen.“*; ebenso: BVerwG, Urteil vom 16. Juni 2015 – 10 C 13/14 –, BVerwGE, Juris Rn. 28.

7. Einfluss von Art. 28 Abs. 2 GG auf die Landesverfassungsgarantien

Als letztes stellt sich bei der Analyse von Art. 28 Abs. 2 GG die Frage nach dem Einfluss von Art. 28 Abs. 2 GG auf die unterschiedlichen Verfassungsräumen der deutschen Bundesländer. Es gilt grundsätzlich, dass jedes Bundesland im Prinzip einen autonomen Verfassungsraum darstellt und dass die Fragen nach Existenz und Inhalt eines *eigenen landesverfassungsrechtlichen Mindestausstattungsanspruches* autonom beantworten kann. Allerdings ist diese Autonomie nicht grenzenlos gewährleistet und insbesondere durch Art. 28 Abs. 2 GG bezogen auf die kommunale Selbstverwaltung erheblich beschränkt.

Die in Art. 28 Abs. 2 GG enthaltenen Garantien sind (naturgemäß) zunächst vom Bundesgesetzgeber zu beachten. Hiermit ist jedoch im Kontext des kommunalen Finanzausgleichsrechts nichts zu bewerkstelligen, sind doch alle einschlägigen Normen der unterschiedlichen Finanzausgleichssysteme Landesrecht. Auch mittelbar sind *bundes*gesetzliche Regelungen mit Auswirkungen auf die finanzielle Mindestausstattung der Kommunen nur schwer vorstellbar, da – wie oben dargelegt – direkte (kostentreibende) Aufgabenübertragungen auf die Kommunen durch die Bundesebene grundgesetzlich ausgeschlossen sind.

Die entscheidende Frage ist damit, welche Bindungswirkung die in Art. 28 Abs. 2 GG enthaltenen Garantien bezogen auf die Mindestausstattung *auf Landesebene* entfalten.

In materiell-rechtlicher Hinsicht ergeben sich ganz signifikante Auswirkungen von Art. 28 Abs. 2 GG auf das Landesrecht (a). In der Praxis allerdings wird dieser – theoretisch – erhebliche Einfluss des Art. 28 Abs. 2 GG auf das landesrechtliche Kommunalfinanzausgleichssystem wieder durch die ausgesprochen komplexe verfassungsprozessuale Gemengelage massiv geschmälert (b).

a) Materiell-rechtliche Stärke des Art. 28 Abs. 2 GG

Aus rein materiell-rechtlicher Perspektive hat Art. 28 Abs. 2 GG eine überragende Bedeutung für die jeweiligen Landesverfassungsräume, und zwar sowohl bezüglich einfachgesetzlicher Bestimmungen des Landesrechts (a) als auch bezogen auf das jeweilige Landesverfassungsrecht (b).

aa) Auswirkungen des Art. 28 Abs. 2 GG auf einfaches Landesrecht

Die Auswirkungen von Art. 28 Abs. 2 GG auf das einfache Landesrecht sind materiell-rechtlich unzweifelhaft. Grundsätzlich darf als in Rechtsprechung und Rechtswissenschaft geklärt gelten, dass Art. 28 Abs. 2 GG als sog. Durchgriffsnorm[198] eine umfassende und unmittelbare Bindung der Landesgesetzgeber begründet, und zwar als unmittelbar geltendes Recht.[199] Den Garantieinhalt des Art. 28 Abs. 2 GG dürfen die Landesgesetzgeber damit nicht unter-, wohl aber überschreiten.[200] Eine dahinter zurückfallende einfachgesetzliche Norm des Landesrechts ist grundgesetzwidrig und damit (wird nicht im Ausnahmefall die befristete Fortgeltung angeordnet) nichtig.[201] Der Garantiegehalt des Art. 28 Abs. 2 GG „regiert“ damit, jedenfalls materiell-rechtlich, tief in die Verfassungsräume der Bundesländer hinein und determiniert damit auch die Wirkkraft des jeweiligen Landesverfassungsrechts. Bleibt dieses hinter dem Gewährleistungsgehalt des Art. 28 Abs. 2 GG zurück, wird es in der praktischen Konsequenz von Art. 28 Abs. 2 GG „überschrieben“ – und damit im Ergebnis irrelevant.

bb) Auswirkungen des Art. 28 Abs. 2 GG auf Landesverfassungsrecht

So eindeutig die Rechtswirkungen des Art. 28 Abs. 2 GG in den jeweiligen Landesverfassungsräumen auf das *einfache* Recht beschrieben werden kann, so komplex erweist sich die Frage nach den Auswirkungen desselben Artikels auf das jeweilige Landes*verfassungs*recht.

(1) Widerspruchsvermeidung auf Ebene der Auslegung

Eindeutig ist feststellbar, dass Art. 28 Abs. 2 GG eine überragende Bedeutung bei der *Auslegung* der entsprechenden Landesverfassungsnormen zu-

---

198 Statt vieler: Nierhaus/ Engels, in: Sachs, GG-Kommentar, 8. A. 2018, Art. 28 Rn. 39 m.w.N.

199 BVerfG, Urteil vom 20. März 1952 – 1 BvR 267/51 –, BVerfGE 1, 167 ff., Juris Rn. 9; Tettinger/ Schwarz, in: Mangold/ Klein/ Starck, GG-Kommentar, 6. A. 2010Bd. 2, Art. 28 Rn. 136 m.w.N.

200 Vgl. nur Hellermann, in: BeckOK GG, 39. A. Stand 15.11.2018, Art. 28 Rn. 27.

201 Vgl. exemplarisch: BVerfG, Urteil vom 30. Juli 2008 – 1 BvR 3262/07 –, BVerfGE 121, 317 ff., Juris Rn. 161.

kommt, und zwar sowohl aus dogmatischen, als auch aus rechtstatsächlichen Gründen.

Wie bereits oben dargelegt wirkt Art. 28 Abs. 2 GG unmittelbar im jeweiligen Landesverfassungsraum und bindet damit nicht nur den einfachen Gesetzgeber, sondern auch den (Landes-) Verfassungsgeber.[202] Diese Bindung wird durch Art 28 Abs 3 GG nicht nur vorausgesetzt, sondern weiter verstärkt, in dem es dem Bund die Pflicht auferlegt, zu „gewährleisten", dass die Verfassungen der Länder den inhaltlichen Vorgaben (auch) des Art. 28 Abs. 2 GG entsprechen – und damit vor allem nicht hinter diese zurückfallen. Auf Ebene der Auslegung folgt hieraus, dass die einschlägigen Artikel der Landesverfassungen – im Rahmen des nach den einschlägigen Auslegungsregeln Möglichen – grundgesetzkonform so auszulegen sind, dass ein Konflikt bzw. ein Zurückbleiben hinter das nach Art. 28 Abs. 2 GG zu gewährende Maß vermieden wird.[203] Naturgemäß ist die Auslegung dabei allerdings an die gängigen Auslegungsmethoden (grammatische Auslegung, systematische Auslegung, teleologische Auslegung und historische Auslegung)[204] gebunden. Rechtsdogmatisch ist es mithin denkbar, dass eine Bestimmung des Landesverfassungsrechts nach Ausschöpfung aller Auslegungsmethoden hinter die Vorgaben des Art. 28 Abs. 2 GG zurückfällt.[205] Dies kann dann auch das jeweils zuständige Landesverfassungsgericht nicht durch ein „Machtwort" „retten" – jenseits der

---

202 I.d.S. wohl Nierhaus/ Engels, in: Sachs, GG-Kommentar, 8. A. 2018, Art. 28 Rn. 39; Dreier, in: Dreier, GG, 3. A. 2013 (Bd. I) bzw. 2015 (Bd. II), Art. 28 Rn. 83; Mehde, in: Maunz/Düring, GG, 80. A. 2018, Art. 28 II Rn. 20 ff.

203 Beispiele für derartige, einen Konflikt mit Bundesnormen vermeidende Auslegung von Landesverfassungsrecht: BVerfG, Urteil vom 30. Juli 2008 – 1 BvR 3262/07 –, BVerfGE 121, S. 317 ff.; BVerfG, Urteil vom 08. Februar 2001 – 2 BvF 1/00 –, BVerfGE 103, S. 111 ff.; VerfGH Bayern, Urteil vom 17. September 1999 – Vf. 14-VII-98 –, BayVerfGHE 52, S. 104 ff, = BeckRS 1999, 17877, dort Rn. 164; vgl. weiterführend auch: Sander, NVwZ 2002, S. 45 ff.; Bartlsperger, in: Isensee und Kirchhof 2011, Bd. IV, § 9 Rn. 24; Bethge, in: Maunz/Schmidt-Bleibtreu, BVerfGG Stand 2018, § 31 Rn. 82; Magen, in: Umbach/ Clemens/ Dollinger, BVerfGG-Kommentar, 2. A. 2005, § 91 Rn. 35 ff.

204 Vgl. etwa Leibholz/ Rinck, GG-Kommentar, Stand März 2017, Einf. Rn. 8 ff.; aus der Rechtsprechung der Landesverfassungsgerichtsbarkeit vgl. etwa: StGH Hessen, Urteil vom 19. Mai 1976 – P.St. 757 –, ESVGH 27, 15 ff., Juris Rn. 76 ff.

205 Vgl. hierzu aber VG Düsseldorf, Urteil vom 10. Juni 2016 – 1 K 4093/11 –, BeckRS 2016, 47457, welches – zu weitgehend – anzunehmen scheint, dass es dem jeweiligen Landesverfassungsgericht in jedem Fall obliege, *„sicherzustellen (...), dass der eigene Prüfungsmaßstab – die Landesverfassung – mit dem Grundgesetz vereinbar ist"* – und dabei übersieht, dass auch das Landesverfassungsgericht nicht befugt ist, eine Norm über die Auslegungsgrenzen hinaus „umzuschrei-

Auslegungsgrenze endet die Möglichkeit der Landesverfassungsgerichtsbarkeit, eine Kollision von Landes- und Bundesrecht zu „verhindern".

In der Rechtspraxis wird letzteres allerdings regelmäßig zu vermeiden sein. Tatsächlich haben die Landesverfassungsgerichte insbesondere im Bereich des Art. 28 Abs. 2 GG ein hohes Maß an Eigeninteresse, im Wege der Auslegung eine Kohärenz zwischen „ihrem" Landesrecht und den Vorgaben des Grundgesetzes herzustellen. Denn wegen der unmittelbaren Geltung des Art. 28 Abs. 2 GG in den jeweiligen Landesverfassungsräumen droht den einschlägigen Landesnormen – und damit mittelbar den für diese zuständigen Landesverfassungsgerichten – die faktische Bedeutungslosigkeit für den Fall, dass die Landesbestimmungen hinter Art. 28 Abs. 2 GG zurückfallen. In diesem Fall können sich die jeweiligen Betroffenen eben auf Art. 28 Abs. 2 GG direkt berufen und den Regelungsgehalt der entsprechenden Landesnorm damit dahinstehen lassen. Als hilfreich erweist sich des Weiteren der Umstand, dass die einschlägigen Bestimmungen der Landesverfassungen (wie auch Art. 28 Abs. 2 GG) dem reinen Wortlaut und auch oft der Entstehungsgeschichte nach kaum Rückschlüsse auf Existenz und Inhalt von Mindestausstattungsansprüchen zulassen, und entsprechend ein sehr weiter Raum für Auslegung offen steht.

(2) Rechtsfolgen nicht vermiedener Widersprüche

Als deutlich vielschichtiger stellt sich die Frage dar, welches rechtliche Schicksal für eine auch nach grundgesetzfreundlichster Auslegung noch hinter den Gewährleistungsgehalt des Art. 28 Abs. 2 GG zurückfallende Norm des Landesverfassungsrechts anzunehmen ist.

Relevant kann diese Frage etwa werden, wenn ein Zurückbleiben des landesverfassungsrechtlichen Gewährleistungsgehalts (bezogen auf die Frage der Mindestausstattung) im Wege der Auslegung der landesverfassungsrechtlichen Normen nicht mehr vermieden werden konnte. Eine derartige Konstellation kann sich – trotz aller Weite der Auslegungsgrenzen – vor allem in denjenigen Bundesländern ergeben, die bereits über eine gefestigte landesverfassungsgerichtliche Judikatur zu Fragen der Mindestausstattung verfügen und in dieser Lage durch eine (bislang noch ausstehende) verbindliche Entscheidung des Bundesverfassungsgerichts zu Art. 28 Abs. 2 GG quasi „überholt" werden. Besonders „gefährdet" erscheint insoweit –

ben" (überzeugender daher: VG Münster, Urteil vom 19. April 216 – 1 K 1532/11 –, BeckRS 2016, 45247).

exemplarisch – das Bundesland Nordrhein-Westfalen. Nach der dortigen, über eine Vielzahl von Entscheidungen gefestigten, Judikatur des Verfassungsgerichtshofes in Münster lässt sich aus der nordrhein-westfälischen Verfassung kein vorbehaltloser Mindestanspruch der kommunalen Ebene entnehmen (siehe im Einzelnen unten S. 130 ff.). Würde das Bundesverfassungsgericht der entgegengesetzten Linie des Bundesverwaltungsgerichts zu Art. 28 Abs. 2 GG folgen und nähme es einen nicht unter Finanzierungsvorbehalt stehenden Gewährleistungsanspruch an (siehe hierzu oben S. 81 ff.), so ließe sich eine offene Divergenz zwischen Art. 28 Abs. 2 GG und der dahinter dann zurückbleibenden entsprechenden Bestimmung der nordrhein-westfälischen Verfassung kaum mehr vermeiden (beziehungsweise allenfalls unter vollständiger Aufgabe der bisherigen Interpretation durch den Verfassungsgerichtshof Nordrhein-Westfalen).

Steht ein derartiger Fall des Zurückbleibens des Landesverfassungsrechts hinter Art. 28 Abs. 2 GG fest, ist zu klären, was hieraus in rechtlicher Hinsicht folgt: Ist die Landesverfassungsbestimmung in diesem Fall (teil-) nichtig? Oder ist sie lediglich unanwendbar und/oder wird sie nur „überlagert“?[206] Die Ergebnisse dieser verschiedenen Rechtsfolgen sind erheblich. Ginge man von der Nichtigkeit von hinter die Vorgaben des Art. 28 Abs. 2 GG zurückfallenden Landesverfassungsrechts aus, so müsste das mit einem konkreten Fall befasste Landesverfassungsgericht im Verfahren zunächst diese Diskrepanz zwischen Art. 28 Abs. 2 GG und der Landesverfassung feststellen – und sich hierzu bezüglich des Inhalts von Art. 28 Abs. 2 GG festlegen – und sodann die einschlägige Norm des Landesverfassungsrechts dem Bundesverfassungsgericht im Verfahren nach Art. 100 Abs. 1 GG vorlegen[207]. Nimmt man hingegen keine Nichtigkeit an, stellen sich andere Fragen – und zwar mit besonderer Dringlichkeit gerade im hier einschlägigen Bereich eines Leistungsanspruches auf Mindestausstattung. Ist die zurückbleibende Norm des Landesverfassungsrechts dann zwar nicht nichtig, aber im Einzelfall „unanwendbar“ – was aus Sicht des Anspruchstellers auf dasselbe hinauslaufen dürfte? Und was würde es im konkreten Fall bedeuten, wenn eine „Überlagerung“ durch Art. 28 Abs. 2 GG anzunehmen wäre?

---

206 Vgl. hierzu etwa auch: Korioth, in: Maunz/Düring, GG, 80. A. 2018, Art. 31 Rn. 20.

207 Auch Normen der Landesverfassungen sind taugliche Vorlagegegenstände im Verfahren nach Art. 100 Abs. 1 GG, einhellige Meinung, vgl. nur Dollinger, in: Umbach/ Clemens/ Dollinger, BVerfGG-Kommentar, 2. A. 2005, § 80 Rn. 37.

Zur Klärung dieser Frage ist im ersten Schritt die denkbare Rechtsfolge in den Blick zu nehmen, die aus der Nichtigkeit des hinter den Vorgaben des Art. 28 Abs. 2 GG zurückbleibenden Landesverfassungsrechts resultiert. Zwar spricht auf den ersten Blick einiges dafür, sog. Durchgriffsnormen des Grundgesetzes (und um eine solche handelt es sich auch bei Art. 28 Abs. 2 GG, siehe oben S. 106 f.) die normative Kraft zuzusprechen, unmittelbar die Verfassungswidrigkeit – und damit Nichtigkeit – entgegenstehenden *einfachen* Landesrechts zu bewirken.[208] Wenn es um die Auflösung von Widersprüchen zwischen Bundesrecht und Landes*verfassungs*recht geht, dürfte dem das Gebot größtmöglicher Zurückhaltung bei Eingriffen in die Verfassungsräume der Länder entgegenstehen.[209] Auch passt die Rechtsfolge der Nichtigkeit nicht recht zu Konstellationen wie der hier anzutreffenden, in der es um nicht kohärente Normen geht, die Leistungsansprüche begründen. Denn mit der Nichtigkeit des ggf. zurückbleibenden Leistungsanspruches aus der Landesverfassung ist nichts (positives) gewonnen. Vielmehr werden im Falle der Nichtigkeit der entsprechenden Norm die zu Begünstigenden im Landesverfassungsraum noch schlechter gestellt als unter Geltung zumindest der zurückfallenden Norm. Wenn es mithin um hinter unmittelbar geltendes Bundesverfassungsrecht zurückbleibende landesverfassungsrechtliche Normen geht – wie hier um Mindestausstattungsansprüche aus Art. 28 Abs. 2 GG – ist die Folge divergierender Garantiegehalte daher nicht die Nichtigkeit des Landesverfassungsrechts. In diese Richtung zeigt im Übrigen auch die Rechtsprechung des Bundesverfassungsgerichts. Diese tendiert dahin, dass – die Verfassungsautonomie der Bundesländer respektierend – die zurückbleibenden Regelungen der Landesverfassungen bestehen bleiben und nur im konkreten Fall vom Bundesrecht (hier also von Art. 28 Abs. 2 GG), „verdrängt" werden.[210] Nichts anderes folgt dabei im Übrigen aus Art. 31 GG, da dieser

208 Hellermann, in: BeckOK GG, 39. A. Stand 15.11.2018, Art. 31 Rn. 5.

209 BVerfG, Beschluss vom 29. Januar 1974 – 2 BvN 1/69 –, BVerfGE 36, 342 ff., Juris Rn. 45; Poscher, NJ 1996, S. 351 ff., S. 352 f.; Sacksofsky, NVwZ, S. S. 235–239, S. 239; von Coelln 2000, S. 192 ff.; Olshausen 1980, S. 124 ff.; a.A.: Leibholz/ Rinck, GG-Kommentar, Stand März 2017, Art. 31 Rn. 14 m.w.N.; Huber, in: Sachs, GG-Kommentar, 8. A. 2018, Art. 31 Rn. 13 a ff.; Gubelt, in: von Münch/ Kunig, GG-Kommentar, 4./5. Auflage 2001, Art. 31 Rn. 20.

210 BVerfG, Beschluss vom 29. Januar 1974, a.a.O., Juris Rn. 45 ff., insb. 53; BVerfG, Beschluss vom 15. Oktober 1997 – 2 BvN 1/95 –, BVerfGE 96, 345 ff., Juris Rn. 67 ff.; Bernhardt/ Sacksofsky, in: Bonner Kommentar zum GG Stand Februar 2018, Art. 31 Rn. 60; a.A.: Huber, in: Sachs, GG-Kommentar, 8. A. 2018, Art. 31 Rn. 24; Hellermann, in: BeckOK GG, 39. A. Stand 15.11.2018, Art. 31 Rn. 15.

(jedenfalls nach überzeugenderer Lesart) auf Normenkollisionen wie der hier untersuchten nicht anwendbar sein dürfte, da diese sich unmittelbar aus Art. 28 GG als vorrangige lex specialis ergeben.[211]

Was aber bedeutet es, mithin nicht von Nichtigkeit, sondern davon auszugehen, dass die zurückbleibende Norm lediglich von Art. 28 Abs. 2 GG „verdrängt" wird? Nach hiesiger Einschätzung ist damit eine Gemengelage aus fortbestehendem, wirksamen Landesverfassungsrecht bezeichnet, dessen praktische Relevanz allerdings in Folge einer für die Berechtigten günstigeren und für diese auch unmittelbar wirksamen Rechtslage auf Ebene des Grundgesetzes sehr stark relativiert ist. Die entsprechende „verdrängte" Norm des jeweiligen Landesverfassungsrechts bleibt also vollwirksam in Kraft – als schlüssige Folge des Umstandes, dass sie nicht in Folge der Kollision mit dem Grundgesetz nichtig ist (siehe oben S. 106 ff.). Sie wird auch nicht etwa durch den Garantiegehalt des Art. 28 Abs. 2 GG als quasi *„Ersatzlandesverfassungsrecht"* ersetzt, da im Hinblick auf die grundsätzliche Trennung der Verfassungsräume[212] von Bund und Ländern für eine derartige Annahme kein Raum ist. Kraft damit gegebener Fortgeltung des Landesverfassungsrechts wird dieses damit nur rein vom Ergebnis her „verdrängt": Vor die Wahl gestellt, auf welche Norm sich die kommunale Ebene beruft – auf den weitgehenderen Art. 28 Abs. 2 GG oder auf den dahinter zurückfallenden Artikel der Landesverfassung – werden sich die Kommunen regulär auf den günstigeren Art. 28 Abs. 2 GG berufen. Die Landesnorm wird dann rein rechtstatsächlich obsolet[213] (zu den nicht unerheblichen prozessualen Problemen hierbei siehe allerdings sogleich). Zugleich wäre in diesem Fall ein Anwendungsfall des Art 28 Abs. 3 GG gegeben. Der Bund stünde in der Pflicht, auf das jeweilige Bundesland dahingehend einzuwirken, dass dieses seine weiter wirksame aber hinter Art. 28 Abs. 2 GG zurückfallende Norm an den Aussagegehalt des Art. 28 Abs. 2 GG anpasst.[214]

---

211 So jedenfalls zu Art. 28 Abs. 1 GG: Jarass/Pieroth, GG-Kommentar, 15. A. 2018, Art. 28 Rn. 2. A.A. wohl Huber, a.a.O., Art. 31 Rn. 14.

212 Vgl. nur Huber, in: Leibholz/ Rinck, GG-Kommentar, Stand März 2017, Art. 31 Rn. 11.

213 Peine, LKV 2012, S. 385 ff., 387, 389.

214 Wobei dem Bund allerdings kaum taugliche – und zudem politisch realistische – Möglichkeiten zu Gebote stehen. Vgl. zu den denkbaren Maßnahmen etwa Jarass/Pieroth, GG-Kommentar, 15. A. 2018, Art. 28 Rn. 55.

b) Prozessuale Relativierung der Wirkkraft des Art. 28 Abs. 2 GG

Die praktische, und damit vor allem verfassungsprozessrechtliche Umsetzung dieser materiell-rechtlichen Rechtslage verkompliziert die Materie nochmals. Denn für den Fall, dass sich der Landesgesetzgeber bei der Regelung des kommunalen Finanzausgleiches eben nicht „compliant" mit einem gegenüber der eigenen Landesverfassung weitergehenden Anspruch aus Art. 28 Abs. 2 GG verhält, gestaltet sich die prozessuale Durchsetzung des überschießenden Gewährleistungsgehalts von Art. 28 Abs. 2 GG ausgesprochen schwierig.

aa) Kommunale Verfassungsbeschwerden

Auf den ersten Blick erscheint es naheliegend, dass im Falle etwaiger Gewährleistungsdifferenzen zwischen Art. 28 Abs. 2 GG und einer – dahinter zurückbleibenden Landesverfassung – die Kommunen die Rolle derjenigen übernehmen, die dem weitergehenden Gewährleistungsanspruch des Art. 28 Abs. 2 GG zum Durchbruch verhelfen, und zwar vermittels der kommunalen Verfassungsbeschwerde.

Bei näherer Prüfung zeigt sich allerdings, dass es von der ggf. mit leichter Feder postulierten Nichtigkeit einer Landesnorm des kommunalen Finanzausgleiches im Hinblick auf Art. 28 Abs. 2 GG bis hin zu der rechtsverbindlichen Feststellung eben dieser Rechtsfolge durch das zuständige Gericht aufgrund der verfassungsprozessualen Lage ein verschlungener Weg ist.

(1) Mangelnde Prüfungskompetenz der Landesverfassungsgerichtsbarkeit

Auf den ersten Blick liegt es nahe, die Zuständigkeit bei den jeweiligen Landesverfassungsgerichten zu verorten. Bezogen auf die hier maßgeblichen Normen des landesrechtlichen Kommunalfinanzausgleichsrechts erscheinen diese als die „geborenen" Ansprechpartner, zur Entscheidung berufen, sei es aufgrund Verfassungsbeschwerden einzelner Kommunen (jedenfalls in denjenigen Bundesländern, die eine kommunale Verfassungsbeschwerde in ihren Verfassungen und Verfassungsgerichtsgesetzes verankert haben) oder aufgrund abstrakter oder konkreter Normenkontrollanträge. Ein tauglicher Angriffsgegenstand – nämlich eine Landesnorm des jeweiligen kommunalen Finanzausgleiches – liegt jedenfalls vor. Problematisch ist jedoch, dass Prüfungsmaßstab der Landesverfassungsgerichte in aller Regel nur das jeweilige Landesverfassungsrecht ist – nicht hingegen Normen des Grundgesetzes.[215] Der Weg zu den Landesverfassungsgerichten ist entsprechend nur eröffnet, wenn ein Fall einer Mehrgewährleistung auf Landesverfassungsebene besteht.[216] Eine Verletzung von Art. 28 Abs. 2 GG kann daher vor einem Landesverfassungsgericht regelmäßig nicht geprüft werden.

(2) Prozessrisiko Bundesverfassungsgericht

Ausgesprochen komplex zeigt sich auch der Weg über eine kommunale Verfassungsbeschwerde zum Bundesverfassungsgericht. Dem steht nämlich – zumindest auf den ersten Blick – Art. 93 Abs. 1 Nr. 4 b GG entgegen. Nach dem dort verankerten Prinzip der Subsidiarität ist die kommunale Verfassungsbeschwerde zum Bundesverfassungsgericht nicht möglich, „*soweit Beschwerde beim Landesverfassungsgericht erhoben werden kann*". Was dies im Einzelnen bedeutet und ob dies insbesondere einen pauschalen Ausschluss jedweder Beschwerde zum Bundesverfassungsgericht bedeutet, sobald – und sei es auch nur abstrakt und generell – die kommunale Landesverfassungsbeschwerde eröffnet ist, ist im Einzelnen streitig[217]. Im Ergebnis kommt eine Prüfung des Bundesverfassungsgerichts nur dann in Betracht, wenn die antragstellende Kommune nachvollziehbar darstellen kann, dass der Gewährleistungsgehalt des einschlägigen Landesverfassungsrechts hinter dem Gewährleistungsgehalt von Art. 28 Abs. 2 GG zurückbleibt, und der Subsidiaritätsvorbehalt entsprechend nicht greift.[218] Dies wiederum setzt voraus, dass der Gewährleistungsgehalt des entspre-

215 Nierhaus/ Engels, in: Sachs, GG-Kommentar, 8. A. 2018, Art. 28 Rn. 6 m.w.N. Bethge, in: Maunz/Schmidt-Bleibtreu, BVerfGG Stand 2018, § 91 Rn. 81 jew. m.w.N.

216 Vgl. hierzu zuletzt etwa: StGH Hessen, Urteil vom 10. Mai 2017 – P.St. 2545 –, DVBl 2017, 902 ff., Juris Rn. 39 ff.

217 Vgl. Umbach u.a. BVerfGG, § 91 Rn. 35 ff.; Bethge, in: Maunz/Schmidt-Bleibtreu, BVerfGG, Stand 2018, § 91 Rn. 84 ff.

218 So nunmehr ausführlich: BVerfG, Urteil vom 21. November 2017 – 2 BvR 2177/16 –, Juris Rn. 44 ff.; vgl. hierzu aber auch bereits explizit: BVerfG, Nichtannahmebeschluss vom 14. Oktober 2013 – 2 BvR 1961/13 u.a. –, Juris Rn. 4 f.: *„Ausnahmen (...) kommen nur dann in Betracht, wenn die landesverfassungsgerichtliche Kontrolle keinen adäquaten Rechtsschutz im Hinblick auf die kommunale Selbstverwaltungsgarantie gemäß Art. 28 Abs. 2 GG gewährt (...). Davon kann hier keine Rede sein. Ein Rechtsschutzdefizit ist weder im Hinblick auf die landesverfassungs-*

chenden Landesrechts überhaupt erst durch die Landesverfassungsgerichtsbarkeit hinreichend geklärt ist. Solange und soweit eine eindeutige Klärung durch das Landesverfassungsgericht noch aussteht, greift weiterhin die Subsidiaritätsklausel, da andernfalls das Bundesverfassungsgericht als Vorfrage über die Auslegung von Landesverfassungsrecht entscheiden müsste.[219] In der Konsequenz kommt der Weg nach Karlsruhe derzeit nur in den Bundesländern in Betracht, in denen die jeweilige Landesverfassungsgerichtsbarkeit bereits hinreichend klar zum Gewährleistungsinhalt der jeweiligen Verfassung in Bezug auf den kommunalen Mindestausstattungsanspruch geurteilt hat. Dies dürfte in vielen Bundesländern nicht leicht darzulegen sein, da die dortigen Ausführungen der Landesverfassungsgerichte nicht klar zwischen den Ansprüchen auf angemessene Ausstattung und auf Mindestausstattung differenzieren (siehe oben S. 19ff.) und auch regulär keine Stellung zu der Frage nehmen, inwieweit die landesverfassungsrechtlichen Bestimmungen hinter Art. 28 Abs. 2 GG zurückbleiben. Der Weg nach Karlsruhe dürfte für die große Mehrheit der Kommunen damit zumindest als ausgesprochen risikobehaftet einzustufen sein – möglicherweise eine Erklärung für den Umstand, dass die Kommunen bisher in ihrer großen Mehrheit nur den Weg zu den Landesverfassungsgerichten beschritten haben.

bb) Abstrakte Normenkontrollverfahren

Keine Alternative ist in dieser Situation die abstrakte Normenkontrolle, angestrengt etwa von der Minderheitenfraktion im jeweiligen Landesparlament. Diese könnte zwar das jeweilige Landesverfassungsgericht anrufen – dieses hat jedoch (siehe oben) nicht Art. 28 Abs. 2 GG als Prüfungsmaßstab. Aber auch der Weg zum Bundesverfassungsgericht ist versperrt: Über den Weg der abstrakten Normenkontrolle kann das Bundesverfassungsgericht hier nicht angerufen werden, da die denkbaren Antragsteller – ins-

---

rechtliche Gewährleistung aus Art. 97 und Art. 99 der Verfassung des Landes Brandenburg noch im Hinblick auf deren Auslegung und Anwendung durch das Landesverfassungsgericht erkennbar." vgl. auch BVerfG, Nichtannahmebeschluss vom 25. Juni 2007 – 2 BvR 635/07 –, Juris Rn. 3; vgl. auch Bethge, in: Maunz/Schmidt-Bleibtreu, BVerfGG Stand 2018, § 91 Rn. 87 ff.; Magen, in: Umbach/ Clemens/ Dollinger, BVerfGG-Kommentar, 2. A. 2005, § 91 Rn. 37.

219 Magen, in: Umbach/ Clemens/ Dollinger, BVerfGG-Kommentar, 2. A. 2005, § 91 Rn. 42 m.w.N.

besondere die Minderheitenfraktionen in den jeweiligen Landtagen – auf Bundesebene nicht antragsbefugt sind, Art. 93 Abs. 1 Nr. 2 GG.

cc) Vorlageverfahren

Realistisch erscheint vor diesem Hintergrund allenfalls, dass eine weitere Konturierung des Schutzgehalts von Art. 28 Abs. 2 GG über eine konkrete Normenkontrolle nach Art. 100 Abs. 1 oder 3 GG hergestellt wird. Auch hier sind die Hürden allerdings hoch.

(1) Vorlageverfahren nach Art. 100 Abs. 3 GG

Mittlerweile ist eine Klärung über den Weg einer Vorlage eines Landesverfassungsgerichts an das Bundesverfassungsgericht nach Art. 100 Abs. 3 GG zumindest in den Bereich des theoretisch Denkbaren geraten. Hiernach muss jedes Landesverfassungsgericht eine Entscheidung des Bundesverfassungsgerichts einholen, wenn es bei der Auslegung des Grundgesetzes von einer Entscheidung des Bundesverfassungsgerichtes oder des Verfassungsgerichtes eines anderen Landes abweichen will. Bis zum Jahr 2014 war hierfür kein Raum, weil keine Judikatur – weder des Bundesverfassungsgerichts noch eines Landesverfassungsgerichts – zum Gewährleistungsgehalt des Art. 28 Abs. 2 GG im Hinblick auf die Mindestausstattung vorlag. Es ist ein nicht zu unterschätzender Verdienst des Verfassungsgerichtshofes Nordrhein-Westfalen, dies mit einer Entscheidung vom 6. Mai 2014 geändert zu haben, in der es eine eigene Auslegung des Art. 28 Abs. 2 GG in Bezug auf die Frage des Finanzierungsvorbehalts des Mindestausstattungsanspruches (siehe dazu auch unten S. 131 ff.) vornahm.[220] Soweit ein anderes Landesverfassungsgericht diese Frage nunmehr anders entscheiden möchte, könnte es erstmalig unter Berufung auf das Urteil des Verfassungsgerichtshofes Nordrhein-Westfalen eine Entscheidung des Bundesverfassungsgerichtes einholen. Rein tatsächlich kann, muss es aber nicht soweit kommen. Denn wie gesehen spielt Art. 28 Abs. 2 GG aus Sicht der Landesverfassung nur auf Ebene der Auslegung eine Rolle. Einem Landesverfassungsgericht, das eine Vorlage an das Bundesverfassungsgericht „vermeiden“ will, den Gewährleistungsgehalt „seines“ Selbstverwaltungsartikels

220 VerfGH Nordrhein-Westfalen, Urteil vom 06. Mai 2014 – VerfGH 14/11 –, DÖV 2014, 758 ff., Juris Rn. 59.

aber weiter fassen will als der Verfassungsgerichtshof Nordrhein-Westfalen, ist es daher ein leichtes, dies autonom aus seiner eigenen Verfassung heraus zu begründen und es sodann dahinstehen zu lassen, ob Art. 28 Abs. 2 GG einen engeren Gewährleistungsgehalt hat. Denn ein „Mehr" auf Landesebene ist stets möglich. Ein hingegen restriktiv auf nordrhein-westfälischer Linie agierendes Landesverfassungsgericht wird sich regelmäßig nicht zur dortigen Rechtsprechung im Widerspruch sehen. Vor diesem Hintergrund ist es in der Sache nicht weiter verwunderlich, dass bis dato kein Landesverfassungsgericht einen Anlass gesehen hat, diesen Weg zu beschreiten.

(2) Normenkontrollverfahren nach Art. 100 Abs. 1 GG

Realistisch bleibt damit derzeit allenfalls noch eine Vorlage nach Art. 100 Abs. 1 GG durch ein Gericht, im hier vorliegenden Kontext insbesondere durch ein Verwaltungsgericht. In der Vergangenheit haben Verwaltungsgerichte bereits Gründe gehabt, einzelne Normen des kommunalen Finanzausgleichs nach Art. 100 Abs. 1 GG vorzulegen – allerdings der jeweiligen Landesverfassungsgerichtsbarkeit.[221] Den Gerichten kommt bei gleichzeitig gegebener Vorlagemöglichkeit zu einem Landesverfassungs- und dem Bundesverfassungsgericht allerdings ein Wahlrecht zu.[222] Aus naheliegenden Gründen werden die Gerichte daher in der Regel den Weg zu den Landesverfassungsgerichten wählen, schon um so den bekanntermaßen sehr hohen Anforderungen des Bundesverfassungsgerichts an Richtervorlagen auszuweichen. Damit es dennoch zu einer Vorlage an das Bundesverfassungsgericht kommt, müssten entsprechend mehrere Faktoren zusammenkommen. Es müsste zum einen ein Fall anhängig werden, in dem es gerade auf eine (vermeintliche) Schutzlücke zwischen Art. 28 Abs. 2 GG und dem dahinter zurückbleibenden Landesverfassungsrecht ankäme. Zum anderen bedürfte es eines Fachgerichts, dass diese Divergenz zwischen Landesverfassungsrecht und Art. 28 Abs. 2 GG auch für sich annimmt und sich die entsprechenden Auslegungen zu eigen macht – und

221 Vgl. beispielsweise Rheinland-Pfalz: VerfGH Rheinland-Pfalz, Entscheidung vom 30. Januar 1998 – VGH N 2/97 –, NVwZ-RR 1998, 607 ff.; Urteil vom 04. Mai 2016 – VGH N 22/15 –, KommJur 2016, 309 ff. sowie Urteil vom 14. Februar 2012 – VGH N 3/11 –, AS RP-SL 41, 29 ff.

222 Vgl. etwa Scheffczyk, LKV 2017, S. S. 392 ff., S. 395 m.w.N.

daher zur Vorlage ans Bundesverfassungsgericht übergeht. Wie wahrscheinlich eine derartige Situation ist, bleibt Spekulation.

c) Ergebnis

In der Gesamtschau verkehrt sich damit die materiell-rechtliche Stärke des Art. 28 Abs. 2 GG auch im landesverfassungsgerichtlichen Raum aus prozessrechtlichen Gründen de facto in ihr Gegenteil. Zwar gilt Art. 28 Abs. 2 GG mit seinem Mindestgehalt auch in den Ländern unmittelbar – jedoch sind die prozessualen Möglichkeiten insoweit derart „vertrackt“, dass die Wirkung faktisch stark zu relativieren ist. Es nimmt daher kein Wunder, dass bis dato zwar eine große Zahl an Entscheidungen zu den landesverfassungsgerichtlichen Normen ergangen ist, hingegen der Aussagegehalt des Art. 28 Abs. 2 GG zum Mindestanspruch jedenfalls in der Judikatur der Verfassungsgerichte noch weitestgehend als *terra incognita* bezeichnet werden kann.

III. Der Mindestausstattungsanspruch in Schleswig-Holstein

Die schleswig-holsteinische Landesverfassung vom 2. Dezember 2014 (im Folgenden LV SH) kennt wie das Grundgesetz in Art. 28 Abs. 2 eine Grundnorm über die kommunale Selbstverwaltung (Art. 54 LV SH). Die verfassungsrechtliche Ausgangslage in Schleswig-Holstein unterscheidet sich allerdings von der des Grundgesetzes durch die Existenz eines weiteren, eigenständigen Artikels, der sich mit dem kommunalen Finanzausgleich befasst (Art. 57 LV SH). Diese Bestimmungen lauten im Einzelnen:

> **Artikel 54 [Kommunale Selbstverwaltung]:** (1) Die Gemeinden sind berechtigt und im Rahmen ihrer Leistungsfähigkeit verpflichtet, in ihrem Gebiet alle öffentlichen Aufgaben in eigener Verantwortung zu erfüllen, soweit die Gesetze nicht ausdrücklich etwas anderes bestimmen. (...)
> **Artikel 57 [Kommunaler Finanzausgleich]:** „(1) Um die Leistungsfähigkeit der steuerschwachen Gemeinden und Gemeindeverbände zu sichern und eine unterschiedliche Belastung mit Ausgaben auszugleichen, stellt das Land im Rahmen seiner finanziellen Leistungsfähigkeit den Gemeinden und Gemeindeverbänden im Wege des Finanzausgleichs Mittel zur Verfügung, durch die eine angemessene Finanzausstattung der Kommunen gewährleistet wird. (2) Werden die Gemein-

> den oder Gemeindeverbände durch Gesetz oder aufgrund eines Gesetzes durch Verordnung zur Erfüllung bestimmter öffentlicher Aufgaben verpflichtet, so sind dabei Bestimmungen über die Deckung der Kosten zu treffen. Führen diese Aufgaben zu einer Mehrbelastung der Gemeinden oder Gemeindeverbände, so ist dafür ein entsprechender finanzieller Ausgleich zu schaffen."

Im Folgenden soll entsprechend zu dem obigen Vorgehen zu Art. 28 Abs. 2 GG analysiert werden, ob – und woraus – sich aus diesem Normbefund auch im schleswig-holsteinischen Verfassungsraum ein Mindestausstattungsanspruch ergibt (1.) und wie dieser ggf. ausgestaltet ist (2.). Hierauf aufbauend kann sodann exemplarisch an der schleswig-holsteinischen Rechtslage eine Überprüfung auf deren Verfassungsmäßigkeit durchgeführt werden (3.).

1. Existenz und Verankerung eines Mindestausstattungsanspruches

Im Hinblick auf die oben dargestellte Gemengelage zweier potentiell im Sinne einer Mindestausstattungsgarantie einschlägiger Artikel bedarf es zunächst der Entscheidung, woraus sich eine solche konkret ergeben könnte. Insoweit kann hier nach dem Ausschlussprinzip vorgegangen werden.

a) Aussagegehalt von Art. 57 Abs. 1 LV SH

Anknüpfend an die oben dargestellte Ausgangslage ist zunächst zu entscheiden, ob in Art. 57 Abs. 1 LV SH die Frage nach einem evtl. Anspruch auf angemessene Finanzausstattung, die Frage nach der Mindestfinanzausstattung oder evtl. beides geregelt wurde (siehe oben S. 21 ff.). Diese Frage war bereits Gegenstand eingehender Untersuchung durch das Schleswig-Holsteinische Landesverfassungsgericht. Den dortigen Ausführungen zur Auslegung des Art. 57 Abs. 1 LV ist nichts hinzuzufügen:

> „(…) Art. 57 Abs. 1 LV normiert einen dynamischen, an die Höhe der allgemeinen Finanzausstattung des Landes gekoppelten kommunalen Anspruch auf angemessene Partizipation der kommunalen Ebene an der naturgemäß schwankenden Finanzausstattung des Landes (…). (…) Art. 57 Abs. 1 LV [enthält] das Gebot der Verteilungssymmetrie zwischen der Landesebene und der kommunalen Ebene. (…) Nach Art. 57 Abs. 1 LV stellt das Land im Rahmen seiner finanziellen Leis-

tungsfähigkeit den Gemeinden und Gemeindeverbänden im Wege des Finanzausgleichs Mittel zur Verfügung, durch die eine angemessene Finanzausstattung der Kommunen gewährleistet wird. Ziel soll dabei sein, die Leistungsfähigkeit der steuerschwachen Gemeinden und Gemeindeverbände zu sichern und eine unterschiedliche Belastung mit Ausgaben auszugleichen. Hieraus folgt, dass die Kommunen in angemessenem Umfang an den Einnahmen des Landes zu beteiligen sind. Art. 57 Abs. 1 LV nimmt damit das Verhältnis der Finanzausstattung des Landes zur Finanzausstattung der kommunalen Ebene in den Blick und normiert das Gebot der Verteilungssymmetrie zwischen beiden Ebenen. Er konkretisiert damit – als finanzverfassungsrechtliche Kehrseite der staatsorganisatorischen Zugehörigkeit der Kommunen zu den Ländern – (...) die (Letzt-)Verantwortung des Landes für die Finanzausstattung der Kommunen. Für ein derartiges, auf das Gebot der Verteilungssymmetrie fokussiertes, Verständnis spricht schon der Wortlaut mit seiner Gegenüberstellung von Leistungsfähigkeit der kommunalen Ebene einerseits und Leistungsfähigkeit des Landes andererseits. Bereits danach bestehen die Hauptfunktionen des kommunalen Finanzausgleichs darin, die Finanzmittel der Kommunen (vertikal) aufzustocken, damit sie ihre Aufgaben erfüllen können (fiskalische Funktion), sowie die Finanzkraftunterschiede zwischen den Kommunen (horizontal) auszugleichen (redistributive Funktion). Ausdrücklich bestätigt wird dies durch die Entstehungsgeschichte der aktuellen Fassung des Art. 57 Abs. 1 LV. Den derzeitigen Wortlaut nahm der Schleswig-Holsteinische Landtag in 2. Lesung am 19. Mai 2010 an. Vorangegangen war ein entsprechender Änderungsantrag der Fraktionen von CDU, SPD, FDP, BÜNDNIS 90/ DIE GRÜNEN und der Abgeordneten des SSW. In diesem wurde zugleich die Begründung neu gefasst. Sie stellt nun ausdrücklich klar, „dass für den kommunalen Finanzausgleich auch der Grundsatz der Verteilungssymmetrie im Sinne einer Verteilungsgerechtigkeit zwischen dem Land sowie den Gemeinden und Gemeindeverbänden gilt“ (Landtags-Drucksache 17/546, S. 3 f.).“ [223]

Art. 57 Abs. 1 normiert entsprechend maßgeblich die symmetrischen Verteilung der nur begrenzt zur Verfügung stehenden finanziellen Mittel zwischen Landesebene und kommunaler Ebene und beantwortet damit im

223 LVerfG Schleswig-Holstein, Urteil vom 27. Januar 2017 – LVerfG 4/15 –, NordÖR 2017, 166 ff., Juris Rn. 86 ff.

obigen Sinne die Frage nach einem Anspruch auf *angemessene* (so hier sogar der Wortlaut des Art. 57 Abs. 1 LV SH) Finanzausstattung. Dafür, dass die Bestimmung zugleich auch einen Anspruch auf Mindestausstattung normiert, gibt es keinen Anhaltspunkt in Wortlaut oder Entstehungsgeschichte. Wenn im schleswig-holsteinischen Verfassungsraum eine Mindestausstattungsnorm existiert, dann kann sie damit jedenfalls nicht in Art. 57 Abs. 1 LV enthalten sein.[224]

b) Aussagegehalt von Art. 54 Abs. 1 LV SH

Ein Mindestausstattungsanspruch kann damit allenfalls in Art. 54 Abs. 1 LV enthalten sein.

Für dieses Ergebnis sprechen alle für Art. 28 Abs. 2 GG entwickelten teleologischen Überlegungen (siehe oben S. 44 ff.)b), gegen deren Übertragbarkeit auf Art. 54 Abs. 1 LV SH nichts ersichtlich ist. Dies gilt umso mehr, als dass im Hinblick auf Art. 54 Abs. 1 LV SH als gesichert anzusehen sein dürfte, dass dieser die zentrale Norm zum Schutz der kommunalen Selbstverwaltung im schleswig-holsteinischen Verfassungsraum darstellt und damit strukturell ebenso angelegt ist wie Art. 28 Abs. 2 GG. Insbesondere verbürgt Art. 54 Abs. 1 LV auch die Finanzhoheit als ein Kernelement der kommunalen Selbstverwaltung.[225]

Unter diesem Blickwinkel bedürfte es sehr überzeugender Argumente, weshalb entgegen aller obiger Ausführungen gerade Art. 54 Abs. 1 LV SH kein Mindestausstattungsanspruch enthalten sollte. Solche Argumente sind nicht zu erkennen. Zu erwägen sein könnte allenfalls, ob Art. 57 Abs. 1 LV SH als abschließende lex specialis bezüglich der Finanzbeziehungen zwischen Land und Kommunen zu interpretieren sein könnte, die keinen Raum für nicht dort geregelte, weitere Ansprüche lässt. Wieder geben allerdings weder Wortlaut noch Entstehungsgeschichte hierauf Hinweise. Die teleologische Betrachtung spricht eher gegen eine derartige Interpretation – denn allein aus dem Umstand eines existierenden Anspruches auf *angemessene* Ausstattung kann nicht geschlossen werden, dass daneben kein weiterer Anspruch auf *Mindestausstattung* bestehen kann. Vielmehr würde hiermit der Existenzgrund des Mindestausstattungsanspruches verkannt. Dieser liegt – wie oben dargelegt – gerade darin, in jedem

---

224 Zustimmend: Schulz, NordÖR 2017, S. 157 ff., S. 158.

225 LVerfG Schleswig-Holstein, Urteil vom 03. September 2012 – LVerfG 1/12 –, LVerfGE 23, 361 ff., Juris Rn. 34.

Fall die Existenzfähigkeit der kommunalen Ebene zu garantieren – eine Garantie, die der Anspruch auf angemessene Ausstattung nicht in jeder Lage wahren kann. Vor allem aber spricht Art. 28 Abs. 2 GG gegen eine derartige Interpretation. Denn damit würde der schleswig-holsteinische Verfassungsraum eine eigenen Mindestausstattungsgarantie nicht kennen und dadurch trotz des dem entgegenstehenden Art. 28 Abs. 3 GG hinter dem Gewährleistungsminimum des Art. 28 Abs. 2 GG zurückbleiben. Ein derartiges – zumal nicht zwingendes – Auslegungsergebnis kann nicht zielführend sein.

Im Ergebnis gilt daher, dass Art. 57 Abs. 1 und Art. 54 Abs. 1 und 2 LV zwei im Verhältnis zueinander eigenständige Ausstattungsansprüche garantieren. Der kommunale Mindestausstattungsanspruch ist dabei in Art. 54 Abs. 1 LV verankert.[226]

2. Ausgestaltung des Mindestanspruches im Einzelnen

Hinsichtlich der inhaltlichen Ausgestaltung des damit in Art. 54 Abs. 1 zu verortenden kommunalen Mindestausstattungsanspruches kann ebenfalls vollumfänglich auf die obigen Ausführungen zu Art. 28 Abs. 2 GG Bezug genommen werden (siehe oben S. 94 ff.). Gründe für eine abweichende Auslegung lassen sich nicht finden.

Art. 54 Abs. 1 LV SH vermittelt damit einen subjektivrechtlichen Mindestausstattungsanspruch (siehe oben S. 94 ff.).

Auch die obigen Ausführungen zum inhaltlichen Aussagegehalt in vertikaler (siehe oben S. 60 ff.) als auch in horizontaler Hinsicht (siehe oben S. 71 ff.) sind vollständig übertragbar.

Zu betonen ist dabei, dass sich die hier vorgeschlagene Auslegung im Hinblick auf ihre gesetzgeberische Umsetzung praxistauglich mit der Rechtsprechung des Landesverfassungsgerichts zu den sich aus Art. 57 Abs. 1 LV SH ergebenden Anforderungen vereinbaren lässt. Zwar steht der Gesetzgeber auf den ersten Blick zunächst vor einer doppelten Aufgabe: Er muss ein transparentes und nachvollziehbares Verfahren etablieren, um den nach Art. 54 Abs. 1 LV SH erforderlichen *Mindestbedarf* realitätsnah zu erheben. Darüber hinaus muss er ein ebensolches Verfahren im Hinblick auf die sich aus Art. 57 Abs. 1 LV SH ergebende *angemessene Finanzausstat-*

---

226 So auch: LVerfG Schleswig-Holstein, Urteil vom 27. Januar 2017 – LVerfG 4/15 –, NordÖR 2017, 166 ff., a.a.O.; von Mutius, Landesverfassung SH 1995, Art. 46 Rn. 11.

tung einführen[227]. Dabei haben beide Verfahren einen unterschiedlichen Fokus. Das Verfahren nach Art. 57 Abs. 1 LV SH muss auf die Herstellung eines Ebenenvergleiches zwischen finanzieller Ausstattung der kommunalen Ebene einerseits und der Landesebene andererseits abzielen. Im Falle des Art. 54 Abs. 1 LV SH steht hingegen die Ermittlung des kommunalen Mindestbedarfes, der der obigen Definition zufolge insbesondere einen Vergleich von pflichtigen Aufgaben und Aufgaben des freiwilligen Aufgabenkreises erfordert, im Fokus. Für beide Verfahren müssen damit jedoch – quasi als zentraler Baustein beider Erhebungen – die kommunalen Aufgabenstrukturen näher untersucht werden. Dieses zentrale Element ist entsprechend der Schlüssel, um den Anforderungen sowohl aus Art. 54 Abs. 1 als auch aus Art. 57 Abs. 1 in einem in sich kohärenten und effizienten Gesamtsystem gerecht zu werden. Dass dem Gesetzgeber hierbei im Einzelnen eine erhebliche methodische Gestaltungsfreiheit zukommt, kann an dieser Stelle nur nochmals betont werden.

Der aus Art. 54 Abs. 1 LV SH folgende Mindestausstattungsanspruch steht zudem – wie oben – nicht unter Finanzierungsvorbehalt. Auf die obigen Ausführungen (siehe oben S. 81 ff.) kann vollumfänglich verwiesen werden. Anhaltspunkte, die gegen die Übertragung dieser Ergebnisse auf die schleswig-holsteinische Rechtslage sprechen könnten, sind nicht ersichtlich.[228] Insbesondere aus der Entstehungsgeschichte zu Art. 57 Abs. 1 LV ergeben sich keine Indizien dafür, dass der Verfassungsgeber auch den Mindestanspruch des Art. 54 Abs. 1 LV unter Finanzierungsvorbehalt stellen wollte. Hierdurch wird zudem auch auf dieser Ebene die nötige Kohärenz zu Art. 28 Abs. 2 GG gewährleistet und damit einer ansonsten drohenden faktischen Verdrängung des Art. 54 Abs. 1 LV SH durch Art. 28 Abs. 2 GG (siehe hierzu oben S. 106 ff.) vermieden.

3. Anwendung: Vereinbarkeit des FAG SH mit Art. 54 Abs. 1 LV SH

Abschließend kann exemplarisch anhand des Gesetzes über den kommunalen Finanzausgleich in Schleswig-Holstein (Finanzausgleichsgesetz, im

227 LVerfG Schleswig-Holstein, Urteil vom 27. Januar 2017, a.a.O., Juris Rn. 101 ff.

228 Offen gelassen allerdings vom LVerfG Schleswig-Holstein in: LVerfG Schleswig-Holstein, Urteil vom 27. Januar 2017 – LVerfG 4/15 –, NordÖR 2017, 166 ff., Juris Rn. 262.

Folgenden: FAG SH)[229] veranschaulicht werden, wie eine verfassungsrechtliche Prüfung eines kommunalen Finanzausgleichsgesetzes anhand der obigen Maßstäbe praktisch durchgeführt werden kann. Das schleswig-holsteinische Landesverfassungsgericht hatte insoweit zwar in den Verfahren LVerfG 4 und 5/15 bereits Gelegenheit gehabt, den gesamten kommunalen Finanzausgleich einer umfangreichen rechtlichen Bewertung zu unterziehen. Es konnte sich in diesen Entscheidungen jedoch in Bezug auf die vertikaler Ebene auf eine Prüfung anhand des § 57 Abs. 1 LV SH beschränken und offen lassen, ob daneben eine Verletzung auch von Art. 54 Abs. 1 LV SH vorlag. Im Hinblick auf ebenfalls angegriffene Bestimmungen des horizontalen Finanzausgleiches hat das Gericht ebenfalls keine detaillierteren Aussagen zu Art. 54 Abs. 1 LV SH getroffen und vor allem zur Verfassungsmäßigkeit des schleswig-holsteinischen Ausgleichsmechanismus nicht entscheiden müssen, da diese Bestimmung nicht angegriffen worden war. [230]

a) Grundzüge des FAG SH

Der kommunale Finanzausgleich in Schleswig-Holstein wurde 2014 grundlegend neugefasst und seither durch einige Detailänderungen fortgeschrieben. Der Neufassung waren eine umfangreiche Praxisbeteiligung sowie finanzwissenschaftliche Begutachtung[231], beginnend im Jahr 2012, vorausgegangen. Der maßgebliche Gesetzentwurf der damaligen Landesregierung datiert vom 4. März 2014[232], die durch die zuständigen Ausschüsse modifizierte Fassung des Gesetzentwurfes vom 5. November 2014.[233] In seiner Sitzung vom 13. November 2014 hat der Schleswig-Holsteinische Landtag den Gesetzentwurf in der vom Ausschuss empfohlenen Fassung

229 Artikel 1 des Gesetzes zur Neuordnung des kommunalen Finanzausgleichs vom 10. Dezember 2014 (GVOBl S. 473). Vgl. einführend hierzu: Schmidt, NordÖR 2014, S. 201 ff.

230 LVerfG Schleswig-Holstein, Urteil vom 27. Januar 2017, a.a.O., Juris Rn. 101 ff.

231 Schiller und Cordes, Gutachten zur Fortentwicklung des kommunalen Finanzausgleichs in Schleswig – Holstein, 2013 einschließlich der nachfolgenden Ergänzungsgutachten, insb. aus November 2013 und Oktober 2014 (zum genauen Ablauf des Reformvorhabens vgl. etwa: LVerfG Schleswig-Holstein, Urteil vom 27. Januar 2017 – LVerfG 4/15 –, NordÖR 2017, 166 ff., Juris Rn. 3 ff.).

232 Entwurf eines Gesetzes zur Neuordnung des kommunalen Finanzausgleichs, Drucksache 18/1659.

233 Drucksache 18/2399.

mit der damaligen Stimmenmehrheit von SPD, BÜNDNIS 90/DIE GRÜNEN und SSW gegen die Stimmen von CDU, FDP und PIRATEN angenommen. Das Gesetz trat am 1. Januar 2015 in Kraft.

In inhaltlicher Hinsicht besteht das Gesetz – naturgemäß – aus einer zentralen Norm zum vertikalen Finanzausgleich sowie aus einer Reihe von Bestimmungen zur Ausformung des horizontalen Finanzausgleiches:

Die Finanzausgleichsmasse – und damit der vertikale Finanzausgleich – wird maßgeblich durch § 3 FAG SH geregelt. Hiernach stellt das Land jährlich einen gewissen Prozentsatz einer Reihe enumerativ festgelegter Steuern der kommunalen Ebene zur Verfügung. Dabei wird die Finanzausgleichsmasse durch den Schleswig-Holsteinischen Landtag für jedes Haushaltsjahr im Landeshaushaltsplan konkret festgesetzt.

Die horizontale Verteilung der so festgesetzten Finanzausgleichsmasse erfolgt sodann in einem ausdifferenzierten, mehrschrittigen System. In einem ersten Schritt wird dabei die Finanzausgleichsmasse auf Schlüsselzuweisungen einerseits und Zweckzuweisungen andererseits verteilt. Hierzu sind im FAG betragsmäßig festgesetzte Summen für Zweckzuweisungen enthalten, neben „klassischen“ Zweckzuweisungen (Theater und Orchester, Straßenbau, Infrastrukturlasten etc. pp) dabei insbesondere auch für Konsolidierungshilfen und Fehlbetragszuweisungen. Der verbleibende (Haupt-) Betrag wird sodann zu jeweils festgelegten %-Sätzen auf Teilschlüsselmassen für Gemeindeaufgaben, für Kreisaufgaben bzw. für die Aufgaben sog. Zentraler Orte mit übergemeindlichen Aufgaben verteilt, § 4 Abs. 1 FAG. Die hierfür verwandte Methodik der Teilmassebildung (Zwei-Ebenen vs. Zwei bzw. Drei-Säulen-Modell) sowie die Ermittlung der angemessenen prozentualen Aufteilung war zentraler Gegenstand der eingeholten Gutachten. Ob und in welcher Höhe einzelne Gemeinden, Kreise oder kreisfreie Städte Zuweisungen aus diesen Teilmassen erhalten (sog. Schlüsselzuweisungen), ergibt sich sodann in einem letzten Schritt aus einem in den §§ 5 ff. FAG SH geregelten Zuweisungsverfahren, dessen Einzelheiten für den Gegenstand dieser Arbeit dahinstehen können.

Die für die vorliegende Untersuchung relevanten §§ lauten auszugsweise wie folgt:

§ 3
Finanzausgleichsmasse

(1) Das Land stellt (...) jährlich eine Finanzausgleichsmasse in Höhe von 17,83 % (Verbundsatz) der Verbundgrundlagen nach Absatz 2 zur Verfügung. Der Verbundsatz wird angepasst, wenn sich das Belastungsverhältnis zwischen dem Land einerseits und den Ge-

meinden, Kreisen und Ämtern andererseits wesentlich verändert. (...).

(2) Die Verbundgrundlagen umfassen
- das dem Land zustehende Aufkommen aus der Einkommensteuer, der Körperschaftsteuer und der Umsatzsteuer (...),
- (...).

(3) Die Finanzausgleichsmasse wird für jedes Haushaltsjahr nach den Ansätzen im Landeshaushaltsplan festgesetzt. (...)

§ 4
Verwendung der Finanzausgleichsmasse

(1) Die Finanzausgleichsmasse wird, soweit sie nicht für Zuweisungen nach Absatz 2 benötigt wird, verwendet für
1. Schlüsselzuweisungen an die Gemeinden (...) mit (...) 35,11 %,
2. Schlüsselzuweisungen an die Kreise und kreisfreien Städte (...) mit (...) 49,33 %,
3. Schlüsselzuweisungen an die Zentralen Orte (...) mit (...) 15,56 %. (...).

(2) Aus der Finanzausgleichsmasse werden jährlich bereitgestellt für
1. (...)
2. die Fehlbetragszuweisungen nach § 12
30,0 Millionen Euro in den Jahren 2015 bis 2018 sowie
50,0 Millionen Euro ab dem Jahr 2019,

(...)

§ 12
Fehlbetragszuweisungen

(1) Gemeinden und Kreise die ihren Haushalt nicht durch eigene Mittel und durch allgemeine Finanzzuweisungen nach diesem Gesetz ausgleichen können, können Fehlbetragszuweisungen zum Ausgleich von unvermeidlichen Fehlbeträgen oder Jahresfehlbeträgen der abgelaufenen Haushaltsjahre erhalten. In Ausnahmefällen können Fehlbetragszuweisungen zum Ausgleich eines voraussichtlichen unvermeidlichen Fehlbetrages oder Jahresfehlbetrages des laufenden Haushaltsjahres gewährt werden.
(2) Bei der Feststellung des unvermeidlichen Fehlbetrages oder Jahresfehlbetrages müssen diejenigen Beträge außer Ansatz bleiben, die durch Ausgaben oder Aufwendungen entstanden sind, die nicht als unbedingt notwendig anerkannt werden können, oder die

> durch eigene Einnahmen oder Erträge abgedeckt werden können, wenn alle Einnahme- oder Ertragsquellen in zumutbarem Umfang ausgeschöpft werden. (...).
> (3) Gemeinden und Kreisen können Fehlbetragszuweisungen aus den nach § 4 Absatz 2 Satz 1 Nummer 2 bereitgestellten Mitteln gewährt werden, wenn der in dem Haushaltsjahr entstandene oder voraussichtlich entstehende unvermeidliche Fehlbetrag oder Jahresfehlbetrag mindestens 80.000 Euro beträgt. Über die Bewilligung der Fehlbetragszuweisungen entscheidet das für Inneres zuständige Ministerium. Vor der Entscheidung sollen die Landesverbände der Gemeinden und Kreise gehört werden.
> (4) Kreisangehörigen Gemeinden, die der Kommunalaufsicht der Landrätin oder des Landrats unterstehen, können aus eigenen Mitteln des Kreises Fehlbetragszuweisungen gewährt werden, wenn der in dem Haushaltsjahr entstandene oder voraussichtlich entstehende unvermeidliche Fehlbetrag oder Jahresfehlbetrag weniger als 80.000 Euro beträgt. Über die Bewilligung der Fehlbetragszuweisungen entscheidet der jeweilige Kreis. Zur Finanzierung der Fehlbetragszuweisungen nach Satz 1 stellt jeder Kreis einen Betrag in Höhe von mindestens 0,5 % seiner Einnahmen oder Erträge aus den Schlüsselzuweisungen an die Kreise und kreisfreien Städte zum Ausgleich unterschiedlicher Umlagekraft und sozialer Lasten (§ 9 Absatz 1) und der Kreisumlage (§ 19 Absatz 2) bereit.
> (5) – (6) [...]

b) Vereinbarkeit der vertikalen Ebene des FAG SH mit Art. 54 Abs. 1 LV SH

Wie oben ausgeführt ergeben sich aus Art. 54 Abs. 1 LV vor allem verfahrensbezogene Mindestanforderung im Hinblick auf die Ausgestaltung der Bestimmung zum vertikalen Finanzausgleich (siehe oben S. 64 ff. i.V.m. S. 119 ff.). Es obliegt dem Gesetzgeber bei der Ausgestaltung der einschlägigen Bestimmungen den zur Erledigung der *pflichtigen* Aufgabenlast erforderlichen (Mindest-) Finanzbedarf zu ermitteln, zu definieren, welches Mindestmaß an *freiwilligen Selbstverwaltungsaufgaben* seines Erachtens nach den Kommunen über die pflichtigen Aufgaben hinausgehend mindestens verbleiben muss und festzulegen, welchen Finanzbedarf er den Kommunen für letzteres zubilligt.

Bei Analyse der Gesetzgebungsmaterialen zum aktuellen FAG SH muss insoweit festgestellt werden, dass hierzu im Gesetzgebungsprozess keinerlei Feststellungen erhoben wurden – und zwar zu keinem der vorgenannten Punkte. Insbesondere sind keine Ansätze ersichtlich, den Mindestbedarf für die Erfüllung der pflichtigen Aufgaben auch nur zu erheben.

Insbesondere fehlt eine Befassung mit diesem – zentralen – Baustein des FAG in den vorbereitenden finanzwissenschaftlichen Gutachten. Die Sachverständigen hielten vielmehr explizit fest, sich mit der Höhe der Finanzausgleichsmasse nicht befasst zu haben. Ausdrücklich heißt es in dem eingeholten Gutachten:

> „Die vorliegende Untersuchung bezieht sich ausdrücklich nicht auf die vertikale Finanzverteilung zwischen Land und Kommunen (Bestimmung der Höhe der Mittel, die das Land den Kommunen im Rahmen des KFA insgesamt zur Verfügung stellt), (...). Die bestehenden Regelungen werden (...) als gegeben angenommen."[234]

Auch im Übrigen fanden keine hinreichenden Erhebungen im Hinblick auf den Mindestbedarf statt, wie sich aus der einschlägigen Gesetzesbegründung[235] ergibt. Aus den dort dokumentierten Erwägungen folgt, dass man es im Hinblick auf den vertikalen Finanzausgleich bei einer (de facto überschlägigen) Zusammenschau von Einnahmen und Zuschussbedarfen beließ und hieraus auf die hinreichende Auskömmlichkeit der Finanzausgleichsmasse schloss:

> „Den Einnahmen stehen die Zuschussbedarfe der Kommunen aus Verwaltungs- und Vermögenshaushalt der Einzelpläne 0 bis 8 gegenüber. Daten zu den Zuschussbedarfen wurden dem Anhang des NIW-Gutachtens entnommen und liegen nur bis zum Jahr 2011 vor. Für den Zeitraum 2011 bis 2014 werden die Zuschussbedarfe in vier Szenarien fortgeschrieben. (...) Der Beobachtungszeitraum ist zwar kurz. Gleichwohl erscheint das Ergebnis hoch plausibel: Es zeigt sich, dass die Kommunen regelmäßig auskömmlich finanziert sind (...). Auch die aktuelle Finanzausstattung der Kommunen ist auskömmlich. Das trifft in drei der vier Szenarien zu. (...)."[236]

---

234 Schiller und Cordes, Gutachten zur Fortentwicklung des kommunalen Finanzausgleichs in Schleswig – Holstein, 2013, S. 1.

235 Entwurf eines Gesetzes zur Neuordnung des kommunalen Finanzausgleichs, Drucksache 18/1659, S. 37 ff.

236 A.a.O., S. 39 f.

Ansätze zu einer Erhebung der zur Erfüllung der pflichtigen Aufgaben objektiv erforderlichen Finanzausstattung finden sich hierin nicht. Des Weiteren fehlt eine Auseinandersetzung mit der Frage, welcher Zuschlag darüber hinaus für die Erfüllung der freiwilligen Selbstverwaltungsaufgaben für erforderlich erachtet wird. In den obigen Erhebungen ist insbesondere keine Differenzierung zwischen pflichtigen und freiwilligen Selbstverwaltungsaufgaben angelegt. Ob die schleswig-holsteinischen Kommunen möglicherweise bereits seit Jahren in einem Bereich operieren, der ihnen eine angemessene Erfüllung ihrer freiwilligen Selbstverwaltungsaufgaben nicht mehr ermöglicht, lässt sich auf diese Art nicht ermitteln.

Das der Regelung der § 3 Abs. 1 Satz 1 und Abs. 2 FAG 2014 zugrunde liegende Verfahren der gesetzgeberischen Entscheidungsfindung entspricht damit nicht ansatzweise den dargelegten verfassungsrechtlichen Erfordernissen. Die vorgenannten Regelungen sind daher gemessen an Art. 54 Abs. 1 LV als verfassungswidrig einzustufen.

Zu hoffen bleibt, dass die erforderlichen Verfahrensschritte jetzt im laufenden Gesetzgebungsverfahren zur Überarbeitung des FAG SH nachgeholt werden. Dass dies erforderlich sein dürfte, hat das Schleswig-Holsteinische Landesverfassungsgericht dem Gesetzgeber im Übrigen selbst in einem recht deutlichen Hinweis mit auf den Weg gegeben:

> „Zuletzt ist der enge Regelungszusammenhang mit Art. 54 Abs. 1 LV und dem dort enthaltenen Anspruch auf Mindestausstattung (…) zu berücksichtigen. Zwar kann im Rahmen des vorliegenden Verfahrens offengelassen werden, wie diese Verfassungsbestimmung praktisch anwendbar zu machen ist. Es bestehen allerdings gute Gründe dafür, dass auch im Rahmen des Art. 54 Abs. 1 LV eine bedarfsorientierte Sachverhaltserhebung erforderlich sein dürfte. Im Hinblick auf die dort normierte Mindestausstattung läge es jedenfalls nahe, eine Befassung mit den mindestens notwendigen Bedarfen vor Ort als verpflichtend anzusehen. Im Ländervergleich zeigt sich insoweit, dass all jene Landesverfassungsgerichte, die – wie hier – einen eigenständigen Mindestanspruch anerkennen, im Weiteren letztlich bedarfsorientierte Analysen als erforderlich erkannt haben.“[237]

237 LVerfG Schleswig-Holstein, Urteil vom 27. Januar 2017 – LVerfG 4/15 –, NordÖR 2017, 166 ff., Juris Rn. 111.

c) Vereinbarkeit der horizontalen Ebene des FAG SH mit Art. 54 Abs. 1 LV SH

Aus den oben im Einzelnen dargelegten Gründen reduzieren sich die Anforderungen (auch) des Art. 54 Abs. 1 LV SH an den horizontalen Finanzausgleich auf eine angemessene Ausgestaltung eines adäquaten Auffangmechanismus zur Vermeidung einer Unterschreitung der erforderlichen Mindestausstattung im Einzelfall (siehe oben S. 71 i.V.m. S. 119). Die einzige Bestimmung des FAG SH, die insoweit in Betracht kommen könnte, ist der oben im Wortlaut wiedergegebene § 12 FAG SH (Fehlzuweisungen). Ob mit dieser Bestimmung der verfassungsmäßigen Vorgabe, etwaige Unterschreitungen der Mindestausstattung auch im Einzelfall verlässlich aufzufangen (siehe oben S. 71 f.), hinreichend nachgekommen werden kann, erscheint allerdings in mehrerer Hinsicht zweifelhaft.

Zum ersten ist problematisch, dass nach den obigen Grundsätzen ein Unterschreiten der Mindestausstattung in jedem Einzelfall auszuschließen sein muss. Hiermit unvereinbar ist nach den obigen Ausführungen eine betragsmäßige Deckelung des entsprechenden Ausgleichsmechanismus. Gerade eine solche Deckelung ist hier jedoch vorgegeben, in dem ausdrücklich normiert ist, dass Fehlbetragszuweisungen nur „aus den nach § 4 Absatz 2 Satz 1 Nummer 2 bereitgestellten Mitteln" (§ 12 Abs. 3 S. 1 FAG SH) bzw. aus den von den Kreisen bereitgestellten Mitteln (§ 12 Abs. 4 FAG SH) zu gewähren sind. Hieraus folgt im Umkehrschluss, dass Fehlbetragszuweisungen dann nicht mehr vergeben werden können, wenn die zur Verfügung gestellten Mittel erschöpft sind. Bezüglich der dann noch nicht berücksichtigten Gemeinden wird mithin eine Unterschreitung der Mindestausstattung hingenommen – wobei erneut betont werden muss, dass es sich bei verfassungskonformer Ausgestaltung des horizontalen Finanzausgleichssystems im Übrigen regelmäßig um eine Problematik handeln dürfte, die keinen nennenswerten Umfang einnehmen kann (siehe oben S. 71 f.).

Zum zweiten erscheint problematisch, dass das für den Vollzug im Einzelfall zuständige Ministerium jedenfalls nach dem Wortlaut eine Ermessensentscheidung auch über das Ob der Fehlbetragszuweisung zu treffen hat („Gemeinden und Kreisen (…) *können* Fehlbetragszuweisungen (…) erhalten (…), § 12 Abs. 1 FAG SH). Für eine Ermessensentscheidung dürfte insoweit kein Raum bestehen. Vielmehr hat vor dem Hintergrund der Mindestausstattungsgarantie des Art. 54 Abs. 1 LV SH eine Zuweisung zu erfolgen, wenn eine Unterschreitung des jeweils erforderlichen Mindestbedarfes festgestellt ist.

Des Weiteren ergeben sich Zweifel im Hinblick auf die vom Gesetzgeber gewählte Definition, welche die Leistungspflicht des Landes (bzw. des Kreises) auslösen soll. Leitfrage nach dem Gesetzeswortlaut soll sein, ob die jeweilige Gemeinde bzw. der jeweilige Kreis *„ihren Haushalt nicht durch eigene Mittel und durch allgemeine Finanzzuweisungen nach diesem Gesetz ausgleichen können"*, wobei *„diejenigen Beträge außer Ansatz bleiben, die durch Ausgaben oder Aufwendungen entstanden sind, die nicht als unbedingt notwendig anerkannt werden können"* (§§ 12 Abs. 1 und 2 FAG SH). Selbst unter Berücksichtigung des oben herausgearbeiteten Grundsatzes, dass es dem Gesetzgeber freistehen dürfte, unter gewissen Voraussetzungen mit unbestimmten Rechtsbegriffen zu arbeiten und die nähere Ausformung dem exekutiven Vollzug zu überantworten (siehe oben S. 77 ff.) dürfte diese Formulierung einer näheren Prüfung nicht standhalten. Denn durch die gewählte (Fehlbetrags-) Definition ist nicht im Ansatz sichergestellt, dass Leitfrage der Anwendung im Einzelfall sein muss, ob die jeweilige Kommune noch in der Lage ist, ihren freiwilligen Selbstverwaltungsaufgaben im hinreichenden (Mindest-) Maß nachzukommen. Vielmehr ist die Bestimmung gerade für eine Auslegung und Anwendung offen, die Leistungen im Bereich der freiwilligen Selbstverwaltungsaufgaben per se unberücksichtigt lassen könnte – mit dem direkt an den Wortlaut anknüpfenden Argument, dass derartige Ausgaben (im Unterschied zu Ausgaben im pflichtigen Aufgabenkreis) jedenfalls nicht „unbedingt notwendig" seien. Durch den gewählten Wortlaut ist daher nicht gewährleistet, dass in dem exekutiv auszugestaltenden Prüfprogramm die Frage der Mindestausstattungsgarantie (mit ihrer engen Verknüpfung zur hinreichenden Finanzierung freiwilliger Selbstverwaltungsaufgaben) hinreichend Berücksichtigung findet.

In der Zusammenschau wird § 12 FAG SH damit sowohl auf Tatbestands- als auch auf Rechtsfolgenseite den verfassungsrechtlichen Anforderungen aus Art. 54 Abs. 1 LV SH nicht gerecht und scheidet damit als den horizontalen Finanzausgleich hinreichend ausgestaltende Bestimmung aus. Im Ergebnis ist damit festzuhalten – nachdem keine andere Bestimmung in Betracht kommt –, dass auch der horizontale Finanzausgleich in Schleswig-Holstein derzeit nicht den verfassungsmäßigen Anforderungen genügt.

IV. Rechtsprechungsanalyse anderer Bundesländer

Im folgenden Kapitel soll die Rechtsprechung von drei ausgesuchten Landesverfassungsgerichten exemplarisch einer kritischen Würdigung auf die Frage hin unterzogen werden, ob die dort jeweils ausgearbeitete Rechtsprechung zu Fragen der kommunalen Mindestausstattung – gemessen an den obigen Grundaussagen zu Art. 28 Abs. 2 GG – zu überzeugen vermag. Gegenstand der Erörterung ist mithin – anders als oben bezogen auf Schleswig-Holstein – nicht, welche Aussagen der jeweiligen Verfassung bezogen auf den Mindestanspruch zu entnehmen sind, sondern „nur", ob die hierzu getroffenen Aussagen des jeweiligen Landesverfassungsgerichts unter Berücksichtigung der obigen Aussagen zu Art. 28 Abs. 2 GG und insbesondere der dort enthaltenen, regelmäßig verallgemeinerungsfähigen teleologischen Argumente, zu überzeugen vermögen.

1. Verfassungsgerichtshof Nordrhein-Westfalen

Die Rechtsprechung des nordrhein-westfälischen Verfassungsgerichtshofes zu Fragen des kommunalen Mindestbedarfes zeichnet sich in besonderer Weise durch ihre Konstanz über einen großen Zeitraum aus. Frühe Entscheidungen datieren bereits aus den 80'er Jahren des 20. Jahrhunderts[238] – und damit aus einem Zeitraum, in dem in den anderen Bundesländern über Fragen des kommunalen Finanzausgleichs noch lange nicht gestritten wurde.[239] Durch diese lange Tradition der einschlägigen Rechtsprechung konnte sich der Verfassungsgerichtshof einerseits eine breite Basis für seine Rechtsprechung erarbeiten – hat aber andererseits das Problem, auf neuere Entwicklungen und den aktuellen Diskussionsstand zum Recht des kommunalen Finanzausgleiches nicht mehr ohne Inkaufnahme größerer dogmatischer Brüche reagieren zu können. In der nachfolgenden Darstellung wird vor allem auf die jüngsten Urteile des Verfassungsgerichtshofes eingegangen, da diese die – weitgehend bruchlose – Grundlinie des Verfassungsgerichtshofes hinreichend wiedergeben.

---

238 VerfGH Nordrhein-Westfalen, Urteil vom 16. Dezember 1988 – VerfGH 9/87 –, OVGE 40, 300 ff. m.w.N. auf weiter vorausgehende Rechtsprechung.

239 Vgl. für eine weiterführende Zusammenfassung der Rechtsprechung des VerfGH NRW: Henneke 2012, S. 357 ff.; vgl. auch Sarnighausen und Gatawis, NWVBl 2013, S. 236 ff.

a) Darstellung der Rechtsprechung zum Mindestausstattungsanspruch

Charakteristisch für die über die Jahre in sich kohärent gebliebenen Rechtsprechung des nordrhein-westfälischen Verfassungsgerichtshofes ist der Grundansatz einer fehlenden Trennung zwischen der oben dargelegten Frage nach einer Mindestausstattung einerseits und der Frage nach der angemessenen Ausstattung im Land-Kommunen-Verhältnis andererseits (siehe oben S. 19 ff.). Weder normativ noch sprachlich oder inhaltlich differenziert der Verfassungsgerichthof zwischen diesen beiden Grundfragen:

Auf normativer Ebene stellt der Verfassungsgerichtshof zwar fest, dass als Anknüpfungspunkte für die verfassungsrechtliche Betrachtung der sich stellenden Fragen sowohl Art. 78 der Landesverfassung Nordrhein-Westfalen (im Folgenden: LV NRW) – als Art. 28 Abs. 2 GG verwandte Grundsatznorm über die kommunale Selbstverwaltung – als auch Art. 79 Satz 2 LV NRW als Spezialnorm über den kommunalen Finanzausgleich in Betracht kommen. Im weiteren Verlauf seiner jeweiligen Erwägungen trennt er jedoch nicht zwischen beiden, sondern erkennt einen *einheitlichen Ausstattungsanspruch* aus „Art. 78, 79 LV".[240]

Auch auf sprachlicher Ebene differenziert der Verfassungsgerichtshof nicht zwischen den beiden vorgenannten Anspruchsrichtungen. Vielmehr gehen die Begrifflichkeiten der „Mindestausstattung"[241], der „Mindestfinanzausstattung"[242], der „Finanzausstattungsgarantie"[243] oder der „angemessenen (Finanz-) Ausstattung"[244] ohne Abgrenzungen ineinander über und werden de facto synonym gebraucht.

In sich konsequent fehlt dann auch eine inhaltliche Differenzierung zwischen beiden Aspekten der kommunalen Ausstattung. Den Ausgangspunkt für die nähere Ausgestaltung des einheitlichen Ausstattungsanspru-

---

240 VerfGH Nordrhein-Westfalen, Urteil vom 09. Juli 1998 – VerfGH 16/96 –, NWVBl 1998, 390 ff., Juris Rn. 59; VerfGH Nordrhein-Westfalen, Urteil vom 19. Juli 2011 – VerfGH 32/08 –, DVBl 2011, 1155 ff., Juris Rn. 58.

241 VerfGH Nordrhein-Westfalen, Urteil vom 19. Juli 2011, a.a.O., Juris Rn. 55; VerfGH Nordrhein-Westfalen, Urteil vom 06. Mai 2014 – VerfGH 14/11 –, DÖV 2014, 758 ff., Juris Rn. 58; VerfGH Nordrhein-Westfalen, Urteil vom 10. Mai 2016 – VerfGH 24/13 –, DÖV 2016, 1006 ff., Juris Rn. 40, 41.

242 VerfGH Nordrhein-Westfalen, Urteil vom 06. Mai 2014, a.a.O., Juris Rn. 59; VerfGH Nordrhein-Westfalen, Urteil vom 10. Mai 2016, a.a.O., Juris Rn. 57.

243 VerfGH Nordrhein-Westfalen, Urteil vom 09. Juli 1998, a.a.O., Juris Rn. 57; VerfGH Nordrhein-Westfalen, Urteil vom 19. Juli 2011, a.a.O., Juris Rn. 55.

244 VerfGH Nordrhein-Westfalen, Urteil vom 09. Juli 1998, a.a.O., Juris Rn. 57; VerfGH Nordrhein-Westfalen, Urteil vom 19. Juli 2011, a.a.O., Juris Rn. 55; VerfGH Nordrhein-Westfalen, Urteil vom 06. Mai 2014, a.a.O., Juris Rn. 41.

ches aus „Art. 78, 79 LV“ sieht der Verfassungsgerichtshof dabei zwar in der Gewährleistung eines Mindestmaßes an Möglichkeiten zur Wahrnehmung auch freiwilliger Selbstverwaltungsaufgaben – was in der Sache den Mindestanspruch in der obigen Definition zumindest anklingen lässt.[245] Im Ergebnis seiner Erwägungen gewährt der Verfassungsgerichtshof allerdings nur eine angemessene Partizipation der kommunalen Ebene an den Landesfinanzen insgesamt. De facto kennt die Landesverfassung Nordrhein-Westfalen in der Auslegung des Verfassungsgerichthofes damit nur einen der Höhe nach vom jeweiligen Steueraufkommen abhängigen Anspruch auf *angemessene Ausstattung*, hingegen keinen *Mindestausstattungsanspruch* (jeweils im obigen Sinne). Nur mit der Ausgestaltung dieses Anspruches befasst sich der Verfassungsgerichtshof entsprechend auch näher – und betont dabei den Gestaltungsspielraumes des Gesetzgebers:

> „Dem Gesetzgeber ist ein weiter Gestaltungsspielraum eingeräumt, in welcher Art und in welchem Umfang er den gemeindlichen Finanzausstattungsanspruch erfüllt und nach welchem System er die Finanzmittel auf die Gemeinden verteilt (...). Im Rahmen seiner Gestaltungsfreiheit obliegt es dem Gesetzgeber, den Finanzbedarf von Land, Gemeinden und Gemeindeverbänden zu gewichten, Unterschiede hinsichtlich des Finanzbedarfs und hinsichtlich der vorhandenen Finanzausstattung auszumachen und festzulegen, wie die Differenzlagen auszugleichen sind.“[246]

Ebenso sachlich konsequent verneint der Verfassungsgerichtshof, dass der im Ergebnis damit allein festgestellte Anspruch der kommunalen Ebene insgesamt auf angemessene Partizipation an den naturgemäß schwankenden haushälterischen Mitteln des Landes individualisierbar sein könnte.

b) Kritische Würdigung

Im Rahmen dieser Arbeit soll es nicht unternommen werden, eine eigene Auslegung der einschlägigen Vorgaben der nordrhein-westfälischen Verfassung vorzunehmen. Im Rahmen einer kritischen Würdigung der Rechtsprechung des Verfassungsgerichtshofes Münster soll lediglich aufgezeigt werden, ob die dortigen Ansätze im Lichte der obigen Ausführungen zu

---

245 VerfGH Nordrhein-Westfalen, Urteil vom 06. Mai 2014, a.a.O., Juris Rn. 58.

246 VerfGH Nordrhein-Westfalen, Urteil vom 09. Juli 1998 – VerfGH 16/96 –, NWVBl 1998, 390 ff., Juris Rn. 63.

überzeugen vermögen – auch unter Berücksichtigung der Besonderheiten der einschlägigen Formulierungen der nordrhein-westfälischen Landesverfassung, die es vor dem Hintergrund der Autonomie des Landesverfassungsraumes durchaus ermöglichen könnten, die obigen Ausführungen landesspezifisch zu modifizieren. Die einschlägigen Vorgaben der nordrhein-westfälischen Landesverfassung lauten dabei wie folgt:

Artikel 78

> (1) Die Gemeinden und Gemeindeverbände sind Gebietskörperschaften mit dem Recht der Selbstverwaltung durch ihre gewählten Organe. (...)

Artikel 79

> Die Gemeinden haben zur Erfüllung ihrer Aufgaben das Recht auf Erschließung eigener Steuerquellen. Das Land ist verpflichtet, diesem Anspruch bei der Gesetzgebung Rechnung zu tragen und im Rahmen seiner finanziellen Leistungsfähigkeit einen übergemeindlichen Finanzausgleich zu gewährleisten.

aa) Zur Auslegung der §§ 78, 79 LV NRW

Wie oben aufgezeigt, sprechen im Rahmen von Art. 28 Abs. 2 GG starke (und grundsätzlich auch in den anderen Verfassungsräumen greifende) teleologische Erwägungen deutlich *für* die Existenz eines Mindestausstattungsanspruches im obigen Sinne (siehe oben S. 41 ff.). Ihrem Wesen nach sind derartige teleologischen Erwägungen auch für die Analyse der entsprechenden, regelmäßig strukturgleichen Normen über die kommunale Selbstverwaltung im Landesverfassungsrecht fruchtbar zu machen. Wenn der nordrhein-westfälische Verfassungsgerichtshof dennoch in ständiger Rechtsprechung im Ergebnis die Existenz eines Mindestausstattungsanspruches (im obigen Sinne) für seinen Verfassungsraum verneint, müsste er hierfür entsprechend gute Gründe, seien es solche aus Wortlaut, Systematik oder Entstehungsgeschichte, vorbringen können. Dies ist – wie eine Analyse der ergangenen Entscheidungen zeigt – jedoch kaum der Fall.

Im Hinblick auf die *Entstehungsgeschichte* der Landesverfassung werden vom Verfassungsgerichtshof soweit ersichtlich keine Gründe vorgebracht, die gegen die Annahme eines Mindestausstattungsrechtssatzes sprechen könnten.

Hingegen formuliert der Verfassungsgerichtshof tatsächlich ein *Wortlautargument* für seine Rechtsprechungslinie, indem er feststellt, dass

> „(...) nach dem eindeutigen Wortlaut des Art. 79 Satz 2 LV NRW (...) nicht einmal eine kommunale Mindestfinanzausstattung unabhängig von der Finanzkraft des Landes zu gewähren (...)"

sei.[247] Dieses Argument überzeugt jedoch nur dann, wenn man es – mit dem Verfassungsgerichtshof in Münster – für quasi selbstverständlich erachtet, die Art. 78 und 79 LV NRW als einen *einheitlichen* Rechtssatz zu lesen. Nur unter dieser Prämisse nämlich kann der in Art. 79 Satz 2 LV NRW enthaltene Leistungsfähigkeitsvorbehalt uneingeschränkte Geltung für jedwede sich aus den Art. 78, 79 LV NRW ergebende Ansprüche beanspruchen. Liest man hingegen Art. 78, 79 LV NRW getrennt – etwa nach dem schleswig-holsteinischen Modell (siehe oben S. 115 ff.) – entfiele diese Argumentationslinie vollständig. Ein sich bei einer derartigen Lesart autonom aus Art. 78 LV NRW ergebender Mindestausstattungsanspruch wäre dann von evtl. weiteren Ansprüchen (auf *angemessene* Ausstattung) aus Art. 79 Satz 2 LV NRW zu trennen und nur letzterer unterfiele dann (jedenfalls dem Wortlaut nach) dem Leistungsfähigkeitsvorbehalt. Entsprechend erheblich rechtfertigungsbedürftig erweist sich daher der von dem nordrhein-westfälischen Verfassungsgerichtshof durchgängig unterstellte Weg einer einheitlichen Lesart von „Art. 78, 79 LV". Eine ausformulierte Begründung zu diesem folgenschweren Grundansatz bleibt der Verfassungsgerichtshof jedoch schuldig, so dass das vorgebrachte Wortlautargument auf letztlich nicht begründeter Grundlage fußt – und damit nicht zu überzeugen vermag.

Des Weiteren stützt sich der Verfassungsgerichtshof in seiner Analyse der verfassungsrechtlichen Vorgaben sehr weitgehend auf das *Kern- und Randbereichsmodell*. Es wurde bereits oben ausführlich dargelegt, aus welchen Gründen eine derartige Herangehensweise nicht überzeugt (siehe oben S. 25 ff.). Die Rechtsprechung des Verfassungsgerichtshofes Nordrhein-Westfalen zeigt die obigen Kritikpunkte auf besonders eindrückliche Weise. Eigentlich müsste der Verfassungsgerichtshof – wollte er seinen Weg denn konsequent beschreiten – im Ergebnis zur *Bejahung* eines Mindestausstattungsanspruches gelangen. Denn zum einen postuliert er selbst, dass die Frage nach der Mindestausstattung in engstem Zusammenhang mit dem kommunalen Recht auf Selbstverwaltung steht:

> „Das Recht der Gemeinden und Gemeindeverbände auf Selbstverwaltung (Art. 78 LV) umfasst auch einen gegen das Land gerichteten An-

247 VerfGH Nordrhein-Westfalen, Urteil vom 19. Juli 2011 – VerfGH 32/08 –, DVBl 2011, 1155 ff., Juris Rn. 57.

> spruch auf angemessene Finanzausstattung; denn eigenverantwortliches Handeln setzt eine entsprechende finanzielle Leistungsfähigkeit der Selbstverwaltungskörperschaften voraus. Verletzt ist die Finanzausstattungsgarantie, wenn einer sinnvollen Betätigung der Selbstverwaltung die finanzielle Grundlage entzogen und dadurch das Selbstverwaltungsrecht ausgehöhlt wird (...).“[248]

Vor allem aber erkennt er an, dass eine danach geschuldete Mindestausstattung sogar zum „unantastbaren“ Kernbereich des Selbstverwaltungsrechts gehören soll:

> „Auch wenn die Gewährleistung einer landesverfassungsrechtlich anerkannten finanziellen Mindestfinanzausstattung zum unantastbaren Kernbereich der kommunalen Selbstverwaltung gehört, (...)“[249]

Nach gängiger Rechtsprechung und Lehre wäre es nur folgerichtig, aus dieser Verortung der Problematik *im Kernbereich* auf die Existenz eines Mindestausstattungsanspruches zu schließen. Genau vor dieser sich aus der eigenen Argumentation ergebenden Konsequenz schreckt der Verfassungsgerichtshof dann jedoch zurück und steigt in eine Argumentationsschleife zur Relativierung dieses (anscheinend ungewünschten, wenn auch selbst herbeigeschriebenen) Ergebnisses ein.[250] Er verlässt damit allerdings den Boden der Rand- und Kernbereichslehre, dessen maßgeblicher Daseinszweck ja gerade die Identifizierung des (Kern-) Bereiches ist, dessen Einschränkung (in der Logik des Verfassungsgerichtshofes: durch fehlende finanzielle Mittel zur Bewahrung eines Minimums an freiwilligen Selbstverwaltungsaufgaben) gerade nicht rechtfertigungsfähig ist (siehe oben S. 36 f.).

Es verbleibt dem Verfassungsgerichtshof damit allenfalls noch ein letztlich ebenfalls *teleologisches Argument*, mit dem er formuliert, dass der Annahme eines Mindestausstattungsanspruches die Gleichrangigkeit von Landes- und kommunaler Ebene entgegenstehe:

---

248 St. Rspr., vgl. etwa VerfGH Nordrhein-Westfalen, Urteil vom 09. Juli 1998 – VerfGH 16/96 –, NWVBl 1998, 390 ff., Juris Rn. 57; VerfGH Nordrhein-Westfalen, Urteil vom 19. Juli 2011 – VerfGH 32/08 –, DVBl 2011, 1155 ff., Juris Rn. 55; VerfGH Nordrhein-Westfalen, Urteil vom 06. Mai 2014 – VerfGH 14/11 –, DÖV 2014, 758 ff., Juris Rn. 41.

249 VerfGH Nordrhein-Westfalen, Urteil vom 06. Mai 2014, a.a.O., Juris Rn. 60; i.d.S. auch VerfGH Nordrhein-Westfalen, Urteil vom 10. Mai 2016 – VerfGH 24/13 –, DÖV 2016, 1006 ff., Juris Rn. 57.

250 VerfGH Nordrhein-Westfalen, Urteil vom 10. Mai 2016, a.a.O., Juris Rn. 57.

„Allerdings lässt sich der Landesverfassung nicht entnehmen, dass die Belange des Landes von vornherein höher gewichtet werden dürfen als die der kommunalen Ebene. Entsprechendes gilt umgekehrt für die Belange der kommunalen Ebene. Letzteres würde zu einer sachlich nicht gerechtfertigten Bevorzugung kommunaler Aufgaben gegenüber denen des Landes führen. (...) Dementsprechend ist eine absolute Untergrenze der kommunalen Finanzausstattung, die selbst bei einer extremen finanziellen Notlage des Landes nicht unterschritten werden dürfte, verfassungsrechtlich nicht vorgesehen (...)."[251]
„Die Finanzausstattung, die den Gemeinden zur Gewährleistung der Selbstverwaltung bereitzustellen ist, kann nicht losgelöst von der finanziellen Lage des Landes allein nach den Bedürfnissen der örtlichen Gemeinschaft festgesetzt werden. Weil die Gemeinden über die ihnen zukommenden Zuweisungen mit dem Land und auch mit dem Bund in einem allgemeinen Steuerverbund zusammengeschlossen sind und auch das Land zur Erfüllung seiner eigenen Aufgaben auf Mittel aus diesem Verbund angewiesen ist, muss trotz des hohen Stellenwertes der Selbstverwaltungsgarantie die Höhe der gemeindlichen Finanzausstattung auch unter angemessener Berücksichtigung des finanziellen Bedarfs und der Haushaltssituation des Landes bestimmt werden (...). Die Angemessenheit der Finanzausstattung der Gemeinden hängt außerdem von der Aufgabenverteilung zwischen dem Staat, den Gemeinden und den Gemeindeverbänden ab, nach der sich die Zuteilung der jeweiligen Mittel bestimmen muss (...)".[252]

Ob diesem Argument die Kraft zukommen kann, all jene weiteren Gesichtspunkte zu entkräften, die demgegenüber *für* einen Mindestanspruch streiten, darf in Frage gestellt werden. Eine Abwägung dieser Fragen findet jedenfalls nicht statt – wohl da in Folge der Fokussierung auf die Kern- und Randbereichsdogmatik alle weiteren Aspekte aus dem Blick geraten.

In der *Zusammenschau* greifen damit die aus der Rechtsprechung des Verfassungsgerichtshofes herauszulesenden Argumente für dessen faktische Ablehnung eines Mindestausstattungsanspruches nicht durch. Einzig das zuletzt genannte Argument kann eine gewisse Überzeugungskraft be-

---

251 VerfGH Nordrhein-Westfalen, Urteil vom 19. Juli 2011 – VerfGH 32/08 –, DVBl 2011, 1155 ff., Juris Rn. 57.

252 VerfGH Nordrhein-Westfalen, Urteil vom 09. Juli 1998 – VerfGH 16/96 –, NWVBl 1998, 390 ff., Juris Rn. 58; ebenso: VerfGH Nordrhein-Westfalen, Urteil vom 19. Juli 2011, a.a.O., Juris Rn. 56.

anspruchen, muss aber gegen alle weiteren, vom Gericht aber nicht thematisierten Aspekte abgewogen werden.[253]

Hochproblematisch an der Rechtsprechung des Verfassungsgerichtshofes ist in diesem Zusammenhang in jedem Fall die eigentümlich intransparente Art und Weise der Gedankenführung und der Darstellung des Ergebnisses. Denn zwar lehnt der Verfassungsgerichtshof *faktisch* einen Mindestausstattungsanspruch (im obigen Sinne) ab, verbalisiert dies aber an keiner Stelle in dieser Eindeutigkeit.[254] Vielmehr suggerieren die Entscheidungen immer wieder, nicht zuletzt durch die verbale Einordnung der geprüften „Mindestansprüche" im „Kernbereich" und die unkritische Verwendung einer Vielzahl einschlägiger Begrifflichkeiten (siehe bereit oben S. 19 ff.), dass auch in Nordrhein-Westfalen „so etwas wie ein Mindestanspruch" bestehe – was jedoch im Ergebnis gerade nicht der Fall ist.

> Nur exemplarisch kann dies etwa an der folgenden Aussage nachvollzogen werden („So kann sich der den Gemeinden verbleibende Spielraum für die freiwilligen Selbstverwaltungsaufgaben bei sehr knappen finanziellen Möglichkeiten des Landes auf ein Minimum reduzieren"), welche schon durch die Wortwahl („Minimum") suggeriert, dass selbst „bei sehr knappen finanziellen Möglichkeiten des Landes" noch ein – wenn auch geringes – Mindestmaß gewährleistet sein könnte. Faktisch ist dies jedoch nach der eigenen Rechtsprechung nicht der Fall, vielmehr kann es nach dem Modell des Verfassungsgerichtshofes in finanziell angespannter Lage des Landes auch zu einer Situation kommen, in der keinerlei Mittel mehr für freiwillige Selbstverwaltungsaufgaben mehr zur Verfügung gestellt – mithin das Mindestmaß deutlich unterschritten – und selbst für die pflichtigen Aufgaben keine hinreichenden Mittel mehr zugewiesen werden. Klar wird dies nicht. [255]

---

253 Kritisch zur Rspr. des VerfGH NRW auch: Erlenkämper, NVwZ 1999, S. 1295 ff., S. 1298; Meyer, NVwZ 1999, S. 843 ff., S. 843, 845; Mückl, DÖV 1999, S. 841 ff., S. 851; Henneke, DVBl 1998, S. 1158 ff., S. 1164; Gebhardt 2007, S. 182 ff.

254 Kritisch hierzu auch: Schwarz, ZKF 2002, S. 242 ff., S. 246.

255 VerfGH Nordrhein-Westfalen, Urteil vom 06. Mai 2014 – VerfGH 14/11 –, DÖV 2014, 758 ff., Juris Rn. 58.

bb) Zum Zusammenspiel mit Art. 28 Abs. 2 GG

Ergänzend zu diesen Unstimmigkeiten in der autonomen Auslegung der Art. 78, 79 LV NRW erweist sich – und zwar zunehmend auch für den Verfassungsgerichtshof selbst – das Zusammenspiel der eingeschlagenen Rechtsprechungslinie mit Art. 28 Abs. 2 GG als problematisch.

Jedenfalls nach der hier vertretenen Auslegung beinhaltet Art. 28 Abs. 2 GG einen vorbehaltlosen Mindestausstattungsanspruch. Zudem verpflichtet Art. 28 Abs. 3 GG die Länder, für ihren Verfassungsraum nicht hinter diesem Gewährleistungsgehalt zurückzubleiben (siehe zu allem oben S. 103 ff.). Genau so liegt aber die verfassungsrechtliche Lage in Nordrhein-Westfalen nach der Rechtsprechung des dortigen Verfassungsgerichtshofes. Akut wurde diese Konfliktlage spätestens mit dem oben zitierten Urteil des Bundesverwaltungsgerichts, das – ebenso wie in dieser Arbeit – einen vorbehaltlosen Mindestanspruch aus Art. 28 Abs. 2 GG erkannte.

Derzeit bemüht sich der Verfassungsgerichtshof, seine Rechtsprechungslinie dadurch zu halten, dass er sich in offenen Dissens zum Bundesverwaltungsgericht setzt und dessen Auslegung des Art. 28 Abs. 2 GG explizit ablehnt.[256] Dies erfolgte zunächst ohne weitere Begründung unter bloßem Verweis auf den Umstand, dass auch andere Landesverfassungsgerichte keinen vorbehaltlosen Mindestanspruch erkennen würden[257], in einer weiteren Entscheidung aus dem Jahr 2016 dann jedoch mit eingehenderer Auslegung des Art. 28 Abs. 2 GG.[258] Die dort vorgebrachten Argumente vermögen jedoch nicht recht zu überzeugen: Das (insbesondere im Hinblick auf die Entstehungsgeschichte) umfassend begründete Argument, weder Wortlaut noch Historie legten einen Mindestanspruch nahe, mag richtig sein. Es ist jedoch nicht geeignet, die Diskussion zu beenden, da es eben eine Reihe weiterer, insbesondere systematischer und teleologischer Gründe zu beachten gibt (siehe oben S. 41 ff.). Nicht zu überzeugen vermag des Weiteren auch der Verweis auf den Umstand, dass im Übrigen selbst die Landesverfassungsgerichte, die ihrer jeweiligen Landesverfassung einen (abwägungsfesten) Mindestanspruch entnehmen, diesen nicht abso-

256 Vgl. einerseits VerfGH Nordrhein-Westfalen, Urteil vom 06. Mai 2014 – VerfGH 14/11 –, DÖV 2014, 758 ff., Juris Rn. 63; VerfGH Nordrhein-Westfalen, Urteil vom 10. Mai 2016 – VerfGH 24/13 –, DÖV 2016, 1006 ff., Juris Rn. 64; andererseits BVerwG, Urteil vom 31. Januar 2013 – 8 C 1/12 –, BVerwGE 145, 378 ff., Juris Rn. 19 ff.

257 VerfGH Nordrhein-Westfalen, Urteil vom 06. Mai 2014, a.a.O., Juris Rn. 58 ff.

258 VerfGH Nordrhein-Westfalen, Urteil vom 10. Mai 2016, a.a.O., Juris Rn. 61.

lut bestimmen würden.[259] Denn mit diesem Argument werden Fragen nach dem Ob eines Mindestausstattungsanspruches mit Fragen nach der konkreten Bestimmung der jeweiligen Anspruchshöhe vermischt. Aus dem bloßen Umstand, dass einige Landesverfassungsgerichte im Hinblick auf die Höhe eventueller Ansprüche (zu Recht) Zurückhaltung üben (siehe hierzu auch oben S. 51 ff.), kann man jedoch nicht rückschließen, dass letztlich kein nennenswerter Unterschied zu jenen Gerichten bestehe, die – wie der Verfassungsgerichtshof NRW – gar keinen Mindestanspruch zuerkennen. Denn damit wird unterschlagen, dass im ersteren Falle der Mindestanspruch prozeduralisiert (und hierdurch geschützt), im letzteren Fall hingegen schlicht verwehrt wird.

Sollte sich – mit den hiesigen Erwägungen – im Ergebnis die hier vorgeschlagene Lesart des Art. 28 Abs. 2 GG durchsetzen, stünde der Verfassungsgerichtshof Nordrhein-Westfalen vor einem gravierenden Problem. Entweder er beließe es bei seiner Auslegung und nähme damit in Kauf, dass der in seine Kompetenz fallende Anspruch aus „Art. 78, 79 LV NRW" vom weitergehenden Gewährleistungsinhalt des Art. 28 Abs. 2 GG „verdrängt" würde (siehe hierzu oben S. 104 ff.). Oder aber er müsste seine Rechtsprechung gravierend revidieren. Dass er ggf. diesen Weg einschlagen wird, legt eine seiner jüngsten Entscheidungen nahe, in der er erstmalig eine Lösungsmöglichkeit einräumt, indem er explizit darüber nachdenkt, ob die einschlägigen Artikel der Verfassung NRW „mit Blick auf bundesverfassungsrechtliche Vorgaben" einschränkend auszulegen sein könnten – wozu er *derzeit* in Ermangelung entsprechender Rechtsprechung des BVerfG aber *noch* keinen Grund zu sehen vermochte.[260]

Im Ergebnis richten sich damit in Nordrhein-Westfalen alle Blicke nach Karlsruhe. Der Anstoß für eine – nach hiesiger Lesart dringend nötige – Änderung der langjährig verstetigten (um nicht zu sagen: verfahrenen) Rechtsprechung, wird nur von dort kommen können. Unberechtigt ist dabei im Übrigen der mitunter artikulierte Vorwurf, der Verfassungsgerichtshof habe es selbst in der Hand, eine Klärung durch das Bundesverfassungsgericht durch entsprechende Vorlagen herbeizuführen.[261] Völlig zutreffend weist Münster darauf hin, dass weder eine Vorlagepflicht nach Art. 100 Abs. 1 GG noch nach Art. 100 Abs. 3 GG besteht, da der Gerichtshof vor dem Hintergrund seiner Interpretation des Art. 28 Abs. 2 GG nicht von der Grundgesetzwidrigkeit des einschlägigen Landesverfassungsrechts

259 VerfGH Nordrhein-Westfalen, Urteil vom 10. Mai 2016, a.a.O., Juris Rn. 59.
260 VerfGH Nordrhein-Westfalen, Urteil vom 10. Mai 2016, a.a.O., Juris Rn. 64.
261 Lange, DVBl 2015, S. 457 ff., S. 460.

überzeugt sein kann (Art. 100 Abs. 1 GG), auch kein Abweichen von (nicht existierender) verbindlicher Rechtsprechung des Bundesverfassungsgerichts zu diesem Aspekt des Art. 28 Abs. 2 GG vorliegt, und zuletzt auch kein Abweichen von einschlägiger Rechtsprechung anderer Landesverfassungsgerichte zu Art. 28 GG festzustellen ist.[262]

2. Staatsgerichtshof Niedersachsen

Das Fallaufkommen des niedersächsischen Staatsgerichtshofes mit Sitz in Bückeburg lässt sich nicht ansatzweise mit den oben umrissenen Verhältnissen im westlichen Nachbarland Nordrhein-Westfalen vergleichen. Dennoch ist es dem Staatsgerichtshof mit seinen bis dato einschlägigen fünf Entscheidungen zum Recht des kommunalen Finanzausgleiches gelungen, einige Aufmerksamkeit auf sich zu ziehen. Grund hierfür dürfte vor allem der Umstand sein, dass der Staatsgerichtshof zunächst eine deutlich „kommunalfreundlichere“ Linie als seine Schwester in Münster gefahren ist, diese jedoch im Jahr 2008 faktisch aufgegeben hat (ohne dies allerdings offenzulegen) – und hierfür seither einige Kritik kommunalpolitischer wie rechtsdogmatischer Art aushalten musste.

a) Darstellung der Rechtsprechung zum Mindestausstattungsanspruch

Die Rechtsprechung des niedersächsischen Staatsgerichtshofes zum Recht des kommunalen Finanzausgleiches setzte mit zwei dicht aufeinander folgenden, für den Gesetzgeber einschneidenden Entscheidungen ein, durch die jeweils die damaligen Finanzausgleichsgesetze in Gänze bzw. in wesentlichen Teilen für nichtig erklärt wurden.[263] Insbesondere in der zweiten Entscheidung vom 25. November 1997 hat der Staatsgerichtshof dabei auch (ohne dass es im Ergebnis hierauf ankam) erste Weichen im Hinblick auf die hier interessierenden Fragen gestellt, indem er ausdrücklich einen kommunalen Anspruch auf „finanzielle Mindestausstattung“ anerkannte und auch definierte:

---

262 VerfGH Nordrhein-Westfalen, Urteil vom 10. Mai 2016 – VerfGH 19/13 –, Juris Rn. 84.

263 StGH Niedersachsen, Urteil vom 15. August 1995 – StGH 2/93 u.a. –, Nds MBl sowie StGH Niedersachsen, Urteil vom 25. November 1997 – StGH 14/95 u.a. –, DÖV, Juris Rn. 97.

> „Der Gesetzgeber darf die kommunale Finanzausstattung aber nicht in einer Weise beeinträchtigen, die den Anspruch auf eine finanzielle Mindestausstattung verletzt und dadurch das Recht auf Selbstverwaltung aushöhlt. Die danach gebotene Mindestausstattung ist jedenfalls dann unterschritten, wenn die Wahrnehmung freiwilliger Selbstverwaltungsangelegenheiten infolge einer unzureichenden Finanzausstattung unmöglich wird. (...) Bei einer offensichtlichen Disproportionalität von wahrzunehmenden Aufgaben und Mittelzuweisung ist der Kernbereich der kommunalen Selbstverwaltung in unzulässiger Weise beeinträchtigt."[264]

Daneben hat er der niedersächsischen Verfassung in den vorgenannten Entscheidungen auch einen Anspruch auf angemessene Finanzausstattung im obigen Sinne entnommen und in diesem Kontext die Forderung der Verteilungssymmetrie zwischen Land und kommunaler Ebene festgeschrieben. Wie sich Mindestausstattungsanspruch und Verteilungssymmetrie zueinander verhalten sollten, blieb hingegen offen.

Die hierdurch entstandene Unsicherheit bezogen auf Inhalt und eventuelle Schranken des Mindestausstattungsanspruches beseitigte der Staatsgerichtshof – zumindest zunächst – durch eine weitere Entscheidung vom 16. Mai 2001.[265] Diese Entscheidung wurde landläufig dahingehend interpretiert, dass der vom Staatsgerichtshof erkannte Mindestausstattungsanspruch absolut gelten und nicht unter Leistungsfähigkeitsvorbehalt stehen sollte – eine Interpretation, zu der das Urteil auch allen Anlass gab, indem es zunächst die oben wiedergegebene Aussage im Wortlaut zitierte und diese sodann wie folgt weiterentwickelte

> („Sofern den Kommunen die Wahrnehmung freiwilliger Selbstverwaltungsangelegenheiten unmöglich wird, weil die zur Verfügung stehenden Finanzmittel aufgrund ihrer Pflicht zur Erfüllung landesgesetzlich vorgeschriebener Aufgaben bzw. Standards der Aufgabenerfüllung bereits ausgeschöpft sind, ist das Land mit Blick auf Art. 58 NV wenn nicht verpflichtet, das Ausgleichsvolumen entsprechend zu erhöhen, dann aber verpflichtet, neue Steuerquellen zu erschließen, oder aber, sofern dies angesichts der Finanzlage ausgeschlossen ist, gehalten, die landesgesetzlich verursachten Kosten für die Erfüllung der Aufgaben des eigenen Wirkungskreises durch eine Verminderung der Zahl der

264 StGH Niedersachsen, Urteil vom 25. November 1997 a.a.O.

265 StGH Niedersachsen, Urteil vom 16. Mai 2001 – StGH 6/99 u.a. –, DVBl. 2001, 1159 ff.

> Pflichtaufgaben bzw. eine Senkung der bei der Aufgabenerfüllung einzuhaltenden Standards zu reduzieren. Soweit es sich um bundesgesetzliche Aufgabenzuweisungen und Standards handelt, muss das Land einen entsprechenden Einfluss im Bundesrat geltend machen")[266]

und auch auf Subsumtionsebene deutlich machte, dass zur „erforderlichen Mindestausstattung" wohl eine „freie Spitze" für die Erfüllung freiwilliger Aufgaben gehöre:

> „In den hier zur Beurteilung stehenden Finanzausgleichsperioden 1999 und 2000 war die den Kommunen zustehende Mindestausstattung gewährleistet. (...) Des Weiteren hat sich gezeigt, dass die Kommunen über eine freie Spitze verfügen, die für die Jahre 1995 - 1997 durchschnittlich 5,3 vom Hundert der kommunalen Ausgaben beträgt (LT Drucks. 14 / 1524, S. 9). Von keinem Beschwerdeführer ist konkret geltend gemacht worden, dass ihm eine freie Spitze für die Erfüllung freiwilliger Aufgaben fehle."[267]

Umso überraschender kam dann im Jahr 2008 die Wende durch Urteil vom 7. März, in dem der Staatsgerichtshof den Mindestausstattungsanspruch nunmehr nicht nur dogmatisch unter Leistungsvorbehalt stellte

> („Art. 58 NV beinhaltet jedoch keinen individuellen Anspruch der Kommunen auf Gewährleistung einer finanziellen Mindestausstattung durch das Land, der ihnen unabhängig von der Leistungsfähigkeit des Landes in einem wie auch immer zu quantifizierenden Umfang die Wahrnehmung freiwilliger Selbstverwaltungsangelegenheiten ermöglichte (...). Die Auffassung der Beschwerdeführerinnen, wonach die Gewährleistung der finanziellen Mindestausstattung nicht unter dem Vorbehalt der Leistungskraft des Landes stehe, sondern davon unabhängig sei, kann aus Art. 58 NV und Art. 57 Abs. 1 bis 3 NV nicht abgeleitet werden."), [268]

sondern auf Subsumtionsebene dann auch ganz offen für im Ergebnis vollständig unerheblich erklärte und de facto den Gesichtspunkt der Verteilungssymmetrie zum alleinigen Prüfungsmaßstab erhob:

---

266 StGH Niedersachsen, Urteil vom 16. Mai 2001, a.a.O., Juris Rn. 137.
267 StGH Niedersachsen, Urteil vom 16. Mai 2001, a.a.O., Juris Rn. 144.
268 StGH Niedersachsen, Urteil vom 07. März 2008 – StGH 02/05 –, Nds MBl 2008, 488, Juris Rn. 58.

„Es kann dahingestellt bleiben, ob den Beschwerdeführerinnen in den Jahren 2005 und 2006 für die Wahrnehmung freiwilliger Selbstverwaltungsaufgaben die erforderlichen Mittel zur Verfügung gestanden haben. Selbst wenn die Mindestausstattung zu diesem Aufgabenbereich in den Jahren 2005 und 2006 unterschritten worden wäre, wäre das von ihnen angegriffene Gesetz nicht verfassungswidrig. Der Gesetzgeber hat im Rahmen der Entscheidung über die Reduzierung der Verbundquote den vom Staatsgerichtshof aus der Verfassung abgeleiteten Grundsatz der Verteilungssymmetrie beachtet. (...) Das Land war unter Beachtung des Grundsatzes der Verteilungssymmetrie auch berechtigt, die Grenze einer finanziellen Mindestausstattung der Kommunen in ihrer Gesamtheit und auch von einzelnen Kommunen durch die Reduzierung der Verbundquote und die dadurch bewirkte Absenkung der Zuweisungsmasse zu unterschreiten. (...)“[269]

An der derart statuierten Linie hat der Staatsgerichtshof seither in einem weiteren Urteil festgehalten.[270]

b) Kritische Würdigung

Bereits einleitend war die Verwirrung der einschlägigen Begrifflichkeiten insbesondere in den landesverfassungsgerichtlichen Entscheidungen bemängelt worden. Der Staatsgerichthof Bückeburg muss sich den Vorwurf gefallen lassen, diesen unbefriedigenden Zustand nicht nur mit gefördert, sondern sogar zur Verschleierung einer faktischen Kehrtwende seiner Rechtsprechung genutzt zu haben (aa). Aber auch inhaltlich überzeugt die neuere „niedersächsische Linie“ nicht – wobei wie oben auch hier nur eine Bewertung anhand der obigen Ausführungen vorgenommen werden soll (bb).

aa) Transparenz der Argumentation

Es ist bereits hinreichend herausgearbeitet, dass die einschlägigen Urteile einer Reihe von Landesverfassungsgerichten oft die nötige begriffliche Stringenz vermissen lassen (siehe oben S. 19). Dies bedarf eigentlich auch

269 StGH Niedersachsen, Urteil vom 07. März 2008, a.a.O., Juris Rn. 71 f., 77.
270 StGH Niedersachsen, Urteil vom 15. April 2010 – StGH 1/08 –, Juris.

für Niedersachsen keiner erneuten Wiederholung. Bemerkenswert am niedersächsischen Fall ist allerdings, dass das Gericht in seinen frühen Entscheidungen nicht nur mitunter *begrifflich* unscharf formulierte, sondern dann diese selbst hergestellte begriffliche Unschärfe sodann nutzte, um eine gravierende *inhaltliche* Änderung der bisherigen Rechtsprechung zu Lasten der kommunalen Ebene faktisch sprachlich zu verschleiern.

Exemplarisch[271] kann dies anhand des oben bereits aufgezeigten Wechsels der Rechtsprechung zum Zusammenspiel von Leistungsvorbehalt und Mindestausstattungsanspruch aufgezeigt werden. Wie dargelegt, konnten die ersten Entscheidungen *inhaltlich* nur dahingehend verstanden werden, dass der niedersächsischen Verfassung zum einen ein Anspruch auf angemessene Ausstattung zu eigen war (Stichwort „Verteilungssymmetrie"[272]), und dass daneben ein Mindestausstattungsanspruch stets zu gewährleisten war. Denn anders ergäbe die im Zusammenhang mit Mindestausstattungsausführungen ausdrücklich statuierte Pflicht des Landes, im Falle unzureichender eigener Leistungsfähigkeit entweder das Steueraufkommen zu steigern oder Aufgabenzahl bzw. des Aufgabenerfüllungsniveau abzusenken,[273] keinen Sinn.[274] Entsprechend überraschend[275] war dann auch die Entscheidung von 2008, mit der nunmehr der Mindestausstattungsanspruch unter Leistungsfähigkeitsvorbehalt gestellt und faktisch für unerheblich erklärt wurde. Dies geschah allerdings nicht unter expliziter und entsprechend begründeter *Aufgabe* der bisherigen Rechtsprechung, sondern mit der Behauptung, an die bisherige Linie bruchlos anzuknüpfen und diese lediglich fortzuentwickeln

> („Die (…) Frage, ob (…) auch eine angemessene aufgabengerechte Finanzausstattung oder jedenfalls eine finanzielle Mindestausstattung zum Gewährleistungsinhalt der kommunalen Selbstverwaltungsgarantie nach Art. 28 Abs. 2 Satz 1 GG gehören, hat das Bundesverfassungsgericht bislang (…) offen gelassen (…). Der Niedersächsische Staatsgerichtshof hat diese Frage unter Hinweis auf die Regelungen in Art. 57 Abs. 4 und 58 NV bejaht, ohne bislang eine Festlegung darüber getroffen zu haben, welche der beiden vom Bundesverfassungsgericht erwo-

271 Zu einer ausführlicheren Analyse vgl. Henneke 2012, S. 387 ff.

272 StGH Niedersachsen, Urteil vom 16. Mai 2001 – StGH 6/99 u.a. –, DVBl. 2001, 1159 ff., Juris Rn. 135.

273 StGH Niedersachsen, Urteil vom 16. Mai 2001, a.a.O., Juris Rn. 137.

274 So auch: Albers, NdsVBl 2011, S. 1 ff., S. 4; Henneke 2012, S. 340.

275 Kritisch auch: Meyer, NVwZ (Sonderheft) 2001, S. 36 ff., S. 37.

genen Alternativen in der Niedersächsischen Verfassung verankert ist").[276]

Möglich war dem Gericht diese – inhaltlich nicht nachvollziehbare[277] – Behauptung von Kontinuität nur, weil es in den frühen Entscheidungen neben dem schon damals auch dem Gericht bekannten (und sogar von ihm selbst verwandten) Dualismus von „Mindestausstattungsanspruch" einerseits und „Anspruch auf angemessene Ausstattung" andererseits[278] noch eine ganze Reihe anderer diffuser Begrifflichkeiten benutzt hatte (etwa „Pflicht zur Befriedigung des kommunalen Finanzbedarfes", „Anspruch der Kommunen auf aufgabengerechten Finanzausgleich").[279] Entsprechend finden sich zwar in den Urteilen vor 2008 umfangreiche Ausführungen zum Leistungsfähigkeitsvorbehalt und zur Mindestausstattung. Weil hierbei allerdings wiederholt auch andere Begrifflichkeiten verwendet werden – *und zwar gerade auch im Kontext des Leistungsfähigkeitsvorbehalts* – entsteht Raum, nunmehr nachträglich behaupten zu können, „eigentlich" sei insoweit doch noch gar nichts recht entschieden – obwohl dies *inhaltlich* sicher nicht zutrifft.

Ob sich das Gericht hiermit allerdings einen Gefallen getan hat, darf getrost bezweifelt werden. Beobachter, die eine letztlich offenkundig unstimmige Argumentation als solche durchschauen, neigen leider dazu, dem nicht schlüssig Argumentierenden allerlei dunkle Motive für sein Handeln zu unterstellen. Es nimmt daher nicht Wunder, dass sich der Staatsgerichtshof in Folge seiner Entscheidung von 2008 dem Vorwurf ausgesetzt sah, lediglich vor der Politik „eingeknickt" zu sein, weil es nicht die Kraft gehabt habe, die eingeschlagene Rechtsprechung aufrecht zu erhalten – und genau dies nun vertuschen wolle.[280] Verglichen hiermit wäre man wohl gut beraten gewesen, eine (an sich ja nicht einmal ehrrührige) Wendung in seiner Rechtsprechung inhaltlich offen als solche zu kommunizieren.

---

276 StGH Niedersachsen, Urteil vom 07. März 2008 – StGH 02/05 –, Nds MBl, Juris Rn. 53.

277 I.d.S. auch: Albers, NdsVBl 2011, S. 1 ff., S. 4 f., welcher eine „nicht konsequente" „Kehrtwende" sieht.

278 StGH Niedersachsen, Urteil vom 25. November 1997 – StGH 14/95 u.a. –, DÖV, Juris Rn. 87.

279 StGH Niedersachsen, Urteil vom 16. Mai 2001 – StGH 6/99 u.a. –, DVBl. 2001, 1159 ff., Juris Rn. 132 ff.

280 So etwa Meyer, NVwZ (Sonderheft) 2001, S. 36 ff., S. 40, welcher „Rechtsschutzverweigerung" aufgrund „mangelnder Courage" zu erkennen meint; ebenso: Henneke 2012, S. 387.

bb) Inhaltliche Überzeugungskraft der Rechtsprechungslinie

Allerdings ist, auch jenseits der obigen „Stilfragen", der maßgeblichen Rechtsprechungslinie des niedersächsischen Staatsgerichtshofes seit 2008 mit Skepsis zu begegnen. Ebenso wenig wie der Münsteraner Ansatz im Lichte der obigen, allgemeinen Erwägungen zu überzeugen vermochte, trägt auch die Linie aus Bückeburg letztlich wohl nicht – wobei den Niedersachsen allerdings zu Gute zu halten ist, dass sie es immerhin in deutlich gesteigertem Umfang unternommen haben, mit Besonderheiten der niedersächsischen Verfassungsrechtslage zu argumentieren.

Die einschlägigen Vorgaben der niedersächsischen Verfassung (im Folgenden LV Nds.) lauten dabei wie folgt:

Artikel 57
Selbstverwaltung

(1) Gemeinden und Landkreise und die sonstigen öffentlich-rechtlichen Körperschaften verwalten ihre Angelegenheiten im Rahmen der Gesetze in eigener Verantwortung.
(2) (...)

Artikel 58
Finanzwirtschaft der Gemeinden und Landkreise

Das Land ist verpflichtet, den Gemeinden und Landkreisen die zur Erfüllung ihrer Aufgaben erforderlichen Mittel durch Erschließung eigener Steuerquellen und im Rahmen seiner finanziellen Leistungsfähigkeit durch übergemeindlichen Finanzausgleich zur Verfügung zu stellen.

Wie schon für Nordrhein-Westfalen und Schleswig-Holstein sprechen auch hier die oben bei Art. 28 Abs. 2 GG erörterten grundlegenden teleologischen Erwägungen nachdrücklich für die Existenz eines (vorbehaltlosen) Mindestausstattungsanspruches – und zwar auch im niedersächsischen Verfassungsraum. Durchgreifende Besonderheiten des dortigen Verfassungsraumes, die ein abweichendes Ergebnis rechtfertigen könnten, sind (jedenfalls im Ergebnis) nicht zu erkennen:

Im Hinblick auf die vom Staatsgerichtshof vorgenommene *Wortlautauslegung* kann vollumfänglich auf die obigen Ausführungen zur Verfassungslage in Nordrhein-Westfalen Bezug genommen werden (siehe oben S. 132 f.). Auch hier gilt, dass dem Wortlaut von Art. 57 Abs. 1 LV Nds. im Hinblick auf Fragen der Mindestausstattung und eines evtl. Leistungsvorbehaltes nichts zu entnehmen ist. Wortlautargumente lassen sich nur gewinnen, wenn man Art. 57 Abs. 1, 58 LV Nds. zusammenliest, wie dies der Staatsgerichtshof auch tatsächlich unternimmt:

> „Nach dem eindeutigen Wortlaut der Vorschrift steht der einheitliche Anspruch der Kommunen auf Gewährung der für die Aufgabenwahrnehmung erforderlichen finanziellen Mittel durch das Land insgesamt unter dem Vorbehalt seiner finanziellen Leistungsfähigkeit (...)“[281]

Weshalb man allerdings Art. 57 Abs. 1, 58 LV Nds. zwingend zusammenlesen sollte, erklärt auch der Staatsgerichtshof Niedersachsen nicht. Insoweit kann auf die obigen Ausführungen zu Nordrhein-Westfalen Bezug genommen werden. Diese Lücke in der Argumentation wiegt dabei im Falle Niedersachsens umso schwerer, als dass der Staatsgerichtshof selbst zuvor den starken Bezug des Mindestausstattungsrechtssatzes zur Garantie der kommunalen Selbstverwaltung herausgearbeitet hatte:

> „Art. 57 Abs. 1 NV gewährleistet für die Kommunen von Verfassungs wegen das Recht zur Selbstverwaltung ihrer Angelegenheiten. (...) Art. 57 Abs. 1 NV [räumt] bereits von seinem Wortlaut her den Kommunen die individuelle Befugnis zur eigenverantwortlichen Selbstverwaltung ihrer Angelegenheiten ein und geht damit über den Regelungsgehalt des Art. 28 Abs. 2 Satz 1 GG hinaus (...) Auch die Art. 57 Abs. 1 NV ergänzende Bestimmung in Art. 57 Abs. 3 NV, wonach die Kommunen in ihrem Gebiet grundsätzlich die ausschließlichen Träger der gesamten öffentlichen Aufgaben sind, ist von ihrem Wortlaut her nicht als bloße objektive Gewährleistung, sondern als subjektive Befugnisnorm gefasst.“ [282]

Weshalb bei dieser vom Staatsgerichtshof selbst erkannten Ausgangslage nicht eine abschließende Verortung des Mindestanspruches in Art. 57 Abs. 1 LV vorzunehmen sein sollte – und zwar losgelöst von einem separaten Anspruch auf angemessene Ausstattung nach Art. 58 LV Nds. –, ist jedenfalls stark erklärungsbedürftig, wird aber nicht erklärt.

Erstaunlich ist des Weiteren das vom Staatsgerichtshof bemühte, letztlich *teleologische Argument* der gebotenen Land-Kommunen-Symmetrie. Dieses besagt, dass ein vorbehaltloser Mindestanspruch nicht in Betracht komme, weil in Zeiten knapper Kassen dann eine einseitige Bevorzugung

---

281 StGH Niedersachsen, Urteil vom 07. März 2008 – StGH 02/05 –, Nds MBl, Juris Rn. 58.

282 A.a.O., Juris Rn. 57.

der kommunalen Ebene entstehen könne.[283] Denn das genau dies nicht zwingend der Fall ist und das Land andere Möglichkeiten hat, der kommunalen Ebene auch in Zeiten haushälterischer Not den nötigen Spielraum auf dem Gebiet der freiwilligen Selbstverwaltungsaufgaben zu sichern, hat ja gerade der Staatsgerichtshof Niedersachsen selbst herausgearbeitet (siehe oben S. 139 f.).

Etwas mehr Überzeugungskraft haben hingegen die allerdings knappen Ausführungen zur Verfassungshistorie sowie zum systematischen Zusammenhang zwischen Art. 57 Abs. 1 und 48 LV Nds.[284] Ob allerdings der Umstand, dass sich die Fraktionen während eines Verfassungsreformprozesses in der 12. Legislaturperiode nicht auf eine Modifikation des damaligen Wortlautes einigen konnten, letztlich geeignet ist, sich gegen die Gesamtheit der oben dargestellten teleologischen Argumente durchzusetzen, darf wohl bezweifelt werden.

Im obigen Sinne positiv zu erwähnen wäre zuletzt noch der Umstand, dass der Staatsgerichtshof in seinen Entscheidungen ab 2008 davon abgerückt ist, die Kern- bzw. Randbereichsdogmatik zur Untermauerung seiner Ergebnisse heranzuziehen. Allerdings sprechen die Begleitumstände eher dafür, dass dies weniger aus dogmatischen Erwägungen erfolgte, als aus dem Bestreben, eine ohnehin fragwürdige Rechtsprechungswende nicht noch weiter zu desavouieren. Ein Gericht, welches noch 2001 mit Verve feststellte, dass ein Unterschreiten des Mindestanspruches *„den Kernbereich der kommunalen Selbstverwaltung in unzulässiger Weise beeinträchtigt“*[285] hat sicherlich allen Anlass dazu, die Kernbereichsdogmatik möglichst geräuschlos in den Hintergrund treten zu lassen, wenn es 2008 eben diesen im absolut geschützten Kernbereich verorteten Mindestanspruch erst unter Leistungsfähigkeitsvorbehalt stellt und auf Subsumtionsebene sodann zur Gänze in die Irrelevanz entlässt (siehe oben).

In der Zusammenschau kann der Staatsgerichtshof Niedersachsen den obigen allgemeinen Erwägungen damit letztlich lediglich ein recht schwaches historisches Argument entgegenhalten. Zudem ist er auch eine vertiefte Auseinandersetzung mit möglichen Auslegungseinflüssen aus Art. 28 Abs. 2 GG (siehe oben S. 104 ff.) bislang schuldig geblieben. Auch von dieser Seite droht mithin Ungemach. Anders als Nordrhein-Westfalen droht

283 StGH Niedersachsen, Urteil vom 07. März 2008 – StGH 02/05 –, Nds MBl, Juris Rn. 61.

284 A.a.O., Juris Rn. 59.

285 StGH Niedersachsen, Urteil vom 16. Mai 2001 – StGH 6/99 u.a. –, DVBl. 2001, 1159 ff., Juris Rn. 136.

allerdings im Falle einer Entscheidung aus Karlsruhe im obigen Sinne nicht der Verlust einer über viele Jahrzehnte gewachsenen Rechtsprechung. Vielmehr wird man sich dann wieder auf die Tradition der ersten Urteile berufen können – und die beiden Urteile aus 2008 ff. wohl ebenso geräuschlos umdeuten wie derzeit jene aus der Zeit vor 2008.

Der hierfür notwendige Anknüpfungspunkt in der bisherigen Rechtsprechung ist jedenfalls schon angelegt:

> „Prüfungsmaßstab für die angegriffenen gesetzlichen Regelungen ist die Selbstverwaltungsgarantie der Art. 57 und 58 NV. Beide Bestimmungen verwirklichen für das Land Niedersachsen die in Art. 28 GG enthaltene bundesverfassungsrechtliche Garantie der kommunalen Selbstverwaltung und haben nach Zweck und Entstehungsgeschichte jedenfalls denselben Mindestgehalt wie Art. 28 Abs. 1 Satz 2 und 3 sowie Abs. 2 GG (Nds. StGH, DVBl. 1995, S. 1175 1. Sp. unter Hinweis auf Nds. StGHE 1, 163, 168; 2, 1, 143).“[286]

3. Verfassungsgerichtshof Thüringen und Staatsgerichtshof Hessen

Abschließend sollen im Folgenden zwei Beispiele für einen, aus der Perspektive der obigen Ausführungen, positiv zu bewertenden Umfang mit der hier besprochenen Thematik vorgestellt werden, nämlich die Rechtsprechung des thüringischen Verfassungsgerichtshofes und des hessischen Staatsgerichtshofes. Die dortigen Grundlinien zeichnen sich in beiden Fällen durch eine hohe Kompatibilität mit den obigen Aussagen aus (a). Entsprechend wenig gibt es (jedenfalls aus der Perspektive dieser Arbeit) anzumerken – weshalb hier das Augenmerk weniger auf die kritische Analyse denn auf die Frage der praktischen Umsetzung in Gesetzgebung gelegt werden soll. Denn hier zeigt sich ganz konkret, ob und wie die obigen Aussagen tatsächlich in gelebtes Recht umgesetzt werden können (b).

a) Darstellung der jeweiligen Rechtsprechung

Sowohl der Verfassungsgerichtshof Thüringen als auch der Staatsgerichtshof Hessen differenzieren – wie auch hier vertreten – in der Sache klar zwi-

286 StGH Niedersachsen, Urteil vom 25. November 1997 – StGH 14/95 u.a. –, DÖV, Juris Rn. 86.

schen einem Anspruch auf „Mindestausstattung" und einem Anspruch auf „angemessenen Ausstattung", beide im obigen Sinne.[287] Charakteristisch für beide ist dabei, dass der jeweilige Mindestausstattungsanspruch – wie oben – als in einem engen rechtlichen Zusammenhang mit dem Recht auf Selbstverwaltung stehend gesehen wird[288] – wobei im Falle des Staatsgerichtshofs Thüringen zudem noch die enge Verbindung zur Selbstverwaltungsgarantie nach Art. 28 Abs. 2 GG besonders hervorgehoben wird:

> „Das Grundgesetz erkennt in Art. 28 Abs. 2 Satz 3 ausdrücklich an, dass die Gewährleistung der gemeindlichen Selbstverwaltung auch die Grundlagen der finanziellen Eigenverantwortung der Kommunen umfasst. Art. 28 Abs. 2 Satz 3 GG [bezeichnet] gerade die Grundlagen der kommunalen Finanzhoheit als Aspekt des Selbstverwaltungsrechts und bezieht damit auch das Recht der Gemeinden und Gemeindeverbände auf eine angemessene Finanzausstattung in dessen Schutzbereich ein. Die hieraus folgende Finanzierungsverantwortung trifft im zweigliedrigen Bundesstaat in erster Linie die Länder, (...). In Übereinstimmung mit diesen bundesverfassungsrechtlichen Vorgaben gewährleistet auch die Thüringer Verfassung eine aufgabengerechte Finanzausstattung der Gemeinden und Gemeindeverbände als notwendige Grundlage des kommunalen Selbstverwaltungsrechts und stellt so klar, dass mit der eigenen Aufgabenkompetenz der Kommunen nicht nur entsprechende Ausgabenbefugnisse, sondern auch Finanzierungsmöglichkeiten verbunden sein müssen (...). Die landesverfassungsrechtliche Garantie der kommunalen Selbstverwaltung erstreckt sich damit letztlich nicht nur auf die Berechtigung zur autonomen Wahrnehmung eigener Sachaufgaben einschließlich ihrer Finanzierung, sondern umfasst auch den dabei entstehenden Finanzbedarf (...)." [289]

Auch gehen beide Verfassungsgerichte unter der Überschrift der „Mindestausstattung" – wie hier – der Frage nach, ob die Bedarfe der kommunalen

---

287 VerfGH Thüringen, Urteil vom 21. Juni 2005 – VerfGH 28/03 –, LVerfGE 16, 593 ff., Juris Rn. 142 StGH Hessen, Urteil vom 21. Mai 2013 – P.St. 2361 –, NVwZ 2013, 1151, Juris Rn. 98, wobei dieser allerdings begrifflich unschärfer operiert und den „Mindestanspruch" als besonderen Teilaspekt des Anspruches auf „angemessene Finanzausstattung" begreift.

288 StGH Hessen, Urteil vom 21. Mai 2013 – P.St. 2361 –, NVwZ 2013, 1151, Juris Rn. 92, 185; VerfGH Thüringen, Urteil vom 21. Juni 2005 – VerfGH 28/03 –, LVerfGE 16, 593 ff., Juris Rn. 133.

289 VerfGH Thüringen, Urteil vom 21. Juni 2005 – VerfGH 28/03 –, LVerfGE 16, 593 ff., Juris Rn. 133 f.

Ebene zur Aufgabenwahrnehmung für sich betrachtet hinreichend bedient werden; und zwar unabhängig von der Frage der Balance der Finanzverteilung zwischen Land und Kommunen. Kennzeichnend für beide Rechtsprechungslinien ist dabei, dass der Mindestanspruch dabei als absolut verstanden wird, also als nicht unter Leistungsfähigkeitsvorbehalt stehend begriffen wird.[290] Eindrücklich (wenn auch unter Heranziehung der Kern- bzw. Randbereichstheorie (siehe hierzu oben S. 32 ff.) formuliert der Verfassungsgerichtshof Thüringen:

> „Dementsprechend ist der – unantastbare – Kernbereich des kommunalen Selbstverwaltungsrechts verletzt, wenn die vom Land gewährte finanzielle Ausstattung der Kommunen nur die Wahrnehmung ihrer pflichtigen, d.h. fremdbestimmten Aufgaben abdeckt, ohne ihnen einen Bereich eigenbestimmter Mittelverwendung zu belassen. Indem das aus dem kommunalen Selbstverwaltungsrecht folgende Finanzausstattungsgebot des Art. 93 Abs. 1 Satz 1 ThürVerf diesen finanziellen Spielraum für eine eigenverantwortliche kommunale Aufgabenerledigung fordert, schreibt es also eine finanzielle Mindestausstattung der Kommunen vor, die nicht unterschritten werden darf (...). Diese, dem Kernbereich des Selbstverwaltungsrechts zugehörige, durch die Aufgabenbelastung und den Finanzbedarf der Kommunen vorgegebene finanzielle Mindestausstattung ist als absolut geschützte Untergrenze nicht "verhandelbar", unterliegt also keinen Relativierungen durch andere öffentliche Belange.“[291]

Und zuletzt ist auch beiden Gerichten gemeinsam, dass sie ausdrücklich Vorgaben zur Art und Weise der Ermittlung des kommunalen Mindestbedarfs ausgesprochen haben – und zwar beide in die Richtung gehend, die oben (siehe Seite 66 ff.) unter der Überschrift der „Bedarfsorientierung“ diskutiert wurde:

> „Der Gesetzgeber kann seiner Verpflichtung zu einem aufgabengerechten Finanzausgleich deshalb nur nachkommen, wenn er bei der Ausgestaltung des vertikalen Finanzausgleichs zwischen Land und Kommunen die Höhe der zur kommunalen Aufgabenerfüllung erforderlichen Finanzmittel kennt, d. h. nachvollziehbar einschätzt. (...) Dies setzt eine nachvollziehbare Ermittlung des durch Aufgabenbelas-

---

290 StGH Hessen, a.a.O., Juris Rn. 90 ff.; zu Thüringen siehe sogleich.

291 VerfGH Thüringen, Urteil vom 21. Juni 2005 – VerfGH 28/03 –, LVerfGE 16, 593 ff., Juris Rn. 140 f.; bestätigt durch VerfGH Thüringen, Urteil vom 02. November 2011 – VerfGH 13/10 –, ThürVBl 2012, 55 ff., Juris Rn. 82.

tung und Finanzkraft vorgezeichneten Bedarfs der Kommunen voraus. (...) Der Gesetzgeber muss daher den Finanzbedarf der Kommunen im Hinblick auf die pflichtigen Aufgaben realitätsgerecht ermitteln und unterliegt insofern auch einer Beobachtungs- und gegebenenfalls Nachbesserungspflicht."[292]

„Den Gesetzgeber trifft mithin eine gesteigerte Begründungspflicht. (...) Im Rahmen eines Modells für eine Bedarfsermittlung auf der Grundlage der gegebenen und zu erzielenden Einnahmen sowie tatsächlicher bzw. erwartbarer Kostenlasten der kommunalen Gebietskörperschaften bei Erfüllung ihrer Aufgaben ist der Gesetzgeber gehalten, diese Parameter zu ermitteln und wertend zu gewichten. Letzteres folgt schon daraus, dass entsprechende Gesamterhebungen bei den Kommunen nicht notwendig das tatsächliche Einnahme- und Ausgabevolumen bei der jeweiligen Einnahmeart bzw. Pflichtaufgabe abbilden können. Einer etwaigen Erhebung sind in aller Regel schon dadurch Grenzen gesetzt, dass Art und Umfang der Beteiligung nicht vollständig sein können und die verfügbare Datenbasis nicht hinreicht. Wertungen gehen bereits auf dieser Ebene der Datenerfassung ein."[293]

b) Praktische Umsetzung in Landesrecht

Sowohl in Hessen als auch in Thüringen sah sich die Landespolitik nach den jeweils einschneidenden Urteilen der Landesverfassungsgerichtsbarkeit vor die Aufgabe gestellt, den jeweiligen Kommunalfinanzausgleich grundlegend neu aufzustellen – und hierbei auch die Vorgaben zur Mindestausstattung in neues Recht zu übersetzen.[294] Im Rahmen der entsprechenden legislativen Umsetzungsakte lassen sich einige Gemeinsamkeiten, aber auch erhebliche Unterschiede beobachten.

---

292 StGH Hessen, Urteil vom 21. Mai 2013 – P.St. 2361 –, NVwZ 2013, 1151, Juris Rn. 116 ff.

293 VerfGH Thüringen, Urteil vom 02. November 2011, a.a.O., Juris Rn. 85 f.

294 Oebbecke, NVwZ 2013, S. 1151 ff.: *„Die Entscheidung dürfte das Ende der am Text des geltenden hessischen Finanzausgleichsgesetzes deutlich ablesbaren „pragmatischen" Politik der ad-hoc-Regelungen und Einzelkompromisse bedeuten"*.

aa) Umsetzung im Rahmen des vertikalen Finanzausgleichs

In Hessen wurde der kommunale Finanzausgleich durch Gesetz vom 23. Juli 2015 mit Wirkung zum 1. Januar 2016 grundlegend neu geregelt (GVBl. S. 298, im Folgenden: FAG (Hessen)). Gemäß § 5 Abs. 1 FAG (Hessen) ergibt sich die Höhe der Finanzausgleichsmasse seit 2016 aus einem sog. „Festansatz“ sowie – für diese Arbeit nicht erheblichen – weiteren Beträgen. Der Festansatz ist gemäß § 6 Abs. 1 FAG (Hessen) wiederum der Betrag, der erforderlich ist, um die angemessene Finanzausstattung der Gemeinden und Gemeindeverbände sicherzustellen. Er umfasst nach § 6 Abs. 2 FAG (Hessen) die „Mindestausstattung“ und einen von der Finanzkraft des Landes abhängigen sog. „Finanzkraftzuschlag“. Der Begriff der Mindestausstattung ist gesetzlich in § 7 Abs. 1 FAG (Hessen) festgelegt:

> (1) Die Mindestausstattung stellt die Finanzausstattung dar, die gewährleistet, dass die Gemeinden und Gemeindeverbände in ihrer Gesamtheit in der Lage sind, ihre Pflichtaufgaben sowie ein Mindestmaß an freiwilligen Selbstverwaltungsaufgaben wahrzunehmen.

Wie der für die kommunale „Mindestausstattung“ erforderliche Betrag vom Haushaltsgesetzgeber (welcher gemäß § 11 FAG (Hessen) die Höhe der Finanzausgleichsmasse jährlich neu im Haushaltsgesetz festlegt) jeweils konkret zu ermitteln ist, ist im Gesetz in § 7 FAG (Hessen) ausführlich geregelt. Verkürzend zusammengefasst sieht das Gesetz vor, dass

- in einem ersten Schritt jeweils die Beträge erhoben werden, die für die Erfüllung der kommunalen Pflichtaufgaben „erforderlich“ sind (§ 7 Abs. 2 FAG (Hessen). Der „erforderliche Betrag“ wird dabei festgestellt, indem die *tatsächlichen* Ausgaben für die Erfüllung von Pflichtaufgaben[295] erhoben und sodann einer Angemessenheitsprüfung unterzogen werden. Den Maßstab für die (nach Gruppen und Untergruppen von Gemeinden gestaffelte) Angemessenheitsprüfung bilden die „wirt-

---

295 Dabei musste naturgemäß im Rahmen der Erhebungen zwischen Kosten für Pflichtaufgaben bzw. freiwilligen Aufgaben differenziert werden. Dies erwies sich als in der Praxis schwierig, da die Rechnungslegung der Kommunen insoweit keine Differenzierung aufweist. Letztlich erfolgten Schätzungen durch die Regierungspräsidien aufgrund stichprobenweiser Untersuchungen. Die Ergebnisse wurden sodann noch gutachterlich plausibilisiert und mit den kommunalen Spitzenverbänden erörtert (vgl. hierzu PWC, Gutachten zur Prüfung der vertikalen Bedarfsermittlung des neuen Kommunalen Finanzausgleichs 2016 in Hessen, 2014, 10 ff.).

schaftlich und sparsam arbeitenden Gemeinden und Gemeindeverbände" (§ 7 Abs. 2 FAG (Hessen));

- in einem zweiten Schritt ein Betrag erhoben wird, der den kommunalen Körperschaften die Erfüllung „eines Mindestmaßes an freiwilligen Selbstverwaltungsaufgaben" ermöglichen soll. Dieser besteht in einem Zuschlag in Höhe von 6,1 Prozent der Auszahlungen, die bei der Wahrnehmung von Pflichtaufgaben insgesamt angefallen sind (sog. Garantiezuschlag, § 7 Abs. 4 FAG (Hessen));
- von dem sich aus den beiden vorausgegangenen Schritten ergebenden Gesamtbetrag werden sodann die im jeweiligen Ausgleichsjahr voraussichtlich erzielbaren allgemeinen Deckungsmittel (Einzahlungen und Einzahlungspotenziale) abgezogen, § 7 Abs. 7 FAG (Hessen).

Bemerkenswert ist an diesem Ansatz, dass hier – bis dato einmalig in Deutschland – die Bestimmung eines großen Teils der Finanzausgleichsmasse von der (insb. konjunkturabhängigen) Entwicklung des Steuereinkommens des Landes abgekoppelt wird und damit die Mindestausstattung tatsächlich unabhängig von der Ertragslage des Landes garantiert ist. Letztere wird nur für den zweiten zentralen Baustein der Finanzausgleichsmasse relevant, nämlich dem sog. „Finanzkraftzuschlag" nach § 8 Abs. 1 FAG (Hessen), welcher aus 1,03 Prozent der dem Land verbleibenden Einnahmen an Einkommensteuer, Körperschaftsteuer und Umsatzsteuer (sog. Steuerverbund) besteht.

Verglichen hiermit fällt die Umsetzung der verfassungsgerichtlichen Vorgaben zur Mindestausstattung in Thüringen durch Gesetz vom 31. Januar 2013 (GVBl. S. 10) deutlich weniger ambitioniert aus. In der Sache hält das Gesetz – auch hier stark vereinfacht – an dem herkömmlichen Regelungsmodell fest und definiert die zentrale Finanzausgleichsmasse (die sog. „FAG-Masse I") als Anteil der kommunalen Ebene (in Höhe von 34,0 % für 2018 bzw. 33,93 % ab 2019) an der Summe von Steuereinnahme des Landes und eigener Einnahmen der Kommunen (§ 3 a FAG Thüringen). Die konkrete Festsetzung überlasst das Gesetz im Jahreswechsel dem jeweiligen Haushaltsgesetzgeber (§ 3 Abs. 4 FAG Thüringen). Dass im Rahmen der jeweiligen Festsetzungen tatsächlich die erforderliche Mindestausstattung gewahrt bleibt – eine bei diesem Mechanismus in konjunkturell schwierigen Zeiten nicht selbstverständliche Anforderung –, findet sich in dem Finanzausgleichsgesetz nur als nicht näher ausdifferenzierte Forderung, § 3 Abs. 2 Satz 2 FAG Thüringen:

> Die Höhe der Finanzausgleichsmasse ist so zu bemessen, dass diese sowohl die verfassungsrechtlichen Anforderungen an eine finanzielle

Mindestausstattung erfüllt als auch einer angemessenen Finanzausstattung entspricht.

Eine gesetzliche Definition, auf welchem methodischen Weg der für die Mindestausstattung erforderliche Betrag zu ermitteln ist, findet sich – anders als in Hessen (siehe oben) – dabei nicht. Die konkrete Umsetzung dieser Forderung ist damit im Ergebnis etwaigen „Nachsteuerungen“ durch den Gesetzgeber überlassen. Dass es hierzu ggf. auch kommt, soll durch zwei Kontrollmechanismen (sog. „Revision“ bzw. „kleine Revision“) sichergestellt werden, § 3 Abs. 5 und 6 FAG (Thüringen):

> (5) Im Abstand von vier Jahren ist auf Basis der (...) Jahresrechnungsstatistik (...) und der aktuellsten regionalisierten Steuerschätzung zu überprüfen, ob aufgrund von Veränderungen im Aufgabenbestand oder aufgrund der Entwicklung der notwendigen Ausgaben und Einnahmen der Kommunen die in Absatz 3 a in Verbindung mit Absatz 2 Satz 3 festgesetzte Regel (...) zur Bestimmung der FAG-Masse I im Verhältnis zwischen dem Land und den Kommunen anzupassen ist (Revision). In die Prüfung sind Veränderungen im Bestand pflichtiger eigener und übertragener Aufgaben der Kommunen (...) einzubeziehen. (...) Im Rahmen der Revision ist (...) [die] finanzielle Mindestausstattung (...) einzubeziehen. Das für den kommunalen Finanzausgleich zuständige Ministerium erstellt hierüber einen Prüfbericht, der im Beirat nach § 33 beraten wird. Das für den kommunalen Finanzausgleich zuständige Ministerium ist ermächtigt, im Benehmen mit dem Beirat für kommunale Finanzen, zur Erstellung des Prüfberichts einen externen Gutachter zu beteiligen.
> (6) Die Höhe der Finanzausgleichsmasse ist im Abstand von zwei Jahren auf Basis und Systematik der letzten Revision nach Absatz 5 dahin gehend zu überprüfen, ob mit der zur Verfügung gestellten Finanzausgleichsmasse die finanzielle Mindestausstattung sichergestellt werden kann (kleine Revision) (...). Das Ergebnis der kleinen Revision ist zu dokumentieren.

bb) Umsetzung im Rahmen des horizontalen Finanzausgleichs

Konkrete Verteilungsbestimmungen im horizontalen Teil der jeweiligen Finanzausgleichsgesetze, die sicherstellen könnten, dass der Mindestausstattungsanspruch wirklich für jede einzelne Kommune gewährleistet ist, finden sich weder im hessischen noch im thüringischen FAG. Vielmehr werden nach beiden Gesetzeswerken die jeweiligen Finanzausgleichsmassen nach klassischem Modell über ein System abstrakt definierter Schlüsselzuweisungen auf die verschiedenen Empfänger verteilt. Mindestausstattungsbezogene Erwägungen finden sich dabei bei der Ausgestaltung der Schlüsselzuweisungen nicht, vgl. §§ 6 ff. FAG (Thüringen) bzw. §§ 14 ff. FAG (Hessen). Erstaunlich ist dies nach dem oben Gesagten nicht, da die Notwendigkeit bei der Bestimmung der Schlüsselzuweisungen zu pauschalieren einer Betrachtung jeder einzelnen Kommune zwingend entgegensteht (siehe oben S. 71 ff.). Wie ebenfalls oben ausgeführt, hat dies jedoch zur Konsequenz, dass im (jedenfalls theoretischen) Einzelfall bei einzelnen Gemeinden eine Unterdeckung des Mindestausstattungsanspruches im Einzelfall eintreten kann (siehe oben, a.a.O.).

Thüringen hat diese Problematik (wohl) gesehen und in sein FAG eine Härtefallregelung aufgenommen, die ggf. Anwendung finden könnte, § 24 FAG (Thüringen):

> (1) Gemeinden und Landkreisen werden aus dem Landesausgleichsstock Bedarfszuweisungen in Form von Zuweisungen und rückzahlbaren Überbrückungshilfen zur Verfügung gestellt.
> (2) Neben Überbrückungshilfen im Sinne des Absatzes 1 sind die Mittel des Landesausgleichsstocks bestimmt für (…)
> 3. den Ausgleich von Härten, die sich in Einzelfällen beim Vollzug dieses Gesetzes ergeben, (…)

Hessen hingegen zeigt sich selbstbewusst. Eine irgendwie geartete Härtefallklausel zum Abfangen einer sich ggf. zeigenden Unterdeckung des kommunalen Mindestausstattungsanspruches auf Ebene der einzelnen Kommunen findet sich nicht. Ursache hierfür dürfte kaum sein, dass man die Problematik nicht gesehen hat oder davon ausgeht, dass es einen kommunal-subjektiven Mindestausstattungsanspruch nicht gibt. Denn von letzterem ist der Hessische Staatsgerichtshof in seinem oben besprochenen Urteil – dem eine kommunale Grundrechtsklage einer einzelnen Kommune zugrunde lag – ausdrücklich ausgegangen:

> „Die Antragstellerin wird durch die verfassungswidrige Vorschrift in ihrem Selbstverwaltungsrecht verletzt. Die Antragstellerin hat im Einzelnen dargelegt, welche Aufgaben sie aufgrund fehlender Finanzmittel nicht mehr wahrnehmen konnte. Hätte der Antragsgegner den kommunalen Finanzbedarf ermittelt, wären die Finanzzuweisungen im Jahr 2011 an die Antragstellerin möglicherweise signifikant höher ausgefallen. Der finanzielle Zwang, den kommunalen Aufgabenbestand zu reduzieren, wäre in diesem Fall deutlich geringer gewesen.

> Die Relevanz der fehlenden Ermittlung des kommunalen Finanzbedarfs für die Wahrnehmung der kommunalen Aufgaben (...) ist damit hinreichend belegt."[296]

Vielmehr scheint man augenscheinlich davon auszugehen, dass die durch den oben beschriebenen Mechanismus sichergestellte hinreichende Ausstattung des vertikalen Finanzausgleiches im Zusammenspiel mit den Regelungen des horizontalen Ausgleiches in jedem Einzelfall dazu führt, dass auch die Mindestausstattung am Ende der Verteilungskette gewahrt ist. Ob diese Erwartung zutrifft, wird die Zeit zeigen.

V. Annex: Zum Zusammenspiel von Mindestausstattungsanspruch und Anspruch auf angemessene Finanzausstattung

Eingangs (siehe oben S. 19 ff.) und auch im Folgenden ist durchgängig der strukturelle Unterschied zwischen *Mindest*ausstattungsanspruch und Anspruch auf *angemessene* Finanzausstattung betont worden. Diese beiden Stränge sollen nun abschließend wieder, soweit erforderlich, zusammengeführt werden. Denn so wie es richtig ist, die beiden hinter diesen Begriffen stehenden Konzepte und Fragestellungen zu trennen, so wichtig ist es auch sicherzustellen, dass die jeweiligen verfassungsrechtlichen Vorgaben in der Zusammenschau ein kohärentes Ganzes bilden. Letztlich muss es dem jeweiligen Finanzausgleichsgesetzgeber möglich sein, ein in sich stimmiges Finanzausgleichssystem *„aus einem Guss"* zu konzipieren, das sowohl vor Bundesrecht (insb. dem oben herausgearbeiteten *Mindestausstattungsanspruch* des Art. 28 Abs. 2 GG bzw. seiner Pendants auf Landesebene) als auch vor Landesverfassungsrecht (insb. den dort fast durchgängig zuerkannten Ansprüchen auf *angemessene* Finanzausstattung) verfassungsrechtlich Bestand haben kann.

1. Rekapitulation: Anforderungen aus Mindestausstattungsgarantien

Die Anforderungen an ein verfassungsgemäßes Finanzausgleichssystem lassen sich aus dem Blickwinkel der *Mindestausstattungsgarantie* nach Art. 28

296 StGH Hessen, Urteil vom 21. Mai 2013 – P.St. 2361 –, NVwZ 2013, 1151, Juris Rn. 182 f.

Abs. 2 GG (bzw. ihrer landesrechtlichen Pendants) nach den obigen Erörterungen im stark verkürzten Überblick wie folgt wiedergeben:

In *vertikaler Hinsicht* muss der Gesetzgeber ein vertretbares Verfahren zur Feststellung der Finanzausgleichsmasse konzipieren, in deren Rahmen er

- den (Mindest-) Finanzbedarf zur Erledigung der *pflichtigen* Aufgabenlast ermittelt,
- definiert, welches Mindestmaß an *freiwilligen Selbstverwaltungsaufgaben* seines Erachtens nach den Kommunen über die pflichtigen Aufgaben hinausgehend mindestens verbleiben muss und
- festlegt, welchen Finanzbedarf er den Kommunen für letzteres zubilligt (siehe im Einzelnen oben S. 64 ff.).

In *horizontaler* Hinsicht erschöpfen sich die verfassungsrechtlichen Vorgaben hingegen darin, einen Ausgleichsmechanismus sicherzustellen, der greift, wenn im (Ausnahme-)fall für eine konkrete Kommune deren kommunal-individueller Mindestausstattungsanspruch unterschritten wird.

2. Anforderungen aus Landesverfassungsrecht (Ansprüche auf angemessene Finanzausstattung)

Eine erschöpfende dogmatische Herleitung der verfassungsmäßigen Anforderungen, die sich unter dem Gesichtspunkt (insb. landesverfassungsrechtlicher) Garantien auf *angemessene Finanzausstattung* ergeben, würde den Fokus dieser Arbeit verlassen und zudem deren Umfang sprengen. Anhand der Rechtsprechung der Landesverfassungsgerichte vieler Bundesländer können aber zumindest überblicksartig die Anforderungen skizziert werden, mit denen sich die Landesgesetzgeber in der Mehrheit der Bundesländer unter der Überschrift des Gebots *angemessener Finanzausstattung* konfrontiert sehen:

In *vertikaler* Hinsicht entnehmen die Landesverfassungsgerichte den einschlägigen Normen der Landesverfassungen regelmäßig das sog. Gebot der *Verteilungssymmetrie.* Das Gebot angemessener Finanzausstattung gebietet hiernach

> „eine gerechte und gleichmäßige Verteilung der im Land insgesamt zur Verfügung stehenden Mittel auf die kommunale Ebene einerseits und die Landesebene andererseits."[297]

Erforderlich ist mithin regelmäßig, dass der Gesetzgeber sowohl die kommunale wie auch die Landesebene in den Blick nimmt, die jeweilige Finanzkraft bzw. den Finanzbedarf prüft und die vorhandenen Mittel angemessen und nachvollziehbar verteilt:

> „Ein solcher Ebenenvergleich erfordert zumindest, dass die Finanzkraft von Kommunen und Land, der Finanzbedarf von Kommunen und Land, die sich aus der gegebenenfalls bestehenden Differenz ergebende Finanzentwicklung der kommunalen Ebene und der Landesebene für alle an dem Finanzverbund Beteiligten nachvollziehbar unter Beachtung der Gleichrangigkeit der Aufgaben von Land und Kommunen fachkundig analysiert, bewertet, gewichtet und zueinander in Beziehung gesetzt werden."[298]

Wie oben soll dem Gesetzgeber auch hier ein weiter methodischer Gestaltungsspielraum zustehen.[299]

In *horizontaler* Hinsicht entnimmt die Landesverfassungsgerichtsbarkeit den einschlägigen Artikeln der jeweiligen Landesverfassungen unter dem Blickwinkel der *angemessenen Finanzausstattung* (bzw. zumindest in enger Anbindung an dieses Konzept) mehrere Vorgaben für den gesetzlichen Verteilungsmechanismus, über den die Finanzausgleichsmasse bis zur einzelnen Kommune verteilt wird. Ohne diese Vorgaben im Folgenden weiter zu vertiefen seien genannt: das Gebot der interkommunalen Gleichbe-

---

297 LVerfG Schleswig-Holstein, Urteil vom 27. Januar 2017 – LVerfG 4/15 –, NordÖR 2017, 166 ff., Juris Rn. 91; i.d.S. etwa StGH Niedersachsen, Urteil vom 07. März 2008 – StGH 02/05 –, Nds MBl, Juris Rn. 68; VerfGH Thüringen, Urteil vom 02. November 2011 – VerfGH 13/10 –, ThürVBl 2012, 55 ff., Juris Rn. 82 ff.; VerfGH Rheinland-Pfalz, Urteil vom 14. Februar 2012 – VGH N 3/11 –, AS RP-SL 41, 29 ff., Juris Rn. 25; StGH Hessen, Urteil vom 21. Mai 2013 – P.St. 2361 –, NVwZ 2013, 1151, Juris Rn. 92 ff.

298 LVerfG Schleswig-Holstein, Urteil vom 27. Januar 2017 – LVerfG 4/15 –, NordÖR 2017, 166 ff., Juris Rn. 99; i.d.S. auch StGH Baden-Württemberg, Urteil vom 10. Mai 1999 – VerfGH 2/97 –, LVerfGE 10, 5 ff., Juris Rn. 84 ff.; VerfGH Bayern, Urteil vom 28. November 2007 – 15-VII 05 –, VerfGHE BY 60, 184 ff., Juris Rn. 217; VerfGH Nordrhein-Westfalen, Urteil vom 06. Mai 2014 – VerfGH 14/11 –, DÖV 2014, 758 ff., Juris Rn. 49 ff.

299 Vgl. statt vieler nur LVerfG Schleswig-Holstein, Urteil vom 27. Januar 2017, a.a.O., Juris Rn. 101.

handlung,[300] das Gebot der Systemgerechtigkeit,[301] das Nivellierungs- bzw. Übernivellierungsverbot[302] und – nicht durchgängig für jedes Landesverfassungsgericht – das Gebot der Aufgabengerechtigkeit[303].

3. Zusammenschau

Die sich damit aus der Perspektive des Finanzausgleichsgesetzgebers ergebenden Anforderungen scheinen auf den ersten Blick – zurückhaltend ausgedrückt – komplex, lassen sich jedoch bei näherer Betrachtung bruchlos zu einem sinnvollen Gesamtsystem zusammenstellen.

Zentraler Baustein eines aus allen vorgenannten Blickwinkeln verfassungskonformen Finanzausgleichssystems muss nach den obigen Ausführungen die Konzeption eines Verfahrens zur strukturierten Erhebung des *Finanzbedarfs* sowohl *des Landes* als auch *der kommunalen Ebene* sein. Im Hinblick auf die Vorgaben zur Mindestausstattung ist dabei sicherzustellen, dass beim *Finanzbedarf der kommunalen Ebene* in der Erhebung zwischen dem Bedarf zur Erfüllung der Pflichtaufgaben und jenem – weitergehenden – zur Erfüllung eines (zu definierenden Mindestumfangs) freiwilliger Aufgaben differenziert wird. Dies ist nicht einfach, da in den Haushalten nicht derart differenziert wird, es liegen jedoch – etwa für Hessen – praktikable Modelle vor.[304] Im Hinblick auf die (in den Einzelheiten ausgesprochen komplexe)[305] Methodik besteht dabei nach der Rechtsprechung aller (Landes-) Verfassungsgerichte wie oben aufgezeigt weite Spielräume. Soweit in einzelnen Bundesländern dabei Grenzen der Methodenfreiheit verfassungsgerichtlich definiert wurden[306], wird es im weiteren Verlauf eines potentiell wechselseitigen Lernprozesses zwischen Gesetzge-

300 Vgl. statt vieler etwa VerfGH Nordrhein-Westfalen, Urteil vom 06. Mai 2014, a.a.O., Juris Rn. 34.

301 Vgl. statt vieler StGH Niedersachsen, Urteil vom 15. April 2010 – StGH 1/08 –, Juris, Rn. 87 f.

302 Vgl. statt vieler etwa LVerfG Schleswig-Holstein, Urteil vom 27. Januar 2017, a.a.O., Juris Rn. 121.

303 Vgl. etwa VerfGH Rheinland-Pfalz, Urteil vom 14. Februar 2012 – VGH N 3/11 –, AS RP-SL 41, 29 ff., Juris Rn. 79 ff.

304 Eingehend: Duve und Neumeister, DÖV 2016, S. 848 ff., S. 852.

305 Vgl. hierzu etwa: Boettcher, DÖV 2013, S. 460 ff.

306 Vgl. hierzu etwa StGH Baden-Württemberg, Urteil vom 10. Mai 1999 – VerfGH 2/97 –, LVerfGE 10, 5 ff., Juris Rn. 98 f.; VerfG Brandenburg, vom 22. November 2007 – LVerfG 75/05 –, LVerfGE 18, 159 ff., Juris Rn. 125 ff.; StGH Hessen, Urteil vom 21. Mai 2013 – P.St. 2361 –, NVwZ 2013, 1151, Juris Rn. 116;

ber, Landesverfassungsgerichtsbarkeit und Kommunen bedürfen, um die praktischen Folgerungen auszuloten.

Liegt eine derartige – i.d.R. gutachterliche – Erhebung des Finanzbedarfs vor, kann die Finanzausgleichsmasse verfassungskonform festgesetzt werden. In einem ersten Schritt ist (sehr stark verkürzt dargestellt) sicherzustellen, dass dem *Grundsatz der Verteilungssymmetrie* folgend die (ggf. knappen Mittel) entsprechend der festgestellten Finanzbedarfs-, bzw. Finanzausstattungsverhältnisse zwischen Landes- und Kommunaler Ebene angemessen verteilt werden, wobei dem Grundsatz der Gleichrangigkeit von Landes- und kommunalen Aufgaben Rechnung zu tragen ist. Dies kann in Zeiten niedrigen Steueraufkommens durchaus dazu führen, dass beide Seiten gemessen an ihrem Aufgabenbestand gleichmäßig unterausgestattet sind. In einer nachfolgenden „Korrekturschleife" im Hinblick auf die Mindestausstattungsgarantie ist sodann zu prüfen, ob durch die so erfolgte Mittelverteilung sichergestellt ist, dass die Kommunen nach den vorliegenden Daten jedenfalls ihre Pflichtaufgaben zzgl. eines definierten Maßes an freiwilligen Aufgaben erfüllen können. Ist dies nicht der Fall, muss das Land entweder eine weitere Umverteilung der zur Verfügung stehenden Mittel zu seinen Lasten hinnehmen oder aber kommunale Aufgaben wegfallen lassen bzw. Aufgabenerfüllungsstandards senken (siehe oben S. 74 ff.).

Die *weiteren Bausteine* bestehen sodann in den – regelmäßig ebenfalls komplexen – Bestimmungen zum horizontalen Finanzausgleich. Auch auf dieser Ebene greifen die Vorgaben im Hinblick auf den Mindestausstattungsanspruch und den Anspruch auf angemessene Finanzausstattung harmonisch ineinander. Wie gesehen, gibt Art. 28 Abs. 2 GG unter dem Blickwinkel des Mindestausstattungsanspruch im Hinblick auf den horizontalen Finanzausgleich nur vor, dass es einen adäquaten Ausgleichsmechanismus „am Ende der Verteilungskette" zur Behebung sich evtl. ergebender Härtefälle gibt. Nur diese einzelne – ggf. entsprechend zu konzipierende Bestimmung – ist mithin an Art. 28 Abs. 2 GG (Mindestausstattungsanspruch) zu messen. Alle anderen Bestimmungen des kommunalen Finanzausgleichsystems hingegen müssen sich ausschließlich an den Anforderungen messen lassen, die sich aus dem regelmäßig landesrechtlich geprägten Gesichtspunkt des Anspruches auf angemessene Finanzausstattung ergeben. Zu Verwerfungen oder Widersprüchen zwischen den beiden vorge-

---

LVerfG Schleswig-Holstein, Urteil vom 27. Januar 2017 – LVerfG 4/15 –, NordÖR 2017, 166 ff., Juris Rn. 102 ff.

nannten verfassungsrechtlichen Vorgaben kann es mithin auch auf dieser Ebene nicht kommen.

Bei einer derartigen Gesamtbetrachtung wird im Übrigen auch deutlich, auf welchen Ebenen Leistungsfähigkeitsvorbehalte wirksam werden können, nämlich einzig bei der *vertikalen* Verteilung der zur Verfügung stehenden Mittel nach dem Gebot der Verteilungssymmetrie. Auf dieser Ebene – und nur auf dieser Ebene – kann ein landesrechtlicher Leistungsfähigkeitsvorbehalt dahingehend wirksam werden, dass eben nicht alle identifizierten kommunalen Bedarfe gedeckt werden, soweit gleiches für das Land gilt. Keinem Leistungsfähigkeitsvorbehalt unterliegt aber bereits der unmittelbar nachfolgende Verfahrensteil, mit dessen Hilfe sichergestellt wird, dass *in jedem Fall* der Mindestausstattungsanspruch in vertikaler Hinsicht erfüllt wird (siehe oben S. 81 ff.). Gleiches gilt regelmäßig für die Konzeption des Auffangmechanismus auf horizontaler Ebene (siehe oben S. 76 ff.).

C. Ausblick

Im deutschen Bundesstaat ist Vielstimmigkeit grundsätzlich gewünscht. Dass die grundsätzlich in der Gesetzgebungskompetenz der Bundesländer liegende Ausgestaltung der kommunalen Finanzausgleichssysteme nicht uniform ausfällt, ist daher weder überraschend noch problematisch. Als durchaus fragwürdig muss allerdings die anzutreffende Uneinigkeit schon über die dogmatischen Grundlagen dieser Systeme – vor allem auch was den Mindestausstattungsanspruch angeht – angesehen werden. Zwar könnte man hier mit etwas gutem Willen noch auf die Autonomie der Verfassungsräume und die resultierende Autonomie auch der jeweiligen Landesverfassungsgerichtsbarkeiten verweisen und begleitend das Hohelied des Föderalismus anstimmen. Bei ehrlicher Betrachtung wird man allerdings feststellen müssen, dass der Themenkomplex des Mindestausstattungsanspruch hierzu wenig geeignet ist.

In allen Verfassungsräumen ist die verfassungsmäßige Ausgangslage nämlich weitgehend identisch: Wortlaut, Systematik und Entstehungsgeschichte der einschlägigen Artikel schweigen sich zu Existenz und Inhalt eines Mindestausstattungsanspruches weitestgehend aus, so dass im Wesentlichen mit teleologischen Argumenten – die naturgemäß in allen Verfassungsräumen identisch sind – gearbeitet werden muss. Zudem sollte sich eigentlich auch aus Art. 28 Abs. 2 und 3 GG und einer entsprechend bundesfreundlichen Auslegung eine gewisse Homogenität einstellen. Bei Licht betrachtet ist die anzutreffende Vielfältigkeit daher wohl leider weniger Resultat der föderalen Vielfalt der entsprechenden Normen in den Verfassungsräumen, sondern schlicht Folge einer unzureichenden dogmatischen Durchdringung der Thematik durch die entscheidenden Gerichte. Der föderale Garten ist hier mit anderen Worten nicht bunt, sondern schlicht verwildert. Dies schadet, und zwar in mehrfacher Hinsicht. Zum einen behindert der derzeitige Zustand die rechtliche Diskussion und damit das Auffinden jeweils überzeugender Ergebnisse in den Einzelfällen. Im Gestrüpp der unterschiedlichen Ansätze und Begrifflichkeiten finden sich de facto nur noch Wenige (und diese auch nur mit Mühe) wirklich zurecht. Dieser Zustand wird einer Materie nicht gerecht, die eigentlich gerade für einen überdurchschnittlich großen Adressatenkreis hochrelevant ist und diesem auch vermittelbar sein sollte. Man denke nur an die ganz erhebliche Zahl an Kämmerern, Bürgermeistern und rechtlichen Laien etwa in den Stadt- und Gemeinderäten, denen Fragen der Mindestausstattung unter den Nägeln brennen. Zum anderen leidet auch das Ansehen und die Überzeugungskraft insbesondere der Landesverfassungsgerichtsbarkeit: Weshalb bei marginalen Unterschieden in der Ausgangslage derart disparate Ergebnisse gefunden werden, ist kaum vermittelbar. Der stetige, fast jährliche Versuch immer neuer nordrhein-westfälischer Kommunen gegen die Mauer der vom Verfassungsgerichtshof Münster postulierten Nichtexistenz eines Mindestausstattungsanspruches anzulaufen, legt ein beredtes Zeugnis davon ab, dass dessen Aussagen entweder nicht verstanden, im jeden Fall im Ergebnis aber nicht akzeptiert werden.

Eine maßvolle Flurbereinigung tut mithin Not. Diese muss – dies sei nochmals betont – nicht zwingend zu einer Uniformierung der Systeme führen, sollte jedoch zumindest Klarheit und Verbindlichkeit über die Grundstrukturen dessen bringen, was im Rahmen dieser Arbeit als Mindestausstattungsanspruch bezeichnet wurde. Bei der Frage, woher eine derartige Klärung kommen soll, geht der Blick zwangsläufig Richtung Karlsruhe. Die Kraft, das vielstimmige aber leider wenig harmonische Konzert der Landesverfassungsgerichte wieder so zu strukturieren, dass auch der Zuhörer Freude daran empfinden kann, hat nur das Bundesverfassungsgericht – vermittelt über eine verbindliche dogmatische Klärung des Gewährleistungsgehalts des Art. 28 Abs. 2 GG.

Ein gangbarer Weg hierzu wäre die Vorlage eines Landesverfassungsgerichts nach Art. 100 Abs. 1 oder 3 GG an das Bundesverfassungsgericht. Besonders wahrscheinlich ist dies aber nicht. In der Theorie sind zwar beide Konstellationen denkbar. Natürlich könnte ein Verfassungsgericht entscheiden, dass seiner Ansicht nach Art. 28 Abs. 2 GG einen Mindestanspruch gewährt, die Landesverfassung aber nicht und diese daher als grundgesetzwidrig dem Bundesverfassungsgericht vorlegen (Art. 100 Abs. 1 GG). Nur: Warum sollte es das tun? Wenn es im Ergebnis einen Mindestausstattungsanspruch zubilligen will, dann ist es deutlich einfacher, entsprechende Aussagen in die Landesverfassung (hinein) zu interpretieren und es dabei bewenden zu lassen. Gleiches gilt für Art. 100 Abs. 3 GG: Natürlich könnte ein Landesverfassungsgericht Art. 28 Abs. 2 GG dahingehend auslegen, dass dieser einen Mindestanspruch enthält, in der Konsequenz eine Divergenz zu den entgegenstehenden Aussagen des Verfassungsgerichtshofes Nordrhein-Westfalen feststellen und nach Art. 100 Abs. 3 GG vorlegen. Dafür, diesen Weg durch entsprechende explizite eigene Aussagen zu Art. 28 Abs. 2 GG nunmehr ermöglicht zu haben, gebührt dem Verfassungsgerichtshof in Münster Respekt. Nur erneut: Warum sollte ein Landesverfassungsgericht diese Steilvorlage wirklich nutzen?

Jene Gerichte, die einen Mindestanspruch ebenfalls verneinen, werden keinen Dissens zu Nordrhein-Westfalen feststellen und deswegen nicht vorliegen. Und jene, die einen Mindestanspruch bejahen, können diesen unproblematisch (wie bisher) rein landesspezifisch begründen und zu Art. 28 Abs. 2 GG schweigen. Eine derartige Herangehensweise kommt nicht zuletzt auch dem Selbstverständnis der Landesverfassungsgerichtsbarkeiten deutlich mehr entgegen als eine Vorlage nach Art. 100 GG. Wer vorlegt, gibt Entscheidungsmacht ab – und zwar an die ohnehin übergroße Schwester. Wer die Autonomie seines Verfassungsraumes betonen will, wird dies nicht ohne Not tun.

Wenn jemals ein klärendes Wort aus Karlsruhe zum Mindestausstattungsanspruch kommen wird, dann daher wohl auf anderem Wege, nämlich über die kommunale Verfassungsbeschwerde direkt nach Karlsruhe (Art. 93 Abs. 4 b GG). Dass dieser Weg trotz des prinzipiellen Vorrangs der Landesverfassungsgerichtsbarkeit möglich ist, hat das Bundesverfassungsgericht jüngst nochmals eindrücklich und gerade für Art. 28 Abs. 2 GG festgestellt: Der Vorrang der Landesverfassungsgerichtsbarkeit entfällt, wenn die fragliche landesverfassungsgerichtliche Garantie materiell hinter dem „wesentlichen Gewährleistungsgehalt" des Art. 28 Abs. 2 GG zurückbleibt. In diesem Fall greift dann die „Reservezuständigkeit des Bundesverfassungsgerichts".[307] Wesentliche Gewährleistungsinhalte von Art. 28 Abs. 2 GG sollen dabei solche sein,

> „die nicht hinweggedacht werden können, ohne dass die institutionelle Garantie der kommunalen Selbstverwaltung substantiell verändert würde. Dazu gehören unter anderem die Gewährleistung eines eigenen Aufgabenbereichs der Gemeinden sowie die Eigenverantwortlichkeit der Aufgabenerfüllung (...)."[308]

Es liegt nahe, dass hierzu auch ein etwaiger Anspruch auf Mindestausstattung zu zählen sein dürfte – und ein wesentliches Zurückfallen hinter Art. 28 Abs. 2 GG festzustellen sein dürfte, wenn das Bundesverfassungsgericht – mit der obigen Argumentation – einen entsprechenden Anspruch aus Art. 28 Abs. 2 GG annimmt, in der jeweiligen Landesverfassung hingegen nicht fündig wird.[309] Es dürfte sich mithin lohnen, wenn eine oder mehrere Kommunen sich unter Verweis auf diese Rechtsprechung auf den Weg nach Karlsruhe machen. Besonderes Augenmerk darf inso-

---

307 BVerfG, Urteil vom 21. November 2017 – 2 BvR 2177/16 –, Juris Rn. 44 ff.
308 BVerfG, a.a.O., Juris Rn. 59.
309 I.d.S. auch Brüning, NVwZ 2018, S. 155 f., S. 156.

weit erneut auf Nordrhein-Westfalen geworfen werden. Die dortigen Kommunen sind aus mehreren Gründen prädestiniert für einen derartigen Versuch. Zum einen ist dort die entsprechende Not weiterhin groß – wie die hohen und nicht abebbenden Fallzahlen vor dem dortigen Verfassungsgerichtshof nachdrücklich zeigen. Dies ist auch deswegen wichtig, da die beschwerdeführenden Kommunen substantiiert vortragen müssen, dass sie konkret und selbst in ihrem Mindestanspruch beeinträchtigt sind.[310] Vor allem aber ist für Nordrhein-Westfalen infolge der mehrjährigen und nunmehr auch expliziten Rechtsprechung des Verfassungsgerichtshofes eindeutig belegbar, dass nach der dortigen Verfassungslage kein Mindestanspruch besteht und ein Zurückfallen hinter Art. 28 Abs. 2 GG damit klar begründbar ist. Statt sich weiterhin die Köpfe im – ansonsten sehr schönen – Münster blutig zu laufen, wäre es jetzt an der Zeit, den Weg nach Karlsruhe anzutreten.[311]

310 Vgl. nur Leisner-Egensperger, DÖV 2010, S. 705 ff., S. 706 m.w.N.
311 So auch: Schulz, NordÖR 2018, S. 97 ff., S. 101.

Literaturverzeichnis

Albers, Heinrich: Bei der Verteilung der kommunalen Finanzausgleichsmittel hat der Gesetzgeber einen Gestaltungsspielraum – der Niedersächsische Staatsgerichtshof bestätigt den Flächenmaßstab des Finanzausgleichsgesetzes, NdsVBl 2011, S. 1 ff.

Arnold, Felix; Boettcher, Florian; Freier, Ronny; Geißler, René; Holler, Benjamin: Kommunaler Finanzreport 2015, 2015

Birk, Dieter; Inhester, Michael: Die verfassungsrechtliche Rahmenordnung des kommunalen Finanzausgleichs, dargestellt am Beispiel des Landes Nordrhein-Westfalen, DVBl 1993, S. 1281 ff.

Boettcher, Florian: Zur Frage der kommunalen Mindestfinanzausstattung – Finanzwissenschaftliche Möglichkeiten der Bestimmung einer aufgabenangemessenen Finanzausstattung, DÖV 2013, S. 460 ff.

Borowski, Martin: Grundrechte als Prinzipien, Baden-Baden 2007

Brüning, Christoph: Anmerkung zu BVerfG, Urteil vom 21.11.2017 – 2 BvR 2177/16 –, NVwZ 2018, S. 155 f.

Brüning, Christoph; Hadžiefendić, Emir; Schütte, Dieter B.: Die Kreisumlage in Mecklenburg-Vorpommern, zugleich eine Anmerkung zum Urteil des OVG Rheinland-Pfalz v. 21.02.2014 – 10 A 10515/13, NordÖR 2016, S. 477 ff.

Buttner, Thiess; Holm-Hadulla, Frederic; Parsche, Rüdiger; Starbatty, Christiane: Analyse und Weiterentwicklung des Kommunalen Finanzausgleichs in Nordrhein-Westfalen, Gutachten im Auftrag des Innenministeriums des Landes Nordrhein-Westfalen, 2008

Cromme: Besteht ein Rechtsanspruch von Gemeinden auf Bedarfszuweisungen?, Die einzelne finanzschwache Stadt oder Gemeinde im System des Finanzausgleichs, DVBl 2000, S. 459 ff.

Denninger, Erhard; Hoffmann-Riem, Wolfgang; Schneider, Hans-Peter; Stein, Ekkehard: Kommentar zum Grundgesetz für die Bundesrepublik Deutschland, 3. Aufl. 2002

Diemert, Dörte: Gemeindliche Mindestfinanzausstattung und Kreisumlage: Wegweisendes Urteil des Bundesverwaltungsgerichts, Gemeindehaushalt 2013, S. 171 ff.

Dreier, Horst: Grundgesetz Kommentar, 3. Aufl. 2013 (Bd. I) bzw. 2015 (Bd. II)

Droege, Michael: Die Finanzkraft der Gemeinden im kommunalen Finanzausgleich, Hebesatznivellierung und verfassungsrechtliche Grenzen der gesetzlichen Typisierung, VBl NRW 2013, S. 41 ff.

Duve, Thomas; Neumeister, Christine: Ausrichtung des Kommunalen Finanzausgleichs am ermittelten Finanzbedarf der Kommunen, Ausgestaltung eines bedarfsorientierten Kommunalen Finanzausgleichs am Beispiel des Landes Hessen, DÖV 2016, S. 848 ff.

Ehlers: Die verfassungsrechtliche Garantie der kommunalen Selbstverwaltung, DVBl 2000, S. 1301 ff.

Ehlers, Dirk; Krebs, Walter (Hg.): Grundfragen des Verwaltungsrechts und Kommunalrechts, Berlin 2000

Engels, Andreas: Die Verfassungsgarantie kommunaler Selbstverwaltung, eine dogmatische Rekonstruktion, Tübingen 2014

Epping/Hillgruber: BeckOK Grundgesetz, 39. Aufl. Stand 15.11.2018

Erichsen, Hans-Uwe; Ehlers, Dirk (Hg.): Allgemeines Verwaltungsrecht, 14. Aufl., Berlin 2010

Erlenkämper, Friedel: Entwicklungen im Kommunalrecht, NVwZ 1999, S. 1295 ff.

Färber, Gisela; Wieland, Joachim; Salm, Marco; Wolff, Johanna; Zeitz, Dirk: Reform des kommunalen Finanzausgleichs in Thüringen: (Speyerer Forschungsberichte), Gutachten im Auftrag des Finanzministeriums des Freistaats Thüringen, 2012

Friauf, Karl-Heinrich; Höfling, Wolfram: Berliner Kommentar zum Grundgesetz Stand Mai 2018

Gatzer, Werner; Schweisfurth, Tilman (Hg.): Öffentliche Finanzwirtschaft in der Staatspraxis, Berlin 2015

Gebhardt, Ihno: Das kommunale Selbstverwaltungsrecht, Verfassungsrechtliche Maßstäbe und verfassungsgerichtliche Maßstabsbildung für kommunale Gebietsreformen, staatliche Aufgabenverlagerungen und Ausgestaltung des kommunalen Finanzausgleichs, 1. Auflage, Baden-Baden 2007

Geiger, Willi: Gegenwartsprobleme der Verfassungsgerichtsbarkeit aus deutscher Sicht, In: Thomas Berberich, Wolfgang Holl und Kurt Maass (Hg.), Neue Entwicklungen im öffentlichen Recht, 1979, S. 131 ff.

Geis, Max-Emanuel: Kommunalrecht, 3. Aufl., München 2014

Gern, Alfons: Deutsches Kommunalrecht, 2. Aufl., Baden-Baden 1997

Gönnewein, Otto: Gemeinderecht, Tübingen 1963

Groh, Katrin: Schuldenbremse und kommunale Selbstverwaltungsgarantie, LKV 2010, S. 1 ff.

Gröpl, Christoph; Windthorst, Kay; von Coelln, Christian: Studienkommentar GG, 3. Aufl. 2017

Henneke, Hans-Günter: Kennt Finanznot kein Verfassungsgebot?, VerfGH NW läßt verfassungsrechtliche Garantien zu soft law degenerieren, DVBl 1998, S. 1158 ff.

Henneke, Hans-Günter: Begrenzt die finanzielle Leistungsfähigkeit des Landes den Anspruch der Kommunen auf eine aufgabenangemessene Finanzausstattung?, Eine Dauerfrage im Lichte neuer Entwicklungen, DÖV 2008, S. 857 ff.

Henneke, Hans-Günter: Die Kommunen in der Finanzverfassung des Bundes und der Länder, 5. Aufl., Wiesbaden 2012

Henneke, Hans-Günter: Anmerkungen zu VerfG Bbg, Urt. v. 06.08.2013 – 53/11 Finanzausgleichsumlage in Brandenburg verfassungsgemäß, DVBl 2013, S. 1186 ff.

Henneke, Hans-Günter: Einwohnerveredelung, Flächenansätze und demografischer Wandel – Betrachtungen zu Bedarfsindikatoren im kommunalen Finanzausgleich, NdsVBl 2013, S. 121 ff.

Henneke, Hans-Günter: Gefährdungen kommunaler Selbstbestimmung in Deutschland, DÖV 2013, S. 825 ff.

Henneke, Hans-Günter: "Die Kreisumlage darf nicht zu einer nachhaltigen Verkürzung der gemeindeeigenen Finanzbasis führen", DVBl 2018, S. 133 ff.

Hoffmann-Riem, Wolfgang; Schmidt-Aßmann, Eberhard; Voßkuhle, Andreas: Grundlagen des Verwaltungsrechts, 2. Aufl., München 2012

Hoppe: Der Anspruch der Kommunen auf aufgabengerechte Finanzausstattung, Dargestellt am Beispiel der Stadt-Umland-Problematik, DVBl 1992, S. 117 ff.

Hufen, Friedhelm: Aufgabenentzug durch Aufgabenüberlastung, DÖV 1998, S. 276 ff.

Isensee, Josef; Kirchhof, Paul (Hg.): Handbuch des Staatsrechts, 3. Aufl., Heidelberg 2011

Jarass, Hans; Pieroth, Bodo: Grundgesetz für die Bundesrepublik Deutschland, Kommentar, 15. Aufl. 2018

Joritz, Stefan: Das Urteil des Thüringer Verfassungsgerichtshofes vom 21.6.2005 zum Kommunalen Finanzausgleich, KommJur 2006, S. 6 ff.

Jutzi, Siegfried: Kommentar zu LVerfG Mecklenburg-Vorpommern, Urteil vom 11. Mai 2006 – 1/05 u.a., NJ 2006, S. 361 f.

Kahl, Wolfgang; Waldhoff, Christian; Walter, Christian: Bonner Kommentar zum Grundgesetz Stand Februar 2018

Kalscheuer, Fiete; Harding, Nicolas: Verfahrensrechtliche und inhaltliche Hürden bei der Kreisumlage, NVwZ 2017, S. 1506 ff.

Kingreen, Thorsten; Poscher, Ralf: Grundrechte, Staatsrecht II, 32. Aufl. 2016

Kirchhof, Ferdinand: Anmerkung zu StGH Baden-Württemberg, Urteil vom 10.5.1999, 2/97, JZ 1999, S. 1054 ff.

Knemeyer, Franz; Wehr, Matthias: Die Garantie der kommunalen Selbstverwaltung nach Art. 28 Abs. 2 GG in der Rechtsprechung des Bundesverfassungsgerichts, VerwArchiv 2001 (92), S. 317 ff.

Kratzmann, Horst: Verschuldungsverbot und Grundrechtsinterpretation, Berlin 2000

Laier, René; Zimmermann, Ralph: Zur Bestimmung des Kernbereichs der kommunalen Selbstverwaltung in Mecklenburg-Vorpommern, NordÖR 2007, S. 232 ff.

Lange: Verfassungsrechtliche Grundlagen der Finanzierung der Kommunen in Nordrhein-Westfalen, 2015

Lange, Klaus: Kommunalrecht, Tübingen 2013

Lange, Klaus: Die finanzielle Mindestausstattung und die angemessene Finanzausstattung der Kommunen, DVBl 2015, S. 457 ff.

Leibholz, Gerhard; Rinck, Hans-Justus: Grundgesetz, Rechtsprechung des BVerfG – Kommentar, Stand März 2017

Leisner-Egensperger, Anna: Die Finanzausgleichsgesetze der Länder und das kommunale Selbstverwaltungsrecht, Voraussetzungen zulässiger Kommunalverfassungsbeschwerden, DÖV 2010, S. 705 ff.

Lindner, Josef Franz, (2015): Grundsatzurteil zu Beamten- und Richterbesoldung: Das BVerfG als Ersatzbesoldungsgesetzgeber. Legal Tribune Online. Online verfügbar unter https://www.lto.de/persistent/a_id/15450/, zuletzt geprüft am 28.12.2017

Lorenz, Stefan: Auswirkungen von Schuldenbremse und Fiskalpakt auf die Verschuldung der Kommunen, DVP 2012/2013, S. 491 ff.

Maas, Carsten: Die verfassungsrechtliche Entfaltung kommunaler Finanzgarantien, Baden-Baden 2004

Mahrauhn, Thilo: Selbstverwaltungsgerechte und aufgabenangemessene Finanzausstattung kommunaler Gebietskörperschaften in Europa, In: Markus Hoffmann, Christian Kromberg und Verena Roth (Hg.), Kommunale Selbstverwaltung im Spiegel von Verfassungsrecht und Verwaltungsrecht, Rostock, 1995, S. 70 ff.

Mangoldt; Klein; Starck: Kommentar zum Grundgesetz, 6. Aufl. 2010

Maunz, Theodor; Düring, Günter: Grundgesetz Kommentar, 80. Aufl. 2018

Maurer, Hartmut: Verfassungsrechtliche Grundlagen der kommunalen Selbstverwaltung, DVBl 1995, S. 1037 ff.

Merten, Detlef; Papier, Hans-Jürgen: Handbuch der Grundrechte, 1. Aufl. 2006

Meyer, Hubert: Finanzierung fremdbestimmter kommunaler Aufgaben – Harmonie und Dissonanzen in der neueren Rechtsprechung der Landesverfassungsgerichte, NVwZ 1999, S. 843 ff.

Meyer, Hubert: Die kommunale Finanzgarantie als Herausforderung für die Landesverfassungsgerichte, NVwZ (Sonderheft) 2001, S. 36 ff.

Mückl, Stefan: Finanzverfassungsrechtlicher Schutrz der kommunalen Selbstverwaltung, Stuttgart 1998

Mückl, Stefan: Kommunale Selbstverwaltung und aufgabengerechte Finanzausstattung, Das Konnexitätsprinzip in der Rechtsprechung der Landesverfassungsgerichte, DÖV 1999, S. 841 ff.

Müller, Friedrich; Pieroth, Bodo; Fohmann, Lothar (Hg.): Leistungsrechte im Normbereich einer Freiheitsgarantie, Berlin 1982

Oebbecke, Janbernd: Anmerkung zu HessStGH, Urteil vom 21.5.2013 – P.St. 2361, NVwZ 2013, S. 1151 ff.

Olshausen: Landesverfassungsbeschwerde und Bundesrecht, Zur Geltung und prozessualen Aktualisierung von Landesgrundrechten im Bundesstaat des Grundgesetzes, Baden-Baden 1980

Peine, Franz-Josef: Verfassunggebung und Grundrechte – der Gestaltungsspielraum der Landesverfassunggeber, LKV 2012, S. 385 ff.

Poscher, Ralf: Landesgrundrechte und Bundesrecht, NJ 1996, S. 351 ff.

Püttner, Günter: Handbuch der kommunalen Wissenschaft und Praxis, 2. Aufl., Berlin 1985

PWC (Hg.): Gutachten zur Prüfung der vertikalen Bedarfsermittlung des neuen Kommunalen Finanzausgleichs 2016 in Hessen, Im Auftrag des Hessischen Ministeriums der Finanzen, 2014

Rätz, Thomas; Manns, Winfried: "Die Umlagen fressen uns auf", Gemeindehaushalt 2013, S. 217 ff.

Rauber, David: Der kommunale Finanzausgleich: Gesetzgeber und Gerichte bleiben gefordert, KStZ 2012, S. 201 ff.

Röhl, André: Kommunale Selbstverwaltung und finanzverfassungsrechtlicher Dualismus in Mecklenburg-Vorpommern, LKV 2007, S. 157 ff.

Roßmüller, Dietrich: Schutz der kommunalen Finanzausstattung durch Verfahren, Baden-Baden 2009

Sachs, Michael: Grundgesetz, Kommentar, 8. Aufl. 2018

Sacksofsky, Ute: Landesverfassungen und Grundgesetz – am Beispiel der Verfassungen der neuen Bundesländer, NVwZ 1993, S. S. 235–239

Sander, Volker: Die Kompetenz des BVerfG zur Auslegung von Landesverfassungsrecht, NVwZ 2002, S. 45 ff.

Sanders, Anne; Preisner, Damian: Begründungspflicht des Gesetzgebers und Sachverhaltsaufklärung im Verfassungsprozess, DÖV 2015, S. 761 ff.

Sarnighausen, Wolf; Gatawis, Siegbert: Fragen der kommunalen Finanzausstattung in der Rechtsprechung des Verfassungsgerichtshofs NRW und des Oberverwaltungsgerichts NRW, NWVBl 2013, S. 236 ff.

Scheffczyk, Fabian: Organisation und Aufgaben der Verfassungsgerichte der Länder und ihr Verhältnis zum Bundesverfassungsgericht, LKV 2017, S. S. 392 ff.

Schenke, Ralf: Aufgabengerechte Finanzverteilung, NJW 2014, S. 2542 ff.

Schiller, Daniel; Cordes, Alexander: Gutachten zur Fortentwicklung des kommunalen Finanzausgleichs in Schleswig – Holstein, Gutachten im Auftrag des Innenministeriums des Landes Schleswig – Holstein, 2013

Schmidt, Ingo: Grundlagen, Funktionen und Struktur des kommunalen Finanzausgleichs in Schleswig-Holstein, NordÖR 2014, S. 201 ff.

Schmidt-Jortzig: Kommunalrecht, Stuttgart 1982

Schmitt, Olaf: Der kommunale Finanzausgleich aus verfassungsrechtlicher Sicht, DÖV 2013, S. 452 ff.

Schmitt, Susanne: Inhalt, verfassungsrechtliche Stellung und Bedeutungsgehalt der kommunalen Finanzhoheit, Stuttgart 1995

Schmitt Glaeser, Walter; Horn, Hans-Detlef: Die Rechtsprechung des Bayerischen Verfassungsgerichtshofs, Anmerkungen zu ausgewählten Entscheidungen aus jüngster Zeit, BayVBl 1999, S. 353 ff.

Schoch, Friedrich: Verfassungsrechtlicher Schutz der kommunalen Finanzautonomie, Darstellung am Beispiel saarländischer Kommunen, Stuttgart 1997

Schoch, Friedrich: Der verfassungsrechtliche Schutz der kommunalen Selbstverwaltung, Jura 2001, S. 121 ff.

Schoch, Friedrich: Das landesverfassungsrechtliche Konnexitätsprinzip (Art. 71 Abs. 3 LV) zwischen verfassungsrechtlicher Schutzfunktion und Aushöhlung durch die Praxis, VBlBW 2006, S. 122 ff.

Schröder, JA 2016, S. 641 ff.

Schulz, Sönke: Kommunaler Finanzausgleich in Schleswig-Holstein, NordÖR 2017, S. 157 ff.

Schulz, Sönke: Weg frei nach Karlsruhe: das schleswig-holsteinische FAG vor dem Bundesverfassungsgericht?, NordÖR 2018, S. 97 ff.

Schwarz, Kyrill-A.: Verfassungsgerichtsbarkeit und kommunale Finanzausstattung, Rechtsprechungsübersicht 2001, ZKF 2002, S. 242 ff.

Schwarz, Kyrill-A.: Abschied vom Kernbereichtsschutz bei der Garantie der kommunalen Selbstverwaltung?, ZKF 2009, S. 241 ff.

Stelkens, Paul; Bonk, Heinz-Joachim; Sachs, Michael: Verwaltungsverfahrensgesetz, 9. Aufl. 2018

Tomuschat: Güterverteilung als rechtliches Problem, Der Staat 1973 12, S. S. 433

Umbach, Dieter; Clemens, Thomas; Dollinger, Franz-Wilhelm: Bundesverfassungsgerichtsgesetz, Mitarbeiterkommentar und Handbuch, 2. Aufl. 2005

Volkmann: Der Anspruch der Kommunen auf finanzielle Mindestausstattung, DÖV 2001, S. 497 ff.

von Coelln, Christian: Anwendung von Bundesrecht nach Maßgabe der Landesgrundrechte?, Zur Kontrolle bundesrechtlich determinierter Akte der Länder durch die Landesverfassungsgerichte, Baden-Baden 2000

von Münch, Ingo; Kunig, Philip: Grundgesetz-Kommentar, 4./5. Auflage 2001

von Mutius, Albert; Wuttke, Horst; Hübner, Peter: Kommentar zur Landesverfassung Schleswig-Holstein 1995

Voßkuhle, Andreas: Grundwisse – Öffentliches Recht: Die verfassungsrechtliche Garantie der kommunalen Selbstverwaltung, JuS 2017, S. 728 ff.

Waechter, Kai: Kommunalrecht, 3. Aufl., Köln 1997

Kurt Georg Wernicke, Kurt Georg; Booms, Hans (Hg.), Der Parlamentarische Rat 1948-1949, Bd II: Der Verfassungskonvent auf Herrenchiemsee, München 1981

Wiegand, Dietrich: Sozialstaatsklausel und soziale Teilhaberechte, DVBl 1974, S. 657 ff.

Wohltmann, Matthias: Bemessung und Ausstattung des kommunalen Finanzausgleichs: Prozedurale Flankierung, ZG 2011, S. 377 ff.

Wollny, Erhard: Zur Finanzlage der schleswig-holsteinischen Kommunen, ZKF 2017 (9), S. 224 ff.

FSC
www.fsc.org
MIX
Papier | Fördert
gute Waldnutzung
FSC® C083411

Kolibri 360 GmbH
Ferdinand-Jühlke-Straße 7
99095 Erfurt, Deutschland
produktsicherheit@kolibri360.de